Stefanie Kullmann

Langeoog

» Denn ich mag dieses Herbe, das Graue, das salzige Raue, das Wasser, den Nebel, den prasselnden Regen, die wogenden Meere … «

„Norden", Mona Harry, Autorin und Poetry-Slammerin (*1991)

Impressum

Stefanie Kullmann
Reise Know-How Langeoog

erschienen im
Reise Know-How Verlag Peter Rump GmbH,
Osnabrücker Str. 79, 33649 Bielefeld

9., neu bearbeitete und aktualisierte Auflage 2024

ISBN 978-3-8317-3845-8

Gestaltung und Bearbeitung
Umschlag: Peter Rump, der Verlag
Inhalt: Günter Pawlak, Wayan Rump, der Verlag
Fotonachweis: siehe S. 323
Karten: T. Buri
Lektorat: der Verlag

Druck und Bindung:
Druck- und Verlagshaus Zarbock GmbH & Co. KG,
Frankfurt am Main

Bibliografische Information der Deutschen Nationalbibliothek
Die Deutsche Nationalbibliothek verzeichnet diese Publikation in der Deutschen Nationalbibliografie; detaillierte bibliografische Daten sind im Internet über http://dnb.dnb.de abrufbar.

Anzeigenvertrieb
KV Kommunalverlag GmbH & Co. KG,
Alte Landstraße 23, 85521 Ottobrunn,
Tel. 089-928096-0, info@kommunal-verlag.de

Reise Know-How-Bücher finden Sie in allen gut sortierten Buchhandlungen. Falls nicht, kann Ihre Buchhandlung unsere Bücher hier bestellen:
D: Prolit, prolit.de und alle Barsortimente
A: Freytag-Berndt und Artaria KG, freytagberndt.com
CH: AVA Verlagsauslieferung AG, ava.ch
B, LUX, NL: Willems Adventure, willemsadventure.nl
oder direkt über den Verlag: **www.reise-know-how.de**

Bildlegende Umschlag und Vorspann
Titelfoto: Inselbahn (sk)
Vordere Umschlagklappe:
Insulanerhaus am Lütje Pad 1 (sk)
Vordere Umschlagklappe, kleines Foto:
Sanddorngrog in der Kajüte am Hafen (sk)
S. 1: Eine Sommerbrise auf Langeoog genießen (sk)
S. 2/3: Bunte Strandkörbe (sk)

Stefanie Kullmann

LANGEOOG

Vorwort

Als **„Insel fürs Leben“** preisen die Langeooger ihr knapp 20 Quadratkilometer großes Eiland. Wer sich einmal in die Insel verliebt, so sagen sie, der kehrt immer wieder zurück. Und in der Tat: Langeoog gilt heute als eines der beliebtesten Reiseziele der Nordsee. Rund 240.000 Übernachtungsgäste werden auf der Ostfriesischen Insel seit Jahren gezählt, viele sind bereits das dritte, vierte, fünfte, unzähligste Mal hier. Hinzu kommt eine stetig wachsende Zahl an Tagesgästen, mehr als 180.000 waren es im Rekordsommer 2018.

Wer in Bensersiel seinen Fuß auf eine der Fähren setzt und die frische Nordseeluft einatmet, fühlt sich bereits in einer anderen Welt. „Keine Haie, keine Autos“, wirbt die Inselgemeinde, denn Langeoog ist **autofrei** – seit 1398, wie es augenzwinkernd heißt. Wer Ruhe und Entschleunigung sucht und sich auf das faszinierende Schauspiel von Ebbe und Flut und die beeindruckende Inselnatur einlässt, merkt schnell, wie gut das tut. Langeoog liegt im **Nationalpark Wattenmeer,** der seit 2009 zum **UNESCO-Weltnaturerbe** zählt und sich somit mit dem Grand Canyon, den Niagarafällen und dem australischen Great Barrier Reef messen kann.

lan_83sk

14 Kilometer feinen **Sandstrand** und jede Menge Platz zum **Fahrradfahren, Wandern** und **Reiten** bietet die **Familieninsel,** auf der gemeinsam reisende Kinder, Eltern und Großeltern gleichermaßen auf ihre Kosten kommen. Durchschnittlich 1855 Stunden im Jahr scheint hier die Sonne – optimal, um in der Nordsee zu baden, am Meer spazieren zu gehen, nach Bernstein und Muscheln zu suchen oder einfach nur im Strandkorb die Zeit zu genießen.

Und wer **Abwechslung** sucht, ist bei einer der **Ausflugsfahrten** – etwa mit Krabbenfang oder zu den Seehundbänken –, einer **Wattwanderung** oder einer **Inselführung** richtig. Auch das wöchentliche Dünensingen, ein Malkurs im Atelier am Meer, das Bernsteinschleifen in den Bunten Buden am Hauptbad oder eine Kutschfahrt machen Groß und Klein Spaß. Sportlich Aktive starten mit der Strandgymnastik des Sportteams in den Tag und können dann zwischen einem Golf-, Surf- oder Yoga-Kurs wählen. Massagen und Meerwasserbäder sorgen für Entspannung, denn die Insel ist zudem als **Thalasso-Nordseeheilbad** zertifiziert. Auf der ersten deutschen **Fairtrade-Insel** setzen sich Ladeninhaber und Gastronomen zudem für nachhaltigen Einkauf und Genuss ein. Entdeckungsmöglichkeiten bieten auch das Schiffahrtsmuseum mit einer Mini-Version der Insel aus mehr als einer Million LEGO®-Steinchen sowie das Heimatmuseum, das unter anderem über die Sängerin **Lale Andersen** („Lili Marleen“) informiert, die auf dem Langeooger Dünenfriedhof ihre letzte Ruhe fand.

Die Gründe, nach Langeoog zu reisen, sind also vielfältig. In diesem Buch möchte ich die Faszination und den Charme der Insel beschreiben. Die vielen praktischen Tipps sollen dabei helfen, die passende Unterkunft zu finden, besondere kulinarische Entdeckungen zu machen und einen abwechslungsreichen Urlaubsalltag zu gestalten. Die Kapitel über die Inselgeschichte, die Nordsee und den Alltag der Menschen auf Langeoog bieten spannende Einsichten.

Eine schöne Zeit auf der Insel wünscht

Stefanie Kullmann

Blick von der Höhenpromenade auf den Turm der Rettungsschwimmer am Strand und aufs Meer

Inhalt

Karten

lan_217sk

Steckbrief Langeoog

- **Landkreis:** Wittmund
- **Bundesland:** Niedersachsen
- **Lage:** Vor der Küste Ostfrieslands zwischen den Inseln Baltrum (im Westen) und Spiekeroog (im Osten)
- **GPS-Koordinaten:** 53.75°N 7.48°O
- **Entfernung zum Festland:** 4 km, Fährhafen Langeoog – Bensersiel 7 km
- **Länge:** 12 km
- **Breite:** 3,5 km im Inselwesten, auf Höhe der Melkhörndüne etwa 1,5 km
- **Fläche:** 19,6 km^2 und damit die drittgrößte Ostfriesische Insel (nach Borkum und Norderney)
- **Höchste Erhebung:** Melkhörndüne, fast 20 m und damit einer der höchsten natürlichen Punkte Ostfrieslands
- **Inselwappen:** Zwei rote Segel auf weißen Wellen vor blauem Grund mit drei weißen Möwen
- **Flagge der Schiffahrt der Inselgemeinde:** Großes weißes L auf drei Streifen in schwarz, rot und blau – den Flaggenfarben Ostfrieslands
- **Einwohner:** 1762 (Januar 2024)
- **Postleitzahl:** 26465
- **Vorwahl:** 04972
- **Internet:** www.langeoog.de

lan_216

lan_034ts

Hinweise zur Benutzung

MEIN TIPP: steht für **spezielle Empfehlungen** der Autorin nach persönlichem Geschmack.

Der **Schmetterling** kennzeichnet Tipps mit einer ökologischen Ausrichtung, z.B. (Natur-)Genuss, der besonders beeindruckend, nachhaltig oder umweltverträglich ist.

Der **Kinder-Tipp** steht für Angebote, bei denen vor allem kleine Gäste und Familien auf ihre Kosten kommen.

4 Die **Ziffern** in den farbigen Kästchen verweisen auf den jeweiligen Legendeneintrag in den Karten.

GPS-Tracks

GPS Für die im Exkurs **„Unterwegs: Drei Wander- und Radtouren"** vorgestellten Routen stehen auf www.reise-know-how.de **GPS-Tracks** im Format gpx zum kostenlosen Download bereit. Sie finden die Daten auf der Produktseite dieses Titels.

< Leuchtend rote Hagebutten der Dünenrose

Preiskategorien Unterkunft

Die Angaben gelten pro Person bei einer Übernachtung im Doppelzimmer bzw. in einer Suite mit Frühstück oder in einem 1-Zimmer-Apartment in der Hauptsaison.

① bis 95 €
② 95–110 €
③ 110–130 €
④ über 130 €

Updates nach Redaktionsschluss: Auf der Produktseite dieses Reiseführers im Internetshop des Verlages finden sich zusätzliche Informationen und wichtige Änderungen.

^ Langeoog aus der Luft:
Gut zu erkennen sind die Sandbank im Inselwesten, der Ort, das Wäldchen und der Hafen.
Im Hintergrund ist Spiekeroog zu sehen

Die Insel im Überblick

Höhenpromenade | 24

Hier spazieren zu gehen ist bei Sonnenaufgang ebenso schön wie am Ende des Tages. Der rund anderthalb Kilometer lange Weg durch die Dünen und durch Sanddorn- und Kartoffelrosenhecken bietet wunderschöne Ausblicke aufs Meer.

Melkhörndüne | 24

Als höchste natürliche Erhebung der Insel ist ein Besuch der 19,6 Meter hohen Melkhörndüne geradezu Pflicht. Zu Fuß oder mit dem Fahrrad lässt sie sich gut erreichen und der Blick auf Inselwatt, Salzwiesen, Dünenlandschaft, Nordsee und Schloppsee ist wunderschön.

Atelier am Meer | 28

Das Atelier am Meer, das von *Carmen Prester*, der Enkelin von Inselmaler *Anselm*, geführt wird, ist einer der Ort auf der Insel, um selbst kreativ zu werden. Junge und ältere Malbegeisterte lernen hier mit Pastell- und Ölfarben die Inselstimmung auf Leinwand einzufangen.

Bunte Buden am Hauptbad | 31

Direkt am Hauptstrandzugang gelegen sind die kleinen bunten Häuschen nicht zu übersehen. Lange Bänke, viele Snackmöglichkeiten, Cocktailbars, eine Filiale der Eisdiele und die großen Trampolinfelder sorgen dafür, dass hier immer was los ist.

Dünenfriedhof | 32

Der nordöstlich des Inselortes gelegene Friedhof ist nicht nur die letzte Ruhestätte der Sängerin *Lale Andersen* („Lili Marleen") – hier wird auch der deutschbaltischen Flüchtlinge und der auf Langeoog verstorbenen sowjetischen Kriegsgefangenen gedacht.

Flinthörn | 43, 283

Das Naturschutzgebiet westlich des Hafens ist seit über einem halben Jahrhundert ein wichtiger Rückzugsort für rastende und brütende Vögel. Besucher dürfen über den Naturpfad bis zu einer Aussichtshütte wandern und erhalten auf ihrem Weg zahlreiche Informationen.

Ostende | 44

Wer das Ostende erreicht, hat bereits gut zehn Kilometer zu Fuß oder per Fahrrad zurückgelegt.

Belohnt wird er mit einem Blick auf die Nachbarinsel Spiekeroog, die Seehundbänke und vollkommen unberührte Inselnatur entlang des Naturpfades Osterhook.

Kurzentrum | 45, 137, 160

Es ist in die Jahre gekommen, keine Frage. Dennoch verbinden viele Langeoog-Urlauber mit dem Kurzentrum, zu dem das Haus der Insel mit seinen Veranstaltungssälen und dem Schifffahrtsmuseum, das Meerwasser-Erlebnisbad und das Kur- und Wellness-Center gehören, Erinnerungen an viele nette Aufenthalte.

Seemannshus | 47

Wer in das Inselleben früherer Jahrhunderte eintauchen möchte, ist hier richtig. Das kleine Museum zeigt neben einer Schlafkoje und Küchenutensilien auch viele historische Fotos. Paare, die in der Friesenstube heiraten, setzen im Anschluss an ihre Trauung einen Klinkerstein mit ihren Initialen in den Weg ums Haus.

ne spannende Anlaufstelle für alle, die an Langeoogs Vogelwelt interessiert sind. Unterhaltsam aufbereitetes Wissen und ein wunderbarer Blick auf Dünen und Möwenkolonie inklusive.

Wäldchen | 55

Wald auf einer Nordseeinsel? Wie ungewöhnlich. So besonders wie auch die Geschichte des 150 Hektar großen Areals. Denn wo heute verschlungene Wege vorbei an Silberpappeln, Kiefern, Birken, Holunder, Brombeerbüschen und Heckenrosen führen, lag zu NS-Zeiten ein Militärflugplatz.

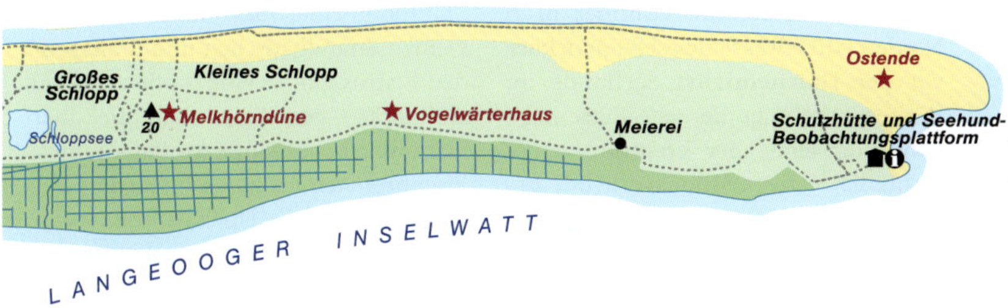

Hafen | 49, 65

Bei der Ankunft ist der Hafen nur ein kurzer Zwischenstopp, denn nach Verlassen der Fähre geht es sofort weiter mit der Inselbahn. Zu Unrecht. Es lohnt eine Fahrradtour oder ein Spaziergang hierhin, um das Leben im Hafen zu beobachten.

Vogelwärterhaus | 54

Auf halbem Weg zwischen Melkhörndüne und *Meierei* ist das Vogelwärterhaus im Inselosten ei-

Wasserturm | 56

Langeoogs Wahrzeichen ist oft schon von Weitem zu sehen. Kein Wunder, steht der 1909 gebaute Turm auf einer mehr als 17 Meter hohen Düne. Sein Ausguck bietet deshalb einen wunderbaren Inselüberblick.

Routenvorschläge

→ Exkurs „Unterwegs: Drei Wander- und Radtouren“, S. 140

Inselluft schnuppern

Eintägiger Kennenlerntrip, April bis Oktober

Schon die Überfahrt mit der Fähre am Morgen ab Bensersiel fühlt sich an wie ein kleiner Urlaub. Die frische Brise um die Nase geht es durchs **UNESCO-Weltkulturerbe Wattenmeer** immer nach Norden. Mit etwas Glück sieht man kurz vor der **Hafeneinfahrt** Seehunde im Wasser. Dies mag die erste Reise nach Langeoog sein, aber bestimmt ist es nicht die letzte. „Schockverliebt“, beschreibt Ostfriesland-Krimiautor *Klaus-Peter Wolf* das Gefühl bei seinem ersten Inselbesuch. Mittlerweile hat er Langeoog in vielen seiner Bücher als Schauplatz verewigt.

Die fröhlich-bunte **Inselbahn** bringt die Inselneulinge zum Bahnhof. Von hier geht es zu Fuß über die **Hauptstraße** Richtung Inselort. Das Treiben auf der Straße lässt sich gut bei einem Cappuccino in der Langeooger Kaffeerösterei schräg gegenüber vom Rathaus beobachten. Von hier geht es jetzt immer gen Norden zu Langeoogs Wahrzeichen, dem **Wasserturm.** Von diesem bietet sich montags bis freitags vormittags ein Rundumblick über die ganze Insel.

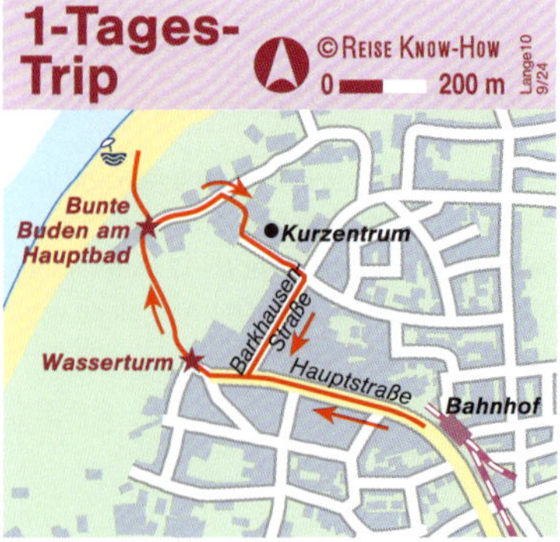

Doch wir wollen das Meer jetzt nicht mehr nur von Weitem sehen: Weiter geht's Richtung Strand. Den Weg durch die Dünen weisen die **Bunten Buden am Hauptbad,** an denen Kinder leuchtende Augen beim Blick auf die großen Trampolinfelder bekommen. In den kleinen Strandhäuschen und umliegenden Bistros gibt es eine große Auswahl an Snacks – von Waffeln am Stiel über Flammkuchen, Süßkartoffelpommes, Fischbrötchen bis zu Eis – sowie Café, Bier und Cocktails. Doch dafür ist später noch Zeit, jetzt geht es erstmal weiter zur Nordsee. Vielleicht haben wir jetzt Lust darauf, an der Wasserkante entlang zu spazieren, Muscheln zu suchen, eine Strandburg zu bauen oder schwimmen zu gehen. Oder auf eine gemütliche Pause im Strandkorb. Aufs Meer schauen. Tief durchatmen. Wind, Weite und Wellen genießen.

Am frühen Nachmittag laufen wir Richtung **Kurzentrum,** wo das Schiffahrtsmuseum und die LEGO®-Ausstellung mit der Insel im Miniformat beeindrucken und das Museumsrettungsboot Langeoog aufgestellt ist. Ein Bummel über die **Barkhausenstraße** gen Westen bietet die Gelegenheit, das ein oder andere Inselandenken zu kaufen: Maritimen Schmuck, ein Langeoog-Shirt, Ostfriesischen Tee, Wattwurm-Weingummis oder Sanddornlikör. Das *Café Leiß* oder das *Ebbe & Flut* wären jetzt noch eine gute Adresse für frisch gebackene Kuchen und Torten, im *Flotten Happen* oder im *Pier 2* wäre noch Zeit für einen Burger, einen Wrap oder ein Fischbrötchen, bevor es am späten Nachmittag zurück Richtung **Bahnhof** geht, wo – viel zu früh – die Inselbahn zur letzten Fähre des Tages startet. An Deck des Schiffes sitzen wir in der Abendsonne. Bis zum nächsten Mal.

Aktive Entspannung

Langes Wochenende im Frühjahr oder Herbst

Das Hotel ist gebucht, die Koffer sind gepackt, die Vorfreude ist riesig. Los geht's. Nach der Überfahrt und dem Einchecken gibt es nur ein Ziel: Ans Meer, Nordseeluft schnuppern, die Brandung spüren und die Füße ins Wasser halten. Die zweite wichtige Station: Ein Fischbrötchen gegenüber der **Bunten Buden** oder in der **Barkhausenstraße.** Anschließend bummeln wir hier durch die Geschäfte und abends genießen wir den Sonnenuntergang bei einem Cocktail in der Strandhalle.

Der nächste Tag beginnt mit einem Spaziergang über die **Höhenpromenade.** Rund anderthalb Kilometer geht es durch die Dünen vorbei an blühenden Inselrosen (im Frühjahr) oder tiefroten Hagebutten und dem orangeleuchtenden Sanddorn (im Herbst). Das Meer tost. Der Alltag ist weit weg. Nach einem Stopp im **Atelier am Meer,** wo uns die Motive von Inselmaler *Anselm* und maritime Geschenkideen begeistern, verlängern wir über das Pirolatal zum Aussichtspunkt **Tjard sin Utkiek.** Einmal Insel im Rundumblick.

Zurück im Ort ist Zeit für eine Krabbensahneterrine beim *Bistro Treffpunkt*, bevor wir im **Kurzentrum** ein Bernsteinölbad und eine Flintstein-Massage gebucht haben. Derart ausgeruht freuen wir uns auf eine abendliche Dorfführung, bei der wir viel über die Inselgeschichte erfahren. Im *Restaurant Schiffchen* probieren wir ein 4-Gang-Menü mit Muscheln, Zanderfilet und Sanddornparfait.

Am zweiten Tag leihen wir Fahrräder, um durchs Wäldchen und über den **Flinthörndeich** zum **Hafen** zu fahren. Am **Naturpfad Flinthörn** sind riesige Vogelschwärme zu sehen. Am Hafen beobachten wir die Anlegemanöver der Inselfähre und der kleinen Boote im Yachthafen. Wir haben die Wahl zwischen einem Besuch der *Kajüte* am Hafen und

der *Langeooger Teestube*. Über den **Seedeich** mit Blick auf das Inselwatt fahren wir weiter zum **Aussichtspunkt Utkiek am Schniederdamm,** wo die Starts und Landungen am Flugplatz zum Greifen nah sind. Auf dem Weg zurück in den Ort schauen wir kurz im Alpaka-Lädchen vorbei. Dann ist Entspannung in der hoteleigenen Sauna angesagt. Eine Weinberatung in der *Weinperle* an der Barkhausenstraße beschließt unseren Abend.

Am nächsten Morgen werden auf dem Weg zur Inselbahn noch ein Inselkräuterbrot und Cookies in der *Bio-Genussmanufaktur Seekrug* gekauft.

Strandspaß und mehr für die ganze Familie

Zwei Wochen Sommerurlaub mit allem, was dazu gehört

Alles dabei. Sonnenschutz, Sandschaufeln, Kescher, Taucherbrillen, Bücher, Wasser, Kekse, also dann – 14 Kilometer feiner Sandstrand wir kommen. Zwei ganze Wochen. Jetzt wirkt das lang. Doch wir haben neben den Strandtagen auf so vieles Lust: Eine **Wattwanderung,** die große **Fahrradtour** durch die Inselnatur zum Ostende. Dickmilch mit Schwarzbrot und Sanddornsaft in der **Meierei** probieren. Eine **Inselrundfahrt** mit der Kutsche. Abends vom Wasserturm aus in den Sternenhimmel schauen. Nach **Bernstein** suchen. Einen Inselkrimi im Strandkorb lesen. Selbst

⌵ Auf der Höhenpromenade

lan_218sk

Schmuck herstellen. Bei *Fisch-Klette* Heringsstipp kaufen. Ein **Shanty-Konzert** der *Flinthörners* besuchen. Ein Surfschnupperkurs und ein Ausritt am Strand. Abends mit Cocktail und Limonade an den Bunten Buden sitzen und schauen. Mit dem Fischkutter ins **Inselwatt,** Krabbenpulen lernen und die Seehunde auf ihren Sandbänken beobachten. Nach **Andenken** und **Geschenken** stöbern.

Gemeinsam eine gute Zeit verbringen, aber auch mal was allein unternehmen – das ist das Erfolgsrezept. Und auch ein Grund, warum mehrere Generationen sich hier zusammen wohlfühlen. Die Wege auf der **autofreien Insel** sind kurz. Schon die kleinsten Reisenden holen hier morgens allein die Frühstücksbrötchen und kennen den kürzesten Weg zu ihrem Lieblingsgeschäft mit den Schiffsmodellen im Schaufenster. Alles ohne lange Anfahrt oder Parkplatzsuche. Das entschleunigt und tut allen gut. Zudem begeistern mehr als sieben Stunden Sonne am Tag in den Sommermonaten.

Und wenn es doch mal regnet? Echte Nordseefans beeindrucken auch ein paar Tropfen nicht. Zum einen haben sie die Gewissheit, dass sich das Wetter schon bald wieder ändern wird. Wahrscheinlich sogar noch mehrmals am Tag. Zum anderen genießen sie, wofür ein **Nordseeurlaub** eben auch steht: Sich am Meer durchpusten lassen und anschließend gemütlich lesen oder gemeinsam spielen in der Ferienwohnung. Oder im nächsten Café einen Ostfriesentee, Gebäck und Sanddorntorte bestellen und anschließend ins Kino gehen. Wohlfühlen im Hier und Jetzt.

Festung aus Sand

lan_85sk

Ostern
Auf das gemeinsame Osterfeuer am Ostersamstag folgt für die Kinder am Ostersonntag die traditionelle Eiersuche vor dem *Reitstall Süderhof*.

Karneval? Jein!
„Langeoog hellblau" heißt es an einem Samstag Anfang/Mitte Februar beim großen Kinderkarneval. Unter Erwachsenen gilt die Insel jedoch als Rückzugsort für Karnevalsflüchtlinge.

Tanz in den Mai
Am Abend des 30. April stellen die Langeooger in der Ortsmitte ihren Maibaum auf. Dann wird in den umliegenden Kneipen gefeiert.

Auf Boßeltour
Von Januar bis Anfang April sieht man auch auf Langeoogs Straßen kleinere und größere Gruppen beim ostfriesischen Nationalsport No. 1.

JAN | FEB | MÄR | APR | MAI | JUN

Inselschulferien
Von Mitte Februar bis Anfang März haben die Inselkinder drei Wochen eigene Schulferien, um mit ihren Eltern verreisen zu können, bevor die Saison beginnt.

Brutsaison
Das Wattenmeer gilt als Kinderstube für zahlreiche See- und Küstenvögel. Von April bis Juli brüten Zehntausende Vogelpaare auf den Inseln.

LEGENDE

- Winter
- Frühjahr/Herbst
- Sommer

Saisonvorbereitung
Bevor die ersten Gäste in der Woche vor Ostern anreisen, ist einiges zu tun: Der Strand wird gereinigt, Dünenübergänge von Sand befreit, rund fünf Kilometer Plankenwege werden verlegt, die ersten Strandkörbe und die Rettungstürme der DLRG werden aufgestellt.

Badesaison
Von Mai bis September wachen ehrenamtliche Rettungsschwimmer von den drei bunten Türmen der DLRG über das Treiben am Strand und im Meer. Im Juli, August und September ist die Nordsee mit durchschnittlich 17 bzw. 18 °C am wärmsten.

Ran an den Ball
Egal ob Schlagball, Volleyball oder Fußball: Von Mitte Juni bis Mitte August sind auf der Sportinsel Langeoog zahlreiche Teams auf der Jagd nach Punkten und Toren.

Faire Woche
Die *FairTrade AG* der Insel unterstreicht im September mit Infos und Aktionen die Bedeutung fairen Handelns. Nicht von ungefähr ist Langeoog seit 2012 die erste Deutsche Fairtrade-Insel.

Allerheiligenschwimmen
Ein Termin für Hartgesottene. Bei Wind und Wetter werfen sich Freiwillige am 1. November in die rund 10 °C kalte Nordsee, viele von ihnen farbenfroh und einfallsreich kostümiert.

JUL | AUG | SEP | OKT | NOV | DEZ

Zugvogeltage
Das Wattenmeer ist eine Drehscheibe für den Vogelzug. Die Zugvogeltage im Nationalpark Niedersächsisches Wattenmeer bieten spannende Aktionen, Vorträge und geführten Touren.

Dünensingen
Das musikalische Happening mit Akkordeonbegleitung findet immer dienstags von Mai bis Oktober im Dünental zwischen Wasserturm und Hauptbad statt.

Silvester am Wasserturm
Um Mitternacht trifft man sich gerne zum Anstoßen am Wasserturm. Auch wenn es (noch) nicht verboten ist: Die Inselgemeinde bittet, auf Feuerwerk zu verzichten aus Rücksicht auf Tiere und Umwelt.

Tag der Seenotretter
Am letzten Sonntag im Juli zeigen die Seenotretter an Nord- und Ostsee ihr Können. Auch im Langeooger Hafen finden dann Aktionen und Schauübungen statt.

Zehn besondere Inselerlebnisse

lan_86sk

Fit in den Tag | 130

Bauch-Beine-Po-Workout am frühen Morgen und am Strand? Auf jeden Fall! Langeoog gilt als Sportinsel und das beliebte (und kostenfreie) Angebot „Fit in den Tag“ ist nur eine von zahlreichen Möglichkeiten, aus der Puste zu geraten.

lan_87sk

Dünensingen | 155

Dienstags, 20 Uhr, ist im Sommer ein fester Termin im Kalender aller musikbegeisterten Inselgäste. Unter der Leitung und Akkordeonbegleitung von Mitgliedern des Langeooger Chores „De Likedeeler“ werden gemeinsam Shanties und traditionelle Volkslieder am Fuß des Wasserturmes gesungen.

lan_88sk

Wellness aus dem Meer | 159

Langeoog ist seit 2014 zertifiziertes Thalasso-Nordseeheilbad. Folglich gibt es zahlreiche Möglichkeiten, die Kraft des Meerwassers zur Entspannung zu nutzen – etwa als Wohlfühlbad, Salzpeeling, Algen- oder Schlickpackung. Neben dem Kurzentrum bieten auch verschiedene Hotels Anwendungen und Massagen an.

lan_89sk

Auf Fahrradtour mit Peer Agena | 153

Peer Agena ist ein Insel-Original. Langeoog kennt der gebürtige Insulaner, der gemeinsam mit seiner Frau *Susanne* auch die Bunten Buden am Hauptbad gebaut hat, wie seine Westentasche. Auf einer geführten Fahrradtour erzählt er viele Döntjes über das Leben auf der Insel und zeigt Mitradelnden seine Lieblingsplätze.

lan_Michael Wrana © Langeoog-Touristik

Wattwandern | 151

Eine Wanderung auf dem Meeresboden ist beeindruckend. Mehrere zertifizierte Wattführer bieten Touren an, die vom kurzen, familiengeeigneten Spaziergang bis zur „Königsetappe“ vom Festland über den alten Schmugglerweg zum Ostende reichen. Wattwürmer, Muscheln, kleine Krebse und viele Infos zu diesem einmaligen Lebensraum inklusive.

Goldschmieden | 81

Hier wird gehämmert, gesägt und gefeilt: *Martina Runge* bietet in ihrer *Hofgoldschmiede* individuelle Schmuckkurse an. Unter fachkundiger Anleitung fertigt so jeder Teilnehmer in einer kleinen Gruppe sein eigenes Schmuckstück. Paare können sogar ihre Traurige selbst herstellen.

lan_90sk

Wind- und Kitesurfen | 139, 148

Flaches Wasser und eine hohe Windsicherheit machen Langeoog zu einem spannenden Revier für Surfer. Von Mai bis September können Anfänger sich von erfahrenen Kursleitern die richtige Technik beibringen lassen und schon bald wie die Profis mühelos über die Nordsee gleiten.

lan_91sk

Konzert der Flinthörners | 155

Einen Auftritt des Shantychores „De Flinthörners" als schlichtes Konzert zu bezeichnen, wäre eine absolute Untertreibung. Die stimmgewaltigen Männer in zünftig-kreativer Seemannskleidung sorgen mit beeindruckenden Soloeinlagen und kurzweiliger Moderation für einen mitreißenden Abend.

lan_92sk

Yoga im Neei Bauhoff | 144

Eine kleine Auszeit bieten die Yoga-Kurse im Veranstaltungszentrum *Neei Bauhoff*. Für Anfänger und auch Fortgeschrittene gibt es hier ein abwechslungsreiches Programm, das mitunter sogar am Strand stattfindet und mit Klangmassagen und kurzen Meditationen kombiniert wird.

lan_93sk

Stöbern bei Fokko Gerdes & Co | 81

Bis unter die Decke reichen die Regale mit schönen Accessoires, ausgefallenen Andenken und inseltypischer Dekoration. Zahlreiche originelle und inhabergeführte Läden laden zu einem ausgedehnten Bummel ein, bei dem sich mit Sicherheit das ein oder andere Mitbringsel finden lässt.

lan_210hg

Fünf kulinarische Empfehlungen

lan_95sk

Frischer Fisch | 79, 191

Fischbrötchen gehören zu einem Urlaub an der Nordsee wie der Sand an den Strand. Die Inselgastronomie bietet zudem eine große Auswahl von klassischen Fischgerichten bis zu feinen Kreationen. Bei *Fisch-Klette* kann man sich mit frischem Fisch vom Kutter, Dips und Geräuchertem eindecken.

lan_96sk

Sanddorn | 91, 285

Sanddorn ist von den Speisekarten auf Langeoog nicht wegzudenken: Sehr lecker schmeckt nicht nur heißer Sanddorngrog im Winter, auch Torten und Kuchen mit der vitaminreichen Beere sind einen Versuch wert. Als Saft wird Sanddorn in der *Meierei* mit Dickmilch und Schwarzbrot serviert.

lan_97sk

Ostfriesentee | 201

Den Tee auf den Kandis gießen, die Sahne einträufeln und bloß nicht umrühren. Auf ihre traditionelle Teetied sind die Ostfriesen stolz und die Zeremonie wurde zudem von der UNESCO geadelt. Gäste können Tee in vielen Cafés genießen oder eine klassische Mischung mit nach Hause nehmen.

lan_219sk

Kuchen, Torten & Gebäck | 90, 198

Die Ostfriesen mögen es süß. So gesellt sich zum Ostfriesentee eine beachtliche Auswahl an Sahnetorten, gefüllt mit Pflaumenmus oder in Rum eingelegten Rosinen, Käsekuchen, Obsttörtchen und Gebäck. Ein Blick in die reich bestückten Kuchentheken der Cafés lohnt sich.

lan_99ef

Queller | 91

Die frische Salznote ist meist der erste Geschmackseindruck des grünen Gemüses. Kein Wunder, wächst die häufig auch als Meeresspargel bezeichnete Pionierpflanze in den Salzwiesen. Im Restaurant und *Café Ebbe & Flut* verleiht Queller Lachs, Scholle, aber auch Pasta das besondere Aroma.

Fünf Höhepunkte für Kinder

Mit dem Kutter auf Krabbenfang | 151

Mit einem echten Krabbenkutter geht es hinaus auf Krabbenfang. Die zunächst gräulichen kleinen Garnelen werden direkt an Bord gekocht und dann kann jeder sein Glück versuchen. Derweil liegen die Seehunde gemütlich auf ihren Sandbänken im Inselwatt.

lan_100sk

Nach Bernstein suchen | 262

Wenn der Wind aus Nordost bläst und die Flut sich zurückzieht ist es Zeit, um im Flutsaum nach Bernstein zu stöbern. Wer dabei kein Finderglück hat: Das Gold der Nordsee lässt sich auch bei einem Schleifkurs zu einem schönen Anhänger an einer Lederkette verarbeiten.

lan_101sk

Mit der Ponykutsche fahren | 136

„Scheeritt" und „Teerapp" lauten die wichtigsten Kommandos, um als Familie mit einem der absolut verkehrssicheren Shetlandponys vom Reiterhof *To'n Peerstall* am Schniederdamm loszufahren. Eine Stunde ist man Herr seiner eigenen Kutsche, bis zu vier Personen dürfen mit.

lan_102sk

Drachen steigen lassen | 131

Neben Muscheln suchen und Sandburgen bauen ist das Drachensteigen lassen ein weiterer Höhepunkt am Langeooger Strand. Genug Wind gibt es so gut wie immer. Kleinere Kinderdrachen kann man überall in die Lüfte schicken, für große Lenkdrachen gibt es zum Schutz der Vogelwelt einen eigenen Strandabschnitt.

lan_103sk

Langeoog aus LEGO® bestaunen | 46

Was 2007 mit einem kleinen Modell begann, wuchs sich zu einer ganzen Landschaft aus: Der Herforder *Kai Böker* baute mit seinem Vater die komplette Insel aus LEGO® nach. Über eine Million Steine setzten sie zusammen und zeigen in einem Raum des Schiffahrtsmuseums nicht nur Hafen, Inselbahn und Strand, sondern auch alle Sehenswürdigkeiten.

lan_104sk

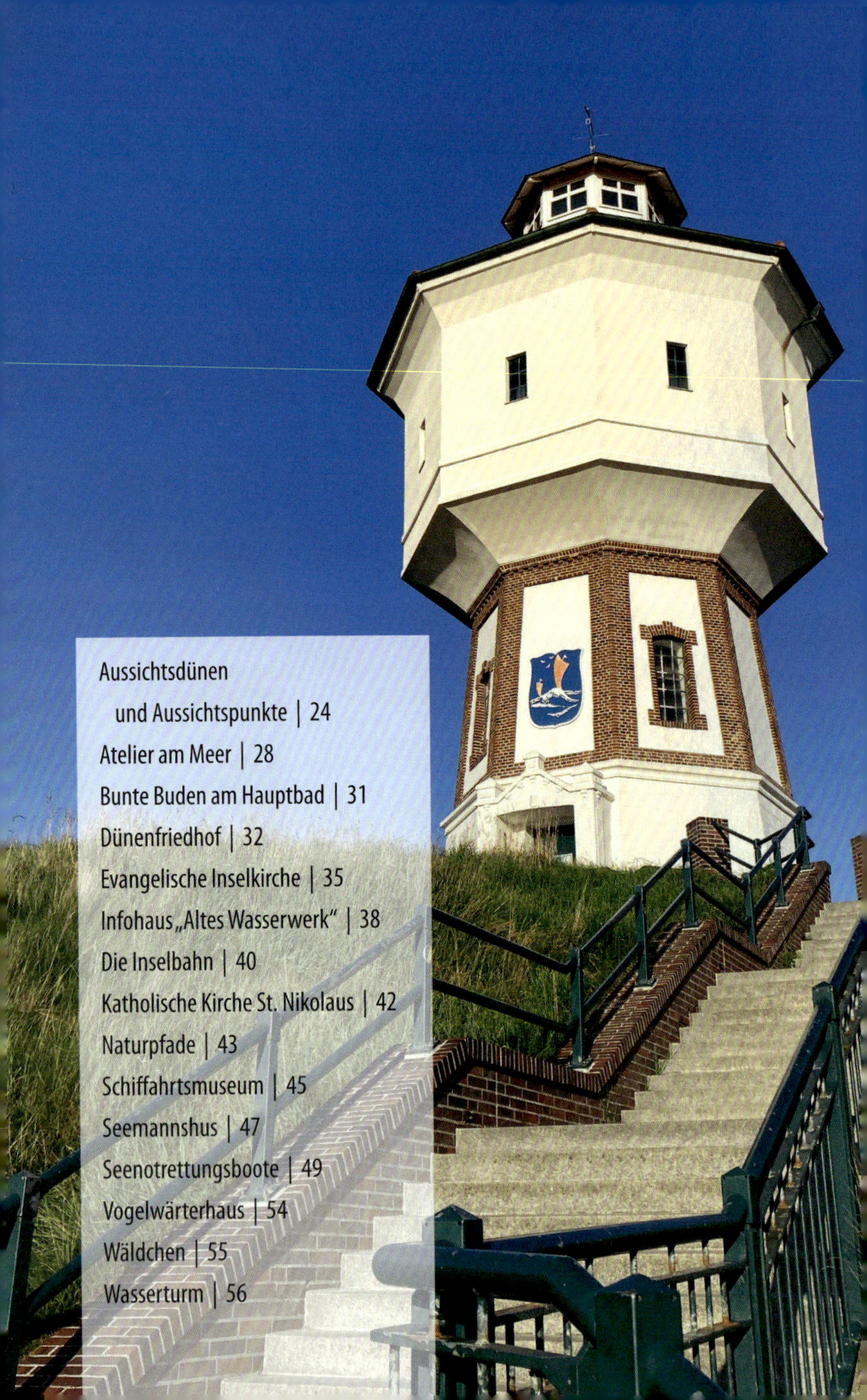

lan_229sk

1 Sehenswertes

»Auf Langeoog gibt es einiges zu entdecken. Für Naturliebhaber bieten sich ebenso interessante Ziele an wie für alle, die sich für die Geschichte der Insel und für die Seenotrettung interessieren. Auch die zahlreichen schönen Aussichtspunkte werden in diesem Kapitel vorgestellt.

< Wahrzeichen der Insel: Langeoogs Wasserturm

Aussichtsdünen und Aussichtspunkte

Langeoog lässt sich wunderbar mit dem Fahrrad oder zu Fuß erkunden. Zahlreiche schöne **Aussichtsdünen** und **Aussichtspunkte** bieten sich als Ziel für eine Tour an, die im Folgenden vorgestellt werden. Informationen zum Wasserturm als Wahrzeichen der Insel finden sich unter einem eigenen Stichpunkt in diesem Kapitel (s.u.), die Flinthörnhütte und die Seehundbeobachtungsplattform Osterhook werden unter dem Stichpunkt „Naturpfade“ beschrieben (s.u.).

Melkhörndüne

Als höchste natürliche Erhebung Ostfrieslands wurde die **Melkhörndüne** einst bezeichnet. Mittlerweile misst die rund viereinhalb Kilometer östlich des Inseldorfs gelegene Düne aufgrund von **natürlicher Abtragung** allerdings nicht mehr 21,3 Meter, sondern „nur“ noch 19,7 Meter. Sie ist also lediglich noch die höchste natürliche Erhebung der Insel. Der wunderbare **Rundumblick** über Vogelkolonie, Salzwiesen, Dünen, Wattenmeer und offene See ist allerdings geblieben.

Hat man eine der Treppen erklommen, sieht man zudem auf den nahegelegenen Schloppsee, der sich 1971 nach der Entnahme von Sand für den Küstenschutz bildete, das Zeltlager der Sportjugend Niedersachsen mit seinen runden Zelten sowie das Gebäude der Jugendherberge. Das 1923 erbaute Haus gehörte bis Anfang der 1950er-Jahre zu einer **Meierei,** der Domäne Melkhörn. Die Tatsache, dass hier früher Kühe gemolken wurden, gab der Düne auch ihren Namen (Melkhörn = Melkecke). Von Anfang Juni bis Mitte Juli lassen sich von der Melkhörndüne die Silber- und Heringsmöwen beim Brüten beobachten und mit einem Fernglas hat man einen ungestörten Blick auf die wackeligen ersten Schritte der frisch geschlüpften weiß-grau gefleckten Küken. Bei guter Sicht sind auch die Nachbarinseln und das Festland zu erkennen.

Höhenpromenade

Sie ist mit 15 bis 23 Metern die **höchstgelegene Strandpromenade** aller Ostfriesischen Inseln und verläuft direkt auf der Dünenkette, die den Inselort im Nordwesten halbkreisförmig umschließt. Auf rund anderthalb Kilometern – vom Strandaufgang Kirchpad im Westen bis zum Strandaufgang Gerk-sin-Spoor im

Norden – bietet sich hier ein sehr schöner und abwechslungsreicher **Spaziergang** an. Der Weg ist gesäumt von Sanddorn- und Kartoffelrosensträuchern, die im Frühjahr weiß, hellrosa und pink blühen. Im **Spätsommer** und **Herbst** beeindrucken die bunten Farbtupfer der orangefarbenen Sanddornbeeren und die leuchtend roten Hagebutten der Kartoffelrose. Auf das Meer lässt sich an verschiedenen Strandübergängen, die passiert werden, immer mal wieder ein Blick erhaschen, auf jeden Fall ist die Brandung aber stets zu hören. An den Bunten Buden am Hauptbad vorbei führt der Weg zur Strandhalle, die mit 23 Metern den höchsten Punkt der Promenade bildet. Hier gibt es zahlreiche Bänke, die vor allem bei Sonnenuntergang gut besetzt sind und von denen sich auch der Schiffsverkehr vor Langeoog wunderbar beobachten lässt – immerhin ist die Nordsee einer der wich-

☐ Aussicht genießen auf der Höhenpromenade

lan_220sk

tigsten Handelswege der Welt und neben Kreuzfahrtschiffen sind hier auch beeindruckend große Frachter etwa nach Hamburg und Bremerhaven unterwegs (auf www.marinetraffic.com kann man sich u.a. den Namen, die Position und den Zielort der vorbeifahrenden Schiffe anzeigen lassen).

Die Höhenpromenade verläuft dann in leichten Kurven am **Atelier am Meer** vorbei und passiert das Gebäude des früheren *Panoramarestaurants Seekrug*. Ab hier geht es etwas bergan und die **Aussicht** aufs Meer über Sanddorn und Heckenrosen hinweg ist großartig. Hier ist einer der **schönsten Punkte der Insel** und eine große Liegebank aus Holz lädt zur Rasr ein. Wer noch weitergehen mag, kann ab dem Strandübergang Gerk-sin-Spoor seinen Weg ins Pirolatal verlängern (→ nächster Stichpunkt).

Tjard sin Utkiek

Auf der **Höhe des Dünenübergangs Gerk-sin-Spoor** geht es in Verlängerung der Höhenpromenade ins Pirolatal. Nach rund 350 Metern führt auf der rechten Seite ein geklinkerter Pfad auf die Heerenhusdünen zum **Aussichtspunkt „Tjard sin Utkiek“,**

☑ Die Belegstelle für Bienenköniginnen unterhalb von Tjard sin Utkiek

lan_107sk

der einen fantastischen Blick auf Inseldorf, Pirolatal und Nordsee ermöglicht. Hier befand sich bis April 2014 eine Seenotbeobachtungsstation der DGzRS, die allerdings seit Anfang 1999 nur noch als Aussichts- und Informationspunkt fungierte. Bis dahin wurde von hier – wie an zahlreichen weiteren markanten Küstenpunkten der Nordsee – mit Fernglas der vorbeiziehende Seeverkehr beobachtet und im Notfall das im Hafen liegende Seenotrettungsboot verständigt. Wegen seiner orangenen Farbe war der Container bei den Langeoogern auch als „Hillies Appelsienenkiste“ bekannt, benannt nach dem Langeooger Seenotretter *Hillrich Kuper,* der Teil der Crew war, die am 5. März 1942 mit dem Ruderrettungsboot „Reichspost“ bei Eis- und Schneetreiben ausrückte, um bei der Havarie des Dampfers Rüstringen zu Hilfe zu eilen (→ Exkurs „Rausfahren, wenn andere reinkommen“, S. 50). Für seinen Einsatz wurde *Kuper* später ausgezeichnet, genau wie *Tjard Georg Mannott,* der ebenfalls zur Mannschaft gehörte. Auch *Mannott* hielt viele Jahre an dieser Stelle bei Sturm nach Schiffen in Seenot Ausschau, weshalb sich der Name **„Tjard sin Utkiek“,** *Tjards* Ausguck, für den Aussichtspunkt bis heute gehalten hat. Noch vorhanden ist der Betonsockel, auf dem der Container stand. Er stammt aus der Zeit des Zweiten Weltkriegs als hier eine Radarstation der Wehrmacht (ein sogenannter Würzburg-Riese) stand. Es gibt Überlegungen, hier erneut eine Aussichtsplattform einzurichten.

Blickt man nicht Richtung Meer, sondern zum Pirolaweg, fallen kleine, bunt bemalte Kästchen auf, die an Holzständern verteilt am Dünenhang angebracht sind. Hier befindet sich eine **Belegstelle für Bienenköniginnen.** Bienenzüchter vom Festland können von Mai bis August ihre Arbeitsbienen mit einer unbefruchteten Jungkönigin beim ehrenamtlichen Belegstellenleiter in die Sommerfrische geben, wo sie dann in die so genannten Begattungshäuschen einziehen. Die Königinnen treffen hier auf ausgewählte Drohnenvölker mit überdurchschnittlichen Zuchteigenschaften (wie guten Honigwerten, Sanftmut und hoher Widerstandsfähigkeit gegenüber Krankheiten). Nach zwei Wochen geht es nach erfolgreichem Hochzeitsflug und anschließender Eiablage zurück ans Festland. Die Insellage ist deshalb so begehrt bei der Bienenzucht, weil sowohl Bienen als auch Drohnen nur ungern über große Wassermengen fliegen, die Arten also relativ „rein“ bleiben. Unterschiedlich bemalt sind die einzelnen Häuschen, damit die Bienenköniginnen auch in der Fremde in ihren eigenen Wabenkasten zurückfinden. Führungen gibt es nicht, aber der Belegstellenleiter, der jeweils einige Tage in der Woche vor Ort ist, erklärt seine Arbeit gern. Auch gibt es am Eingang zum (abgezäunten) Gelände eine kleine Infotafel.

Utkiek am Schniederdamm

Zugegeben, es ist nicht die allererste Sehenswürdigkeit, die einem in den Sinn kommt, aber auf einer kleinen Fahrradtour ist dieser Aussichtspunkt sicherlich einen Stopp wert. Wer unterhalb des Inselbahnhofs ostwärts auf den Schniederdamm einbiegt, fährt immer geradeaus, vorbei an Spielplatz, Pferdekoppeln und *Remmers Backstube*. Dann folgen noch rund ein Dutzend Gebäude und nach weiteren 200 Metern steht man am Fuß eines kleinen, elf Meter hohen Hügels, der über einen spiralförmigen (und barrierefreien) Weg zu besteigen ist. Von einem Lärchenholzpodest mit **Sitzmöglichkeiten** hat man einen guten Überblick auf den nahegelegenen Flugplatz – die Landebahn beginnt keine hundert Meter entfernt – und den dahinter liegenden Golfplatz, ebenso auf den Teich der Langeooger Sportfischer und das Inselwatt sowie auf Weiden und Pferdekoppeln. „Mount Müll" heißt dieser Aussichtspunkt bisweilen spöttisch, befand sich hier bis 1987 die **Langeooger Mülldeponie,** die bis 2010 aufwendig rekultiviert wurde. Mehrere Infotafeln geben Auskunft über das Leben im Nationalpark. Besonders spannend ist es hier in den **Sommermonaten,** wenn vor allem an den Wochenenden zahlreiche **Flugzeuge** am Vormittag landen und gen Abend wieder starten.

Atelier am Meer

Inselmaler Anselm

Oben auf der Höhenpromenade, Ecke Warmbadweg liegt das „Atelier am Meer". Im Frühjahr 2022 hat die Langeoogerin *Carmen Prester* den kreativen Ort von ihrem Großvater, dem Inselmaler *Anselm*, übernommen und führt das Atelier samt Malschule nun in seinem Stil fort. Malinteressierte im Alter von fünf bis über 90 Jahren schätzen hier seit jeher die lockere und zugleich konzentrierte Atmosphäre, bei der in Pastell- und Ölfarbmalkursen u.a. schöne Nordseelandschaften entstehen. Die Übergabe an die jüngere Generation verlief behutsam, denn bereits im Herbst 2015 hatte *Carmen* mit damals 21 Jahren ein Volontariat im Atelier ihres Großvaters begonnen und lernte von ihm neben den notwendigen Maltechniken auch viel über den Einsatz von Farben, Perspektive und die Wirkung von Bildmotiven. „Mit gefällt vor allem der Umgang mit den Menschen", erklärt *Carmen*, „wenn meine Schülerinnen und Schüler nach drei Tagen ihre Werke in der Hand halten und ganz stolz sind, weil sie nie gedacht hätten, so etwas in so kurzer Zeit zu schaffen."

Anselm, 1943 in Tegernsee (Oberbayern) als *Anselm Prester* geboren, hatte es 1965 (der Liebe wegen) auf die Insel gezogen und nach ersten Jahren als Barkeeper und DJ in der schwiegerelterlichen Diskothek *Givtbude* (am selben Ort, wo sich heute das Atelier befindet) stellte er sich als Künstler auf eigene Füße. Da-

Verkehrsschild von Inselmaler Anselm

lan_221 sk

mit führte er eine Familientradition fort, denn auch sein Vater war bereits ein bekannter Kunstmaler. Zeichnete *Anselm* zunächst Porträts von bekannten Clowns und Pantomimendarstellern, so wurden Langeooger Inseleindrücke zunehmend das Hauptmotiv seiner Bilder, die er bevorzugt mit Aquarell, Öl und Pastellkreiden umsetzt. Die Farbe des Meeres und das Wechselspiel des Lichts faszinieren ihn nach wie vor.

Malschule

Seit 1978 unterrichtete der Wahlostfriese, der mittlerweile die Hälfte des Jahres in seiner früheren Heimat am Tegernsee verbringt, in seiner eigenen Malschule auf der Höhenpromenade und wurde als Surflehrer, Gründungsmitglied des *Rotary Clubs Langeoog*, Initiator des Langeooger Golfplatzes und Bühnenbildmaler für den Langeooger Shantychor „De Flinthörners" im Lauf der Jahre eine echte Inselgröße.

Kleinstes Museum der Welt

Neben Originalen im Atelier – zu denen nach wie vor neue Werke hinzukommen – lassen sich *Anselms* Werke auch als Postkarten, Jahreskalender und Kunstdrucke im benachbarten **Bilder-**

Farbenfroher Treffpunkt: die Bunten Buden

lan_222sk

Buch kaufen. Dort sind neben Künstlerbedarf und Geschenkartikeln auch seine DVD-Lehrfilme erhältlich, in denen er einen Einblick in seine Technik gibt (→ Kap. 2/Einkaufen, S. 82). Vor dem Laden steht das **„kleinste Kunstmuseum der Welt"**, in dem seine Bilder zu karitativen Zwecken verkauft werden. Seit Jahren unterstützt er Hilfsprojekte in Afrika, denen auch der Verkauf seines jährlich neu aufgelegten Adventskalenders zugutekommt.

■ Für Erwachsene (ab 14 Jahre) finden die **Malkurse** mit *Carmen Prester* von März bis Oktober statt, pro Kurs jeweils Mo–Mi 16.30–18.30 Uhr, inkl. Material 190 € (Pastell). Kinderkurse, ebenfalls mit *Carmen* (Teilnahme ab 5 Jahren), immer in den Ferienzeiten Mo–Mi 11–12 Uhr, inkl. Material 60/70 € (Pastell/Öl). Zusatztermine für Gruppen ab 4 Personen und Einzelunterricht auf Anfrage. Anmeldung im *Atelier am Meer* unter Tel. 0151/74246173 oder online unter www.atelier-ammeer-langeoog.de.

Bunte Buden am Hauptbad

Gute-Laune-Motiv

Mit der **bunten Häuserzeile** am Hauptbad ist Langeoog seit dem Frühjahr 2017 nicht nur um einen absoluten Hingucker, sondern auch um einen beliebten Treffpunkt reicher. Die **kleinen Häuschen** mit der farbenfrohen Holzfassade direkt am Dünenübergang ersetzten das zuletzt arg in die Jahre gekommene alte Hauptbad – einen schlichten Flachdachbau aus den 1960er-Jahren, in dem Büroräume, Duschen und Umkleidekabinen untergebracht waren. Verschiedene Bars, Imbisse und Bistros, die Langeooger *Biomaris*-Filiale und ein Vermietungsbüro für Ferienwohnungen laden nun zum Bummeln ein. Auch die umgebenden, langen **Bankreihen** aus Holz werden ausgiebig genutzt, um gemeinsam einen Kaffee, ein Bier, eine Waffel, ein Fischbrötchen oder einen Cocktail zu genießen. Sie trennen zudem den großen **Fahrradparkplatz** vom Gehweg. Im hinteren Teil des Ensembles befinden sich moderne öffentliche Unisex-Toiletten sowie Behinderten- und Familien-WCs mit Wickelmöglichkeit; im ersten Stock liegen die Wohnungen mit dem wohl schönsten Blick der Insel.

Als Vorbild für die Gestaltung ihres aus Lärchenholz gefertigten Ensembles in Rot, Gelb, Grün und Blau hatten die Bauherren *Peer* und *Susanne Agena* eine Ansicht der schwedischen Hafenstadt Smögen im Kopf. Das Paar bietet hier auch seine beliebten

Bernsteinschleifkurse an (Eingang auf der Rückseite des Gebäudes, → Exkurs „Bernstein: Auf der Jagd nach dem Gold des Meeres", S. 262).

Dünenfriedhof

Lale Andersens Grab

Der Dünenfriedhof am nordöstlichen Rand des Inseldorfes wurde 1944 angelegt, da der Platz für weitere Bestattungen an der evangelischen Inselkirche fehlte (eine Erlaubnis, an dieser Stelle angetriebene Strandleichen zu bestatten, hatte die Luftwaffe des Deutschen Reiches bereits 1940 erteilt). Seine heutige Gestaltung erhielt die zunächst baum- und buschlose Fläche ab 1960 durch den in Riga geborenen deutschbaltischen Arzt *Jürgen Baron von Schilling.* Für ihn wurde die Anlage und Pflege des Friedhofs, auf dem auch sein Vater begraben ist, nach der Pensionierung zur Lebensaufgabe (weshalb auch der Hauptweg des Friedhofs nach ihm benannt ist; als *von Schilling* 2008 starb, wurde auch er hier bestattet). Schon von Weitem zu sehen ist das große, 1958 geschaffene **Ehrenkreuz** zum Gedenken an die Gefallenen und Vermissten des Zweiten Weltkriegs, das die Gräberreihen überragt.

Lale Andersens Grab auf dem Dünenfriedhof

lan_110sk

Lale Andersen

Lieselotte Helene Berta Bunnenberg, am 23. März 1905 in Bremerhaven geboren, wird als Sängerin **Lale Andersen** mit dem **Soldatenlied „Lili Marleen"** weltbekannt. Ab 1941 genießt dieser über den Soldatensender Belgrad in ganz Europa ausgestrahlte Song große Popularität – und das auf beiden Seiten der Front. Die nationalsozialistischen Machthaber schätzen das Lied weniger – die melancholische, wenig heroische Ballade wird von Propagandaminister Joseph Goebbels als „wehrkraftzersetzend" tituliert. Von den Nazis erhält *Lale Andersen* 1942 **Auftrittsverbot,** offiziell wegen ihrer Kontakte zu Juden. Das Gerücht, 1943 über den britischen Nachrichtensender BBC gestreut, wonach die Nationalsozialisten die Sängerin verhaften und in einem Konzentrationslager verschwinden ließen, rettet sie womöglich vor dem Gefängnis. Derart unter Zugzwang gesetzt, lässt *Goebbels* dementieren und als Beweis darf die Sängerin wieder auftreten – allerdings ohne das Lied von dem Soldaten zu singen, der sich danach sehnt, seine Liebste einmal wieder an der Laterne vor dem großen Tor zu treffen.

1944 zieht sich *Lale Andersen* mit ihrem jüngsten Sohn *Michael* nach **Langeoog** zurück und lebt dort ab 1945 in einer Wehrmachtsbaracke, die ihr die kanadischen Besatzungssoldaten überlassen hatten. Das Gebäude in der Nähe des Friedhofs am Gerk-sin-Spoor 6 lässt sie im Lauf der Jahre zu einem großen, mit Reet gedeckten Haus umbauen, den „Sonnenhof" (ältere Gäste haben das Ensemble noch als schönes Café-Restaurant in Erinnerung, mittlerweile wird es als Ferienhaus vermietet).

Ab Anfang der 1960er-Jahre kann *Lale Andersen* an frühere Erfolge anknüpfen. Sie singt mit ihrer leicht rauchigen Stimme neben Chansons auch Plattdeutsches und Volkslieder von Wind, Wellen und Meer, etwa das sehr bekannte „Ein Schiff wird kommen".

Ihr zweiter Ehemann, der Schweizer Komponist *Artur Beul,* schreibt für sie das Lied „Die Fischer von Langeoog". In der Langeooger Strandhalle tritt sie regelmäßig für die Inselbewohner und -gäste auf. Die Künstlerin stirbt im August 1972 an den Folgen einer Krebserkrankung in Wien. Drei Monate zuvor hatte sie noch das Langeooger Fahrgastschiff „Lili Marleen" getauft. Sie wird unter großer Anteilnahme der Insulaner und zahlreicher Gäste auf dem Dünenfriedhof beigesetzt, wo ihr Grab auch heute noch besucht werden kann.

Anlässlich ihres **100. Geburtstags** am 23. März 2005 entwirft die Langeooger Goldschmiedin und Künstlerin *Eva Recker* eine lebensgroße Bronzestatue Lale Andersens, die – samt Laterne – unterhalb des Wasserturms steht. Im Seemannshus gibt es zudem eine kleine Ausstellungsvitrine, in der Fotos ihrer Langeooger Auftritte, Zeitungsausschnitte, Schallplatten und Bücher – etwa ihre 1972 erschienene Biografie „Der Himmel hat viele Farben. Leben mit einem Lied" – zu sehen sind.

lan_170sk

Gedenkstätte für die sowjetischen Kriegsgefangenen

Das am häufigsten besuchte und oft mit Muscheln, Steinen und Blumen geschmückte Grab dürfte das der Sängerin *Lale Andersen* sein. Der schlichte Grabstein in einer der in Halbbögen verlaufenden Grabreihen (Reihe E, Grab Nr. 34) ist ein regelrechtes Wallfahrtsziel für viele ihrer Fans von einst und jetzt (→ Exkurs „Lale Andersen", S.33).

Sechs Gedenksteine aus Sandstein erinnern seit 1952 an das Schicksal der 113 sowjetischen **Zwangsarbeiter,** die auf Langeoog zwischen Herbst 1941 und Frühjahr 1942 starben. Die Stelen nennen Namen und Todesdaten der Opfer mit dem Ziel, ihnen ein Gesicht zu geben: Nicolai, Peter, Ilija, Alexander, Anton, Victor, Nikita … junge Männer Anfang 20, die zu den 300 bis 450 sowjetischen Kriegsgefangenen gehörten (ihre Zahl schwankt in der Literatur), die im August 1941 aus einem Lager in der Lüneburger Heide auf Langeoog eintrafen, wo sie unter der Aufsicht brutaler Wachmannschaften im so genannten **Russenlager** untergebracht waren. Laut Nazipropaganda galten Sowjetsoldaten als „Untermenschen", die als solches zu behandeln und zu vernichten seien. Der damalige stellvertretende Bürgermeister Langeoogs, *Richard Windemuth,* erinnerte sich später an zerlumpte und unterernährte Gestalten, die so ausgehungert waren, dass sie ein verstorbenes Schwein wieder ausgruben und roh aßen sowie verfaulte Tomaten aus dem Müll der Langeooger suchten. Dass es unter der einheimischen Bevölkerung auch Menschen gab, die den Gefangenen heimlich etwas zusteckten, obwohl ihnen der Kontakt streng untersagt war, konnte deren Elend nicht mildern.

Neben den Erinnerungsstelen auf dem Dünenfriedhof gibt es im Freizeitheim **Haus Meedland,** das sich heute auf dem Areal des früheren Russenheims befindet, einen weiteren Ort des Gedenkens an die sowjetischen Kriegsgefangenen. In einem Gebäude, das früher von den Wachmannschaften genutzt wurde, liegt eine kleine Kapelle. Rechts und links ihres Eingangs ist auf Deutsch und Kyrillisch ein Vers aus dem Buch der Sprüche in der Bibel zu lesen: „Tu deinen Mund auf für die Stummen und die Sache aller, die verlassen sind." Eine klare Aufforderung, derartige Gewalt nie wieder zuzulassen. Außerdem liegt hier ein Exemplar des Buches „Todesursache: Allgemeine Körperschwäche" von *Helmut Junk* aus. *Junk,* Leiter des *Hauses Meedland* von 1997 bis 2009, stellt in seiner Dokumentation heraus, dass die Männer eben nicht – wie nach dem Krieg vielfach behauptet – an einer von ihnen selbst eingeschleppten Typhus-Infektion starben, sondern an den unmittelbaren Folgen ihrer unmenschlichen Behandlung – an Unter- und Mangelernährung, Entzündungen von Magen und Darm sowie aufgrund von Kälte. Gestorbene Kameraden wurden nach Einbruch der Dunkelheit in dem abseits gelegenen Dünental des Friedhofs verscharrt, in dem heute die Gedenkstätte liegt.

Baltengedenkstätte

Seit 1982 befindet sich auf dem Dünenfriedhof auch eine **Gedenkstätte** für die auf Langeoog zwischen 1945 und 1978 verstorbenen **deutschbaltischen Flüchtlinge.** Die gut 300 Männer und Frauen hatten als Angehörige einer deutschen Minderheit im Baltikum gelebt, bis sie im Anschluss an den Hitler-Stalin-Pakt 1939 gezwungen waren, ihre Heimat zu verlassen. Da Hitler sie als „rassisch wertvoll" einstufte, wurden sie in die neu eroberten Gebiete Polens umgesiedelt. Gegen Kriegsende und nach einer leidvollen Flucht vor der Roten Armee erreichten die überwiegend älteren Vertriebenen entkräftet und erschöpft Langeoog. Nach der anfänglichen Unterbringung in **Notunterkünften** und bei Privatleuten verbrachten viele von ihnen ihren Lebensabend im so genannten **Baltenheim,** einem dreistöckigen Gebäude aus rotem Klinker, das die Inselgemeinde 1957 für ihre Unterbringung kaufte und das bis 1978 existierte (das Gebäude gibt es auch heute noch, es ist allerdings ein Wohnhaus und deshalb nur von außen zu besichtigen: Um Süd 9). Auf dem Weg zur Baltengedenkstätte befindet sich auf der linken Seite die Skulptur „Trauernde Mutter", die die Angst und den Schmerz der Eltern, insbesondere der Mütter, deren Kinder in den Diktaturen des 20. Jahrhunderts ums Leben kamen, darstellen soll. Ihr schräg gegenüber erinnern drei Stelen an 19 deutsche Soldaten, die auf See starben und deren Leichen am Strand von Langeoog aufgefunden wurden.

Evangelische Inselkirche

Norddeutsche Backsteingotik

Erbaut wurde die **Evangelisch-lutherische Inselkirche** von 1888 bis 1890 im Stil norddeutscher Backsteingotik. Ihr Glockenturm misst 24,5 Meter. Eine neue – und vor allem größere – Kirche war notwendig geworden, da die Eröffnung des Inselhospiz Kloster Loccum 1885 eine rasch steigende Zahl von Kurgästen mit sich brachte. Die Idee, das an fast gleicher Stelle erst 1859 gebaute, aber kleinere Gotteshaus (der erste Kirchenbau seit der verheerenden Weihnachtsflut 1717, also nach mehr als 140 Jahren) zu erweitern, wurde dabei verworfen. Stattdessen stellte der damalige Kurator des Klosters Loccum, *Friedrich Wilhelm Barkhausen,* die Mittel für einen **Neubau** zur Verfügung. Die heutige Kirche ist damit das wahrscheinlich fünfte Kirchengebäude Langeoogs (→ Kap. 4/Inselgeschichte, S. 208).

Da jedoch die Architekten das Nordseeklima unterschätzten, kam es schon sehr früh zu **Feuchtigkeitsschäden** am Gebäude. Aus dem verwendeten Dünensand im Mauerwerk, Salz und Regen bildete sich Salpeter, der die Wandmalereien im Kircheninneren angriff. Bei einer Erweiterung des Kirchenschiffs auf das Doppelte der ursprünglichen Fläche (und damit auf 400 Sitzplätze) 1957/58 wurden zwar Wasser- und auch Holzwurmschäden beseitigt, auf eine Restaurierung der historischen Elemente verzichtete man jedoch und strich das Kircheninnere stattdessen schlicht weiß.

Mit der umfassenden Renovierung von 1988/89 wurde die mittlerweile hundert Jahre alte Kirche anhand von alten Fotos weitgehend in ihren **ursprünglichen Zustand** versetzt. Sowohl die **Wandmalereien** als auch die historische Form der Fenster,

Das ungewöhnliche Altarbild des Künstlers Hermann Buß

lan_223sk

der Kanzel, des Lesepultes und des neugotischen Retabelaltars wurden nachgebildet und um ein sehenswertes, zeitgenössisches Altarbild ergänzt (s.u.). Einen Blick wert ist auch das **Kruzifix** über der Kanzel, das aus zwei Treibhölzern besteht, und der als Weltkugel geformte 1,30 Meter hohe Friedensleuchter sowie das Schiffsmodell der „Bethel" (s.u.).

Altarbild

Das ungewöhnliche **Altarbild** stammt von dem 1951 in Neermoor/Ostfriesland geborenen und mittlerweile in Leer lebenden Künstler *Hermann Buß*. Es ist das Ergebnis einer Ausschreibung unter sieben norddeutschen Künstlern vor dem Hintergrund, in der Kirche ein zeitgemäßes, künstlerisches Signal zu setzen. Bevor das neue Altarbild im Dezember 1990 aufgestellt wurde, befand sich an gleicher Stelle eine Kopie des Renaissancewerkes „Der segnende Jesus" von *Giovanni Battista Cima* (genannt *Cima da Conegliano*, um 1505/06, Original in der Gemäldegalerie Alte Meister in Dresden). In dessen Szenerie wird Christus als Erlöser vor einer Landschaft stehend gezeigt, die rechte Hand segnend erhoben. Das Bild ist damit eine Metapher für die Kirche als Ort, der Schutz, Trost und Zuspruch bietet.

Wer auch in dem aktuellen Bild eine biblische, tröstende Szene erwartet, wird jedoch enttäuscht. Stattdessen lädt das maritime Motiv zur **Diskussion** ein. Gezeigt wird ein großes, scheinbar verlassenes Passagierschiff, das bereits Rost ansetzt und sich in arger Schräglage befindet. Davor sehen wir wartende Passagiere mit ihrem Gepäck, die sich anscheinend an Deck eines weiteren Schiffes befinden. Sie wenden dem Betrachter den Rücken zu, stehen vereinzelt, einige blicken aufs Meer. Im Bildvordergrund ist ein Tisch mit weißem Tischtuch zu sehen, dessen harte Falten Schatten werfen. Die Tafel wirkt hastig verlassen, Stühle stehen kreuz und quer, eine Jacke hängt über einer Lehne. Der hohe Himmel über der Szenerie ist dunkelgrau. Das surrealistisch anmutende Bild wirft mehr Fragen auf, als es Antworten gibt. Als solches findet es immer wieder Kirchenbesucher, die das in grau-grün gehaltene Werk als kalt, leer und trostlos empfinden, andere schätzen die unerwartete Szenerie als Denkanregung und Symbol für Einsamkeit und die fehlende Kommunikation der modernen Welt.

Künstler *Hermann Buß* geht es genau um dieses **Nachdenken,** wenn er dem Betrachter mit einer vordergründig bekannten Bildsprache eine Projektionsfläche bietet. Gleichzeitig ist *Buß* sich der Symbolsprache der christlichen Ikonografie bewusst. So wies *Klaus von Mering*, Inselpastor von 1987 bis 2001, der die Ausschreibung begleitete, darauf hin, dass der Bildvordergrund entfernt an die biblische Abendmahlsszene erinnere, die Tatsache, dass die Falten der Tischdecke genau zwölf Quadrate bilden, könnte dabei ein Symbol für die zwölf Jünger Jesu sein. *Klaus von Mering* resümierte zufrieden: „Das Bild lockt die Menschen nach vorn“.

Schiffsmodell

Das rechts des Altars hängende Modell eines Seglers mit dem Namen „Bethel“ (hebräisch für „Haus Gottes“) stammt von *Caspar Döring* (1856–1932). Der Langeooger stürzte als junger Seemann bei einem Schiffsunglück schwer und war anschließend querschnittgelähmt. Seinen Lebensunterhalt verdiente *Döring* fortan als Kunsthandwerker. Viele seiner aufwendig gestalteten Schiffsmodelle verkaufte er an Inselgäste. Diese schenkten das 1893 gefertigte Werk der Gemeinde. Es kann als Symbol für die Kirche als Schiff, im dem alle Gemeindemitglieder geborgen sind, gedeutet werden – nicht von ungefähr hängt es in der Nähe des Taufbeckens.

Infohaus „Altes Wasserwerk“

Unterhaltsame und informative Ausstellung

Im Gebäude des 1992 stillgelegten Wasserwerk-West befindet sich eine multimediale und interaktive „Erlebniswelt“, die 2024 vom *Oldenburgisch-Ostfriesischen Wasserverband (OOWV)* neu konzipiert wurde. Sie informiert über die **Trinkwasserversorgung** auf Langeoog im Allgemeinen und die Gefahren durch Sturmfluten, den Klimawandel und Herausforderungen wie den

Bau von Stromtrassen im Wattenmeer im Besonderen. Besucherinnen und Besucher erfahren u.a. Interessantes über den Umgang mit der sensiblen Ressource Wasser, über Schutzmaßnahmen auf der Insel und die Geheimnisse der ostfriesischen **Teezeremonie.**

Süßwasserlinse

Langeoogs Trinkwasserversorgung wird durch eine große, bis zu 45 Meter unter der Insel liegende Süßwasserlinse gewährleistet, die sich **aus Niederschlägen speist.** Da Süßwasser leichter ist als Salzwasser, schwimmt es auf dem umliegenden Meerwasser wie ein Fettauge. Beide Schichten trennt eine rund zwei bis drei Meter breite Brackwasserzone. Entnommen wird das Trinkwasser über 18, bis zu 22 Meter tiefe Brunnen im Pirolatal. Angrenzend befindet sich auch das Wasserwerk Langeoogs, wo Wasseraufbereitung und Qualitätskontrolle stattfinden. Die größte Gefahr für die Süßwasserlinse geht von einem Dünendurchbruch am Pirolatal aus, denn durch eindringendes Meerwasser würde aus ihr Brackwasser und die Linse für Jahre unbrauchbar. Da es – anders als auf den Ostfriesischen Inseln Wangerooge und Baltrum – keine Versorgungsleitungen zum Festland gibt, werden die Dünen an dieser Stelle durch regelmäßige Strandaufspülungen kontinuierlich geschützt (→ Kap. 4/Inselgeschichte/Langeoog heute, S. 251).

Der tägliche **Trinkwasserbedarf** auf Langeoog bewegt sich zwischen 350.000 Litern im Winter und über 2 Millionen Litern an einem heißen Sommertag mit vielen Feriengästen. Jährlich werden der Süßwasserlinse rund 350 Millionen Liter Trinkwasser entnommen, bis zu 450 Millionen Liter wären möglich, ohne das Gleichgewicht zwischen Verbrauch und der sogenannten Grundwasserneubildungsrate zu gefährden. Dennoch sollte vor dem Hintergrund trockener Sommer ein bewusster Umgang mit dem kühlen Nass auf der Insel selbstverständlich sein. Beeindruckend: Bis ein als Regen gefallener Wassertropfen aus der Leitung läuft, dauert es 20 bis 30 Jahre.

Die leicht bräunlich-gelbliche Verfärbung des Langeooger Trinkwassers ist übrigens auf Huminstoffe zurückzuführen, die gesundheitlich vollkommen unbedenklich sind. Das Wasser enthält wenig Kalk und wird nicht gechlort, ist also direkt aus der Leitung trinkbar.

■ **Info:** Mittelstr. 37, Ecke An der Kaapdüne, ganzjährig geöffnet, Frühjahr bis Herbst täglich 9–18.30 Uhr, sonst 9–16 Uhr, Eintritt frei.

Die Inselbahn

Fröhliche Farbtupfer

Mit ihren nostalgischen Waggons in Chromgelb, Tomatenrot, Himmelblau, Grasgrün und Purpur ist die Inselbahn ein Anblick, der für gute Laune sorgt. Nicht nur Kinder lieben das gemächliche Tempo, wenn auf der rund drei Kilometer langen Fahrt vom Hafen Wiesen, das Wäldchen und Pferdekoppeln vorbeiziehen, bis es schließlich in den Inselbahnhof geht. Die Tour mit der sympathischen **Schmalspurbahn** (Spurweite 1000 mm, Höchstgeschwindigkeit 48 km/h) gehört zu einem Inselurlaub wie die Überfahrt mit der Fähre. Und wen es vor Urlaubsaufregung nicht mehr auf den hölzernen Bänken aus Esche hält, der kann die Fahrt auch auf den offenen Plattformen an jeder Waggonseite genießen.

Langeoogs Gäste werden bereits seit 1901 auf Schienen in den Ort transportiert, zunächst allerdings per **Pferdebahn,** die es bis 1936 gab. Von der Reede ging es auf einer Strecke, die heute

☑ Farbenfrohes Fortbewegungsmittel auf der Insel

lan_112sk

nicht mehr existiert (ihren Verlauf kann man sich vorstellen, wenn man die heutige Flughafenstraße über den Golfplatz verlängert, → Inselkarte von 1932, S. 240) vorbei an den großen Hotels über die heutige Hauptstraße und dann um die Kurve in die heutige Barkhausenstraße (früher Hospizstraße) bis zum Kloster Loccum.

Die heute eingesetzten Züge und Waggons wurden 1994 neu gebaut und fahren seit Frühjahr 1995. Sie sind optisch der ersten motorisierten Inselbahn nachempfunden, die 1937 ihren Dienst aufnahm. Die knallroten, 250 PS starken und rund 26 Tonnen schweren zweiachsigen **Schöma-Dieselloks** (Länge 8,5 Meter, Höchstgeschwindigkeit 48 km/h) lösten damit die zuvor eingesetzten, ebenfalls zweiachsigen, aber deutlich kleineren Diesel-Lokomotiven der Humboldt-Deutz-Motoren AG ab (ein grün lackiertes Exemplar dieser Kleinlok, die 1937 gebaute Kö 2, steht seit 1987 zur Erinnerung direkt in Sichtweite vom Bahnsteig am Inselbahnhof am Wiesenweg. Die Kö 2 fuhr bis 1982 mit zuletzt 50 PS bis zu 17,5 km/h und wiegt 7 Tonnen). Die 15 Meter langen und 14,3 Tonnen schweren Waggons wurden von der Bremer Waggonbau GmbH gefertigt, die leider während der Herstellung in Konkurs ging, weshalb die Langeooger die Sonder- und Gepäckwagen in ihrer Inselwerkstatt selbst zusammenbauten.

Da sich grundsätzlich an der Zugspitze und am Zugschluss Loks befinden, ist ein **Umsetzen beim Fahrtrichtungswechsel nicht notwendig.** Neben den Passagieren transportiert die Inselbahn auch die Koffer der Urlauber in bunten Rollcontainern sowie Fahrräder und deren Anhänger auf Flachwagen. Für den sonstigen Güterverkehr wird die Schmalspurbahn seit 2009 nicht mehr genutzt. Dieser wird über die rollenden Frachtcontainer „Langeoog Cargo" per Elektrokarren vom Hafen in den Inselort gezogen. Wer nicht genug von der Bahn bekommen kann: Viele Gäste nutzen den Zug auch während des Urlaubs für einen Ausflug zum Hafen oder für die Rückfahrt nach einem Spaziergang dorthin, ein eigenes Ticket braucht man dafür nicht.

Außer auf Langeoog existieren auch auf **Borkum** und **Wangerooge** noch Inselbahnen, Juist und Spiekeroog haben ihre Strecken nach dem Bau von ortsnahen Häfen Anfang der 1980er-Jahre stillgelegt. Auf Spiekeroog fährt heute eine Museumspferdebahn vom ehemaligen Bahnhof zum Westend.

Katholische Kirche St. Nikolaus

Ungewöhnliche Architektur

Mit dem Bau eines **katholischen Gotteshauses** im Inselwesten wurde im Januar 1961 begonnen. Im Juni 1964 konnte die Kirche am Strandjepad 1, direkt am **Strandübergang** gelegen, dem *heiligen Nikolaus,* Schutzpatron der Seefahrer, geweiht werden. Entworfen hat das Gebäude die Göttinger Architektin *Lucy Hillebrand* (1906–1997), Mitglied des Deutschen Werkbundes. Der Kirchturm ähnelt in seiner Form einem **Schiffsbug,** der Kurs auf den Ortskern nimmt. Ein Gestaltungselement, das von den Langeoogern mitunter liebevoll spöttisch als Möwen- oder auch Nonnenrutsche bezeichnet wird. Ihr heutiges Aussehen erhielt die Kirche nach Erweiterungen 2002. Beeindruckend ist vor allem die große Fensterfront im Kircheninneren, die einen Blick auf Dünenlandschaft und Wasserturm ermöglicht. Das Kreuz im Innenraum ist als Steuerrad gestaltet. Seit März 2020 erklingt hier eine durch Spenden finanzierte Orgel der Firma Hauser. Das 1987 erbaute Instrument mit sieben Registern und 354 Pfeifen stammt aus einer Klosterauflösung in der Schweiz.

Katholische Gottesdienste wurden in den Sommermonaten für die Inselgäste bereits seit 1910 (zunächst auf einer Veranda des *Hotels Flörke*) gefeiert. Traditionell sind die Langeooger seit der Reformation in Ostfriesland Protestanten. Mit Beginn der 1930er-Jahre und dem Ausbau der Insel seitens der Nationalsozialisten zogen auch katholische Arbeitskräfte und Wehrmachtsangehörige vom Festland hierher. Vertriebene aus Ostpreußen, Schlesien und Pommern erweiterten dann die kleine katholische Gemeinde, die anfangs in der Kapelle des damaligen Caritas-Schwesternheims (heute Mutter-Kind-Klinik der Caritas) und im heutigen Ratssaal zusammenkam.

Mit den katholischen Kirchorten auf Juist, Baltrum, Norderney und Spiekeroog sowie den Festlandgemeinden Norden, Hage und Esens bildet St. Nikolaus heute die **Pfarreiengemeinschaft Küste.** Die rund 270 Mitglieder starke Gemeinde wird vor Ort von der Pastoralreferentin und Pfarrbeauftragten *Susanne Wübker* geleitet, die Unterstützung von wechselnden katholischen Kurpastoren bekommt.

Naturpfade

Naturpfad Flinthörn

Einer der besonderen Orte für die Natur- und Vogelbeobachtung auf der Insel ist der **Naturpfad Flinthörn** mit seiner Info-Hütte. Seit 1963 ist dieser Bereich **Naturschutzgebiet,** mit der Ernennung des niedersächsischen Wattenmeers zum Nationalpark zählt das Flinthörn zur **Ruhezone** (Schutzzone 1), die nur auf markierten Wegen betreten werden darf. Die Dünen, Salzwiesen und das Watt bieten Vögeln ein wertvolles und geschütztes Rückzugsgebiet für Brut und Rast. Zu beobachten sind hier zum Beispiel Rotschenkel und Austernfischer, Säbelschnäbler, Große Brachvögel, See- und Sandregenpfeifer, Uferschnepfen, verschiedene Seeschwalben- und Möwenarten sowie Kiebitze und Rohrweihen. Man erreicht die Hütte vom 7,4 Meter hohen Flinthörndeich (der 1974 errichtet wurde) über einen rund 650 Meter langen ausgewiesenen Naturpfad, der durch Salzwiesen und Dünen führt und mit Informationstafeln über die Dünen-, Tier- und Pflanzenwelt bestückt ist. Silbermöwe Korbi bietet dabei spannende Infos eigens für Kinder. Start und Ende des Weges sind jeweils mit Stelen gekennzeichnet.

Die **Beobachtungsplattform** bietet neben verschiedenen Infotafeln auch eine Übersicht über die Routen der unterschiedlichen Zugvögel. Der Blick hinüber nach Baltrum und zum Flinthörn ist ebenso beeindruckend wie das Beobachten der strandbrütenden Vogelarten im Frühjahr. An der Lage der Flinthörn-

Idylle am Ostende:
Seehundbeobachtungsplattform am Naturpfad Osterhook

lan_224sk

hütte lässt sich gut ablesen, wie dynamisch die Landschaft im Wattenmeer ist: Befand sich die Hütte 2017 noch direkt auf einer Randdüne unmittelbar am Meer, ist die Insel an dieser Stelle – auch durch den Schutz der vorgelagerten Sandbank – Richtung Westen gewachsen. In rund 100 Metern Entfernung hat sich mittlerweile ein weiterer Dünenzug gebildet, den man durch ein Dünental erreicht.

Der Name Flinthörn bezieht sich unter anderem auf die Form dieser sich im Südwesten der Insel anlagernden Sandplate (*hörn* ist Plattdeutsch für Fluthaken). Die ersten Dünen bildeten sich hier wahrscheinlich im Anschluss an die Sturmflut von 1825, als Holztrümmer von zerstörten Baltrumer Häusern angeschwemmt wurden, an denen sich Sand ablagerte. Außerdem wird vermutet, dass Frachtsegler hier früher ihre mitgeführten Ballaststeine (*flint* ist Plattdeutsch für unbearbeiteten Naturstein) über Bord warfen, um näher am Ufer entladen zu können.

Für den **Rückweg** bietet sich ein Spaziergang am Meer an. Der Weg zum und am Strand ist durch eine Pfahl- und Bojenreihe gekennzeichnet. Nach einem Kilometer in nördlicher Richtung direkt am Wasser oder je nach Tidenstand am Spülsaum entlang geht es über den nächsten Dünenübergang zurück und über den Deich gut 150 Meter bis zum Start des Naturpfads (als Rundweg insgesamt ca. 2,5 Kilometer, rund eine Stunde).

Naturpfad Osterhook

Am östlichsten Ende der Insel warten feinster Sand und Einsamkeit pur. Hier befinden sich der kleine **Naturpfad Osterhook** und eine **Seehundbeobachtungsplattform** (*oster* steht dabei für Osten, *hook* bedeutet Spitze). Vom Inselort bis hierhin sind es rund 10,5 Kilometer, von der *Meierei* aus noch rund zwei Kilometer bis zum Fahrradparkplatz am Strandzugang. Von hier geht es gut 600 Meter am Strand entlang und über eine kleine Holzbrücke bis zur Seehundbeobachtungsplattform. Sie bietet neben Informationstafeln zum Thema Seehunde und Inselnatur auch ein Spektiv. Bei Niedrigwasser sind die Tiere besonders gut zu beobachten, wenn sie sich auf den Sandbänken sonnen, mitunter gesellen sich auch Kegelrobben hinzu. Auch ein Blick auf das nahegelegene Spiekeroog ist von hier möglich.

Der **Einstieg** für den Naturpfad Osterhook befindet sich gut 100 Meter vor der Plattform und ist durch eine blaue Boje gekennzeichnet. Hier bietet sich eine kleine Wanderung durch unberührte Landschaft an, bei der man die Abgeschiedenheit und Vogelschwärme genießen kann. Am Ende des rund 150 Meter langen Pfades kann man links abbiegen und zum Strandabschnitt zurückkehren, von dem man gestartet ist oder sich nach Norden wenden und über einen ebenfalls markierten Weg Richtung Nordsee und dann nach Westen Richtung Inseldorf laufen (→ Tour 3 im Exkurs „Unterwegs: Drei Wander- und Radtouren“, S. 140). Alternativ nimmt man bereits nach knapp zwei Kilometern am Strand den nächsten Dünenübergang und kehrt zur *Meierei* zurück (dieser Rundweg im Inselosten ist auch in umgekehrter Reihenfolge zu wandern und ist insgesamt 7 Kilometer lang, mindestens also zwei Stunden einplanen).

Schiffahrtsmuseum

Seefahrt und Geschichte

Das kleine, aber **abwechslungsreiche Museum** (das sich nach wie vor ebenso wie die Inselschiffahrt mit lediglich zwei f schreibt) wurde 1982 eröffnet. Die Sammlung geht auf eine Schenkung des langjährigen Langeoog-Gastes und Nautikbegeisterten *Artur Rose* aus Bielefeld zurück. Hier werden unzählige Exponate zur Geschichte der Langeooger Schifffahrt, zum

☒ Kasse des Schiffahrtsmuseums

lan_045 sk

Seenotrettungswesen auf der Insel und zur Ära der großen Transatlantikpassagen gezeigt. Unter den Schiffsmodellen und Buddelschiffen, den Schiffspapieren, Passagierlisten, Reedereiplakaten und zahlreichen nautischen Hilfsmitteln lassen sich einige Kuriositäten entdecken.

Schiffsmodelle und Exponate

Ein stattlicher Teil der Exponate stammt dabei aus Großbritannien, über Jahrhunderte hinweg die Seefahrtsnation schlechthin. Unter den Schiffsmodellen sticht vor allem das **„Knochenschiff"** heraus, eine von französischen Seeleuten, die von 1795 bis 1815 in englischer Gefangenschaft saßen, gefertigte Nachbildung einer Fregatte. Das Modell, die „La Mystère", besteht zur Gänze aus Rinder- und Hühnerknochen, für die Takelage wurden damals Menschenhaare verwendet, beim heutigen Modell besteht sie aus Hanffäden. Auch die **„HMS Victory"**, von *Lord Nelson* in der Seeschlacht von Trafalgar (1865) kommandiert, ist als Modell zu bewundern. Womit sich Seeleute auf den oft wochenlangen Fahrten beschäftigten, zeigen **gravierte Walknochen und Walzähne.** Die mit einer Nadel eingeritzten Inschriften, Schiffsbilder, Porträts und Walfangszenen wurden mit einer Mischung aus Tran und Ruß geschwärzt, um sie deutlicher abzuheben. Im Ausgangsbereich des Schiffahrtsmuseums wird eine Modellflotte von DGzRS-Seenotrettungskreuzern und -booten gezeigt sowie eine kleine Ausstellung zum Thema „Müll im Meer geht alle an".

Langeoog aus LEGO®-Steinen

Dem Museum angeschlossen ist die Ausstellung **„Mini-Langeoog – die Insel aus LEGO®-Steinen"**, eine raumfüllende Ansicht der kompletten Insel aus über einer Million der bunten Steinchen – vom Anleger am Hafen über die Inselbahn und den Wasserturm, die Strandhalle, den Flugplatz, Restaurants, Hotels bis hin zu Dünen, Strand und Strandkörben ist alles Inseltypische zu finden – und sogar noch einiges mehr, denn unter die fast tausend LEGO®-Figuren, die die Szenerie bevölkern, haben sich zur Freude suchender Kinder auch *Harry Potter* und *Darth Vader* gemischt. Gebaut wurde die Inselnachbildung im Maßstab 1:42 über viele Jahre von *Kai Böker* und seinem Vater *Andreas.* 2007 starteten die beiden Herforder Langeoogliebhaber mit ersten Gebäuden und ergänzten bis 2012 die ganze Insel auf ca. 45 Quadratmetern Fläche. 2017 schenkte *Kai Böker* dem Museum

[>] Das Seemannshus am Casper-Döring-Pad

als Abschluss eine Miniversion der Bunten Buden am Hauptbad. Im Nebenraum ist die sehenswerte Ausstellung **„Langeoog – 800 Jahre Migration“** aufgebaut mit vielen Details zur Inselgeschichte und spannenden Erzählungen von Insulanern.

- Das Schiffahrtsmuseum und die Ausstellungen befinden sich **im Haus der Insel.**
- **Öffnungszeiten**: Mo–Fr 8.30–12 Uhr, Mo–Do 14–16 sowie von den Oster- bis zu den Herbstferien auch Sa 10–12 Uhr.
- **Eintritt:** Erwachsene 4 €, Kinder (6–15 Jahre) 2 €, Gruppen nur nach Anmeldung unter Tel. 693100.

Seemannshus

Heimatmuseum

Geduckt, aber gemütlich liegt es auf einer kleinen Anhöhe, die es seit seiner Erbauung 1794/95 durch den Steuermann *Heinrich Lüken* und seine Frau *Antje* vor Sturmfluten stets geschützt hat. Das heute als Seemannshus (benannt nach der Familie von *Onno Seemann*, die hier zuletzt lebte) bekannte Gebäude ist **eines der ältesten der Insel.** Mit seinen weiß gestrichenen Klinkern, den grünen Fenstern, niedrigen Räumen und knarrenden Holzdielen wurde das Insulanerhaus, das seit 1988 der Inselgemeinde

lan_225sk

gehört, 1990 vom Heimatverein Langeoog als **Heimatmuseum** eröffnet. Neben einer historischen Kücheneinrichtung, einer Schlafkoje und vielen Gegenständen aus dem Alltag der früheren Insel- und Hausbewohner wie Teegeschirr, einer Waschschüssel mit Wasserkrug, bestickten Wandbehängen, Kleidung und Erinnerungsstücken geben historische Fotos, Broschüren und Postkarten einen Einblick in das Badeleben früherer Zeiten. Der Sängerin *Lale Andersen* (→ Exkurs, S. 33) ist eine kleine Ausstellungsecke gewidmet. Auch das Landvermessungsverfahren des Mathematikers *Carl Friedrich Gauß*, das 1841 auch Langeoog einschloss, ist hier erklärt (der Messpunkt befand sich am Wasserturm, → dort). Eine Medienstation ermöglicht das Stöbern in historischen Karten, Inselansichten und zeigt kurze Filmaufnahmen. Die kleine, beigefarben gestrichene Holzveranda ist nur von außen begehbar. Sie wurde früher als Frühstücksraum für Pensionsgäste genutzt. Im Garten, wo sich noch einer der alten Hausbrunnen befindet, kann man die Zeit unter einem alten Birnbaum auf einer Holzbank sitzend genießen.

Ja-Wort in der Friesenstube

Seit 1996 ist das Seemannshus außerdem eine Filiale des Langeooger Standesamtes, sodass man sich **in der historischen Friesenstube** trauen lassen kann. Rund 200 Paare, ein Großteil von ihnen Inselgäste, geben sich hier jährlich das Ja-Wort. Seit Ende 1999 gibt es die **Tradition des sogenannten Hochzeitssteins:** Die Initialen des Paares und das Hochzeitsdatum werden in einen Klinker graviert, der dann auf dem Hochzeitspfad rund um das Seemannshus einen Platz findet.

■ **Das Heimatmuseum Seemannshus,** Ecke Mittelstraße/Casper-Döring-Pad ist von März bis Okt. Di, Do, Sa, So 14–16 Uhr geöffnet, Nov. bis Feb. nur Sa 14–16 Uhr, Eintritt gegen eine kleine Spende. Gruppen nach Vereinbarung. Von Zeit zu Zeit Klönschnack, bei dem bekannte Langeooger Anekdoten aus der Inselgeschichte erzählen sowie Einladung zur ostfriesischen Teezeremonie (12 € pro Person). Kontakt: Heimatverein Langeoog, www.heimatverein-langeoog.de, *Erhard Nötzel*, Tel. 6829174. Infos zu Trauungen beim Langeooger Standesamt: Tel. 693123, standesamt@langeoog.de.

lan_226sk

Seenotrettungsboote

Museumsrettungsboot „Langeoog"

Im Kurzentrum steht das Museumsrettungsboot „Langeoog" **im Original,** hoch und trocken. Das 14-Meter-Schiff wurde 1945 auf der Insel stationiert und war bis zu seiner Ausmusterung im Jahr 1980 an der Seenotrettung von 945 Personen beteiligt, zuständig für eilige Krankentransporte zum Festland und im Winter als Eisbrecher tätig. Besonders gefordert war die „Langeoog" im Februar 1948, als der traditionelle Schiffsverkehr bei langanhaltendem Frost und hohem Treibeisaufkommen für Tage komplett unterbrochen war. Im „Eisnotdienst" hielt sie die Verbindung zum Festland aufrecht und transportierte Passagiere und Lebensmittel.

Das 1944 auf der Pahl-Werft in Hamburg-Finkenwerder gebaute, 4,55 Meter breite Schiff hatte einen Tiefgang von 1,38 Meter und war mit einer Höchstgeschwindigkeit von 8,5 Knoten (gut 15 km/h) unterwegs. Zuletzt war es mit Funk, Echolot und Radar ausgestattet. Den Platz vor dem „Haus der Insel" erhielt es anlässlich der Feierlichkeiten „150 Jahre Nordseebad Langeoog".

■ **Info:** Mo–Fr 8.30–12 Uhr, Mo–Do 14–16, Sa 10–12 Uhr kostenfrei begehbar.

Seenotrettungsboot „Secretarius"

Das Seenotrettungsboot „Secretarius" ist seit Sommer 2017 **im Hafen** von Langeoog stationiert und folgte dort auf die „Casper Otten", die seitdem in Lauterbach auf Rügen im Dienst ist. Der im Vergleich zu den Seenotrettungskreuzern kleinere Bootstyp ist besonders für den Einsatz im inselnahen Wattenmeer geeignet und wird von **freiwilligen Seenotrettern** gefahren.

Gebaut wurde die Secretarius im Herbst 2016 auf der Fassmer-Werft in Berne/Wesermarsch im Rahmen der turnusmäßigen Modernisierung der DGzRS-Rettungsflotte. Das 10,10 Meter lange und 3,60 Meter breite Boot ist vollständig aus Aluminium gebaut und könnte sich im Falle eines Kenterns von selbst wieder aufrichten. Es hat lediglich 96 Zentimeter Tiefgang und

☐ Eine bleibende Erinnerung: die Hochzeitssteine vor dem Seemannshus

Rausfahren, wenn andere reinkommen – die DGzRS auf Langeoog

Mitte des 19. Jahrhunderts ist die Schifffahrt vor den deutschen Nordseeinseln äußerst gefährlich. Jährlich gehen hier rund 50 Schiffe verloren, dessen Besatzung sich entweder selbst an Land retten kann oder jämmerlich in den Fluten ertrinkt, denn ein organisiertes Rettungswesen wie es seit 1824 bereits in den Niederlanden und Großbritannien existiert, gibt es an der deutschen Küste nicht.

Zwei besondere Schiffsunglücke führen dazu, dass der Tod auf See auch hier nicht länger als unabwendbares Schicksal hingenommen und der Ruf nach einem **professionellen Rettungswesen** lauter wird: Zum einen der **Untergang des Auswandererschiffs „Johanne",** das auf dem Weg von Bremerhaven nach New York am 6. November 1854 vor Spiekeroog verunglückt und 84 Menschen in Sichtweite der Insel (unter ihnen 18 Kinder) in den Tod reißt. Zum anderen die **Strandung des Zweimasters „Alliance"** am 10. September 1860 auf dem gefürchteten Borkumriff. Neun Besatzungsmitglieder sterben vor den Augen der – in Ermangelung einer geeigneten Ausrüstung – zur Untätigkeit verdammten Borkumer Inselbewohner und ihrer zahlreichen Urlaubsgäste. Die Empörung der Besucher über die ausgebliebene Hilfe der Insulaner und über das Fehlen von Rettungsgerät an der Küste schlägt sich deutschlandweit in der Presse nieder. Die zahlreichen Zeitungsartikel stützen das wachsende Bewusstsein, dass dringend etwas passieren muss.

1861 gründen sich unabhängig voneinander erste **regionale Rettungsvereine** in Emden, Bremerhaven und Hamburg; auf Langeoog und Juist werden die ersten Rettungsstationen eingerichtet. Bis März 1863 sind auf allen Ostfriesischen Inseln Ruderrettungsboote stationiert, ein Jahr später gibt es an allen gefährlichen Punkten der ostfriesischen Küste Rettungsstellen. Schon bald ist man vom Erfolg der Stationen begeistert, wie ein Chronist 1864 dokumentiert: „seit Mai 1863 … sind mit Hilfe der Boote bereits 53 Personen aus dem Grab der Meeresfluten entrissen worden". Am 29. Mai 1865 vereinigen sich die einzelnen Rettungsgruppen in Kiel zur **Deutschen Gesellschaft zur Rettung Schiffbrüchiger** (DGzRS), die fortan in Bremen ihren Sitz hat. Die Basis der Organisation ist damals wie heute der Einsatz von Freiwilligen und die Unabhängigkeit von staatlichen Stellen, denn ihre Arbeit finanziert die DGzRS ausschließlich durch Spenden.

Auch die Langeooger Station tut sich mit erfolgreichen Rettungen hervor. Die erste Bewährungsprobe erfolgt bereits am 16. Mai 1862: Zwei Seemänner, die auf das Langeooger Norderriff geraten sind, werden von den 12 Ruderern – neben dem ersten Vormann *Johann Adam Leiß* und dem Ortsvorsteher auch eine „beherzte Frau" – aus dem Mast ihres bereits gesunkenen Schiffes geborgen. Als im Mai 1867 der Segler „Swaantje", unterwegs mit Holz von Norwegen nach Bensersiel an ebendieser Stelle in Not gerät, sitzt neben 13 Langeooger Seenotrettern abermals eine Frau mit am Ruder.

Mit einem dramatischen und schweren Einsatz im Kriegswinter 1942 endet am 5. März die Ära der Ruderrettungsboote auf der Insel. Zwölf Schiffbrüchige des Vorpostenbootes „2001" können von den Langeooger Rettern bei Schneetreiben und -15 °C mit erheblichen Erfrierungen aus der eisigen Nordsee geborgen werden. Sie waren bei dem Versuch, dem havarierten Lotsendampfer Rüstringen zu helfen, selbst in Schwierigkeiten geraten (die Langeooger hatten einen ersten Rettungsversuch der Besatzung der Rüstringen aufgrund meterhoher Eispanzer am Strand abbrechen müssen). Unter Vormann *Hillrich Kuper* können 40 Soldaten das bereits ausgemusterte **Ruderrettungsboot „Reichspost"** auf Höhe der Strandhalle schließlich doch über einen Eiswall wuchten, während das im Jahr zuvor auf der Insel stationierte Motorrettungsboot in Neuharlingersiel festsitzt. Rettungsmannschaft und Schiffbrüchige überleben am Ende nur, weil die Seemänner – die Reichspost ist in der aufgewühlten See längst aufgegeben – aneinander geleint über brüchiges Treibeis kriechend den Oststrand des benachbarten Baltrum erreichen. Die Langeooger wurden für diesen Einsatz später mit der Rettungsmedaille am Bande geehrt (eine Multimedia-Reportage mit Zeitzeugen-Interviews ist unter www.seenotretter.de, Suchwort „Rüstringen", zu finden).

Bei der Aufzählung mutiger Taten soll auch das beherzte Eingreifen der Schwestern *Trienke* und *Elisabeth Leiß* am 16. August 1828 (also bereits 33 Jahre vor Gründung der Rettungsstation auf der Insel) nicht vergessen werden, dessen Dokumentation erst 2017 in Protokollen des Stadtarchivs von Amsterdam gefunden wurde. Die jungen Frauen stellten von einem einfachen Ruderboot aus eine Leinenverbindung zum leckgeschlagenen, niederländischen Getreidefrachter „De Vrouw" her. Für ihre „edelmütige Frauentat" wurden die beiden von einer niederländischen Stiftung mit 25 Goldstücken belohnt. Ältere Berichte über die Rettungseinsätze der Langeooger sind zudem im **Schiffahrtsmuseum** der Insel zu finden. Außerdem gibt es im „Haus der Insel" mehrmals im Jahr einen Film- und Vortragsabend über die Arbeit der Seenotretter.

Die DGzRS verfügt heute über eine Flotte von **60 Seenotrettungskreuzern** und **-booten** auf 55 Stationen in Nord- und Ostsee. Koordiniert werden die jährlich rund 2000 Einsätze, an denen 180 Festangestellte und 800 Freiwillige beteiligt sind, von der Seenotleitung in Bremen. Seit ihrer Gründung wurden durch die Arbeit der DGzRS 86.000 Menschenleben gerettet. Selbstlosigkeit, Mut und seemännisches Können sind jeden Tag gefragt – nicht nur bei spektakulären Havarien, bei der Rettung von in Not geratenen Sportseglern, Surfern, Schwimmern oder Wattwanderern. Auch der Transport von erkrankten oder verletzten Menschen von Seeschiffen, Halligen oder Inseln aufs Festland zählt zu ihren zahlreichen Einsätzen.

Wer diese Arbeit unterstützen möchte, findet weitere Infos unter www.seenotretter.de.

Seit 1980 an Land: das Museumsrettungsboot „Langeoog"

lan_006sk

ist dank eines 380 PS starken Ein-Propeller-Antriebs mit bis zu 18 Knoten (rund 33 km/h) unterwegs. Neben moderner Navigationstechnik ist eine **umfangreiche Ausrüstung zur medizinischen Erstversorgung** an Bord. Benannt ist das Boot nach dem Secretarius, sozusagen dem Organisator, der traditionsreichen Bremer Eiswette. Seit 1829 wird bei dem Traditionsfest der Bremer Kaufleute Anfang Januar geprüft, ob die Weser in Bremen „geiht or steiht", ob sie zugefroren ist oder nicht. Die Spenden, die bei dieser Veranstaltung gesammelt werden, gehen seit 1928 an die DGzRS und haben das neue Boot finanziert.

Langeoogs aktueller freiwilliger Vormann *Sven Klette* – seine Aufgaben sind mit der eines Kapitäns und Stationsleiters vergleichbar – und seine rund 15-köpfige Crew sind rund um die Uhr für die Suche und Rettung von Menschen in Seenot einsatzbereit. Ihr **Revier** reicht vom Festland-Fährhafen Bensersiel über das Wattenmeer bis zu den Nachbarinseln Baltrum und Spiekeroog und an der Nordseite der Insel hinaus auf die offene Nordsee. Neben dem Fähr- und Frachtverkehr nach Langeoog sind

☑ Das Seenotrettungsboot „Secretarius" der DGzRS

lan_227_ms

hier auch zahlreiche Sport- und Küstenfischer sowie Wassersportler unterwegs. Meldet die Seenotleitung in Bremen einen Notfall, gilt es für die ehrenamtlichen Retter im Inselort aufs Fahrrad zu springen und die drei Kilometer zum Hafen zu sprinten. Rund 100 bis 150 Einsätze fahren *Sven Klette* und seine Freiwilligen im Jahr. Gegenseitiges Vertrauen ist dabei ebenso unabdingbar wie der Respekt vor den Elementen.

Das Gebiet ist durchaus anspruchsvoll und sollte nur mit sehr guten Revierkenntnissen befahren werden. Denn neben starken Strömungen in den Seegatten zwischen den Inseln unterliegt auch die Tiefe des Fahrwassers ständigen Veränderungen. Insbesondere bei **Sturm** verlagern sich am Meeresboden gewaltige Sandmassen. So befindet sich auf einmal Sand an Stellen, die zuvor einfach zu passieren waren. Seglern und Booten fehlt dann schnell die sprichwörtliche „Handbreit Wasser unterm Kiel". Wer dann aus Versehen aufsetzt, ist mit etwas Glück lediglich bis zur nächsten Flut manövrierunfähig. Ist das Boot beschädigt, können nur noch die **Seenotretter** helfen (Tipps für eine gute Törnvorbereitung, mit der sich Notlagen vermeiden lassen, gibt die DGzRS unter www.sicher-auf-see.de).

Doch es gehören nicht nur havarierte Schiffe oder Segler und Surfer in Seenot zum Alltag der „Ritter im roten Overall", sondern auch Transporte von Verletzten oder Erkrankten, wenn der Rettungshubschrauber nicht zur Verfügung steht oder wegen schlechten Wetters nicht starten kann. Auch Hochschwangere werden manchmal ans Festland gebracht – wenn noch genug Zeit ist: Im Juli 1993 erblickte *Anna Börgmann* auf dem damals auf der Insel stationierten Rettungskreuzer „Hannes Glogner" rund drei Seemeilen vor Bensersiel das Licht der Welt.

Kontrollfahrten, bei denen aktuelle Wassertiefen und Fahrtwege gemessen werden, stehen ebenso auf dem Programm wie regelmäßige Übungen, bei denen beispielsweise das Retten von Menschen aus dem Wasser oder die Herstellung einer Leinenverbindung zu einem verunglückten Boot trainiert werden. Besichtigen kann man die Secretarius eigentlich nicht. *Sven Klette* und sein Team geben aber gern Auskunft über ihre Arbeit, wenn sie nicht gerade zu einem dringenden Einsatz müssen.

Weitere Infos zur DGzRS → Exkurs „Rausfahren, wenn andere reinkommen – die DGzRS auf Langeoog", S. 50.

Vogelwärterhaus

→ Kap. 5/Vogelwelt, S. 301

Seevogelschutz

Ein **Muss für Vogelfreunde** ist ein Besuch des Vogelwärterhauses, das auf halbem Weg zwischen Jugendherberge und Meierei am Ostende liegt. Hier hat auch Nationalpark-Ranger *Florian Lemke* sein Büro. Die multimediale Ausstellung veranschaulicht die wechselvolle **Geschichte des Seevogelschutzes,** stellt einzelne, prägende Vogelarten und ihre Lebensräume vor und informiert über das Leitbild des Nationalparks Wattenmeer und das Leben im Watt und in den Salzwiesen.

Nicht nur für Kinder besonders spannend ist die **Schatztruhe mit Strandfundstücken:** In mehreren Holzschubladen lassen sich Schneckengehäuse, Vogelfedern, verschiedene Muschelarten, ein Seestern und der Greifarm eines Taschenkrebses bestaunen.

Der Aussichtspunkt hinter dem Vogelwärterhaus ermöglicht mit seinem Spektiv einen guten Blick auf die Brutkolonie von Silber- und Heringsmöwen. Diese war in den 1930er-Jahren mit bis zu 25.000 Brutpaaren zeitweise die größte Kolonie Deutschlands. Zwischen Anfang Mai und Anfang Juli sind die Tiere beim Brüten und der Aufzucht ihres Nachwuchses zu beobachten. Bei den jährlich Mitte Oktober stattfindenden **Zugvogeltagen im Nationalpark Niedersächsisches Wattenmeer** gibt es hier und auf der Insel spannende Aktionen wie besondere Wattwanderungen, Zugvogel-Sprechstunden, Fahrradtouren, Bastelmöglichkeiten und Vorträge (genaue Termine und Infos unter www.zugvogeltage.de).

Auf der gegenüberliegenden Seite des Weges befindet sich eine Vogelkiekerwand mit einem kleinen Teich. Hier stoppen unter anderem Lach- und Silbermöwen, Austernfischer, Rotschenkel, Große Brachvögel, Löffel-, Reiher- und Stockenten für eine kleine Rast und lassen sich mit etwas Glück durch die Gucklöcher in der Holzwand gut beobachten.

Öffnungszeiten: täglich 9–19 Uhr. Der Eintritt ist frei. Im Haus befindet sich eine öffentliche Toilette.

Wäldchen

Grüne Oase

150 Hektar groß ist Langeoogs südlich vom Ort gelegener **Inselwald,** von allen nur „Wäldchen" genannt. Er wird von zwei größeren Achsen (Nord nach Süd und Ost nach West) und zahlreichen verschlungenen, verwilderten kleinen Wegen durchzogen. Eine grüne Oase, in der man oft herrlich allein ist und sogar dem ein oder anderen Reh begegnet. Um das Gelände zieht sich ein Entwässerungsgraben, der Ringschloot. Im Nordwesten grenzen halbkreisförmig die Schrebergärten der Langeooger an. Die 1952 von den Inselbewohnern gepflanzten 35.000 Bäumchen, darunter Erlen, Silberpappeln, Ebereschen, Kiefern und Birken haben mittlerweile eine – für eine Ostfriesische Insel – recht stattliche Höhe. Auch Holunder, Heckenrosen und Brombeersträucher säumen die kleinen Wanderpfade.

☑ Auf dem Weg zum Ostende: das Vogelwärterhaus

lan_228sk

lan_114sk

Im Sommer bietet das Wäldchen Abkühlung

In der heutigen Idylle erinnert kaum mehr etwas daran, dass dieses Areal von der deutschen Wehrmacht als **Militärflugplatz** genutzt wurde (→ Kap. 4, S. 241). Mit der Kapitulation im Mai 1945 unterstand Langeoog der britischen Militärregierung. Diese ordnete im Sommer 1947 die Vernichtung des Flugfeldes an, woraufhin dessen Bitumenfläche zerstört wurde. Ebenso wurde der äußere Ring aus großen Betonplatten zickzackförmig gesprengt, bevor die alliierten Truppen die Insel verließen. In den einstigen Sprengkratern sind heute große Bäume gewachsen, die zu einer **Slalom-Erkundungstour** um den Wald mit dem Fahrrad einladen (Start wäre dann über die Kirchstraße und die Störtebekerstraße bis zum Waldeingang. Dort rechts halten und im Halbkreis um den Wald fahren bis man wieder auf die Störtebekerstraße stößt und entweder nach rechts zum Hafen abbiegt oder durch den Wald zum Ausgangspunkt zurückkehrt).

Wasserturm

Langeoogs Wahrzeichen

Der 18 Meter hohe, **denkmalgeschützte Turm** ist Langeoogs Wahrzeichen. Markant steht er auf der Kaapdüne und ist eines der beliebtesten Fotomotive der Insel sowie ein unverwechselbares Seezeichen als Orientierung für die Schifffahrt. Die Aussichtsplattform in rund 33 Metern Höhe ermöglicht einen Panoramablick über die gesamte Insel und weit darüber hinaus – bis zu den Nachbarinseln Baltrum und Spiekeroog und zum Festland kann man gucken, bei guter Sicht auch auf die Windparks auf See und bis nach Helgoland.

Das Inseloriginal wurde **1909** nach nur vier Monaten Bauzeit **fertiggestellt** und galt damals – ebenso wie die gleichzeitig gebaute Kanalisation, ein Wasserwerk und vier neue Brunnen im umliegenden Dünengebiet – als „Symbol des Fortschritts". Dem Bau vorausgegangen waren in den Jahren 1905 und 1906 schwere Sturmfluten, bei denen ein Großteil der damals vorhandenen Hausbrunnen versalzen wurden. Neben der **Wasserknappheit,** vor allem während der warmen Sommermonate (außer den Hausbrunnen gab es lediglich Regenwasser, welches in Fässern gesammelt wurde), bereiteten auch die mitten durchs Dorf ins Watt geleiteten, offenen **Abwassergräben** Probleme. So hieß es in einem Schreiben aus dem Wittmunder Landratsamt an den damaligen Gemeindevorsteher im Februar 1906, dass es „aus gesundheitspolizeilichen Gründen nicht länger geduldet werde, dass die Hotels und Logierhäuser ihre Abwässer in die öffentlichen Abzugsgräben leiten. Auf die Abwässer ist es zurückzuführen, dass den offenen Gräben während der warmen Jahreszeit üble Gerüche entsteigen, die Badegäste und Inselbewohner belästigen." Der Druck aus Wittmund und die Ansprüche der im-

☑ Gemütlicher Spaziergang über die Dünenwege zum Wasserturm

lan_70sk

mer zahlreicher werdenden, wohlhabenden Badegäste mit ihrem Wunsch nach Sommerfrische taten dann ihr Übriges. Der Gemeindeausschuss genehmigte den teuren Bau von Turm und Kanalisation – nicht ohne die Gäste an den Kosten zu beteiligen, denn für die Investition wurde im selben Jahr auf Langeoog die Kurtaxe eingeführt.

Die Position auf der 17,5 Meter hohen Kaapdüne ermöglichte, dass das Wasser auch die höheren Stockwerke der angeschlossenen Häuser und Hotels erreichte (nach dem Prinzip der kommunizierenden Röhren, bei dem eine Flüssigkeit in nach oben offenen, aber miteinander verbundenen Röhren immer auf gleicher Höhe steht). Der **Wassertank** auf dem achteckigen Sockel, in den das kühle Nass aus den neuen Brunnen gepumpt wurde, fasste rund 100.000 Liter Wasser. Als am 1. August 1909 die **Wasserauslieferung** offiziell startete, hatte die Insel rund 340 Einwohner (und bis zu 3000 Badegäste in der Saison). Anfangs waren 90 Häuser angeschlossen. Pro Kopf und Tag lag der Verbrauch damals bei 20 bis 30 Litern.

Für die Trinkwasserversorgung wird der Turm seit Anfang der 1990er-Jahre nicht mehr genutzt. Zu seinem 100-jährigen Bestehen **2009** wurde er **aufwendig restauriert,** unter anderem nahm man die Anfang der 1960er-Jahre angebrachte Wellplatten-Fassade ab, um das historische Aussehen so weit wie möglich wiederherzustellen. Im Sockel des Turms, über dessen Eingang das Inselwappen prangt, ist eine kleine Ausstellung zur Geschichte des Bauwerks und der Wasserversorgung auf der Insel zu sehen.

Im Frühjahr 2022 endete am Langeooger Wahrzeichen eine Ära: Seit Sommer 1994 hatte *Jan-Gerhard „Jonny" Vestering* als **ehrenamtlicher „Türmer"** für einen reibungslosen und sympathischen Ablauf bei der Besteigung der rund 80 Stufen (die letzten davon über eine enge Wendeltreppe, die durch die Ringmitte des Wassertanks führt) gesorgt. *Vestering,* Jahrgang 1937, war viele Jahrzehnte im Fußball als Stürmer (mit über 1500 Toren) und Trainer für den TSV Langeoog derart erfolgreich, dass ihm zu Ehren der Langeooger Sportplatz in Jonny-Vestering-Stadion umbenannt wurde und der kleine Weg dorthin heute Jonnys Straat heißt. Er habe in seinen knapp 28 Jahren rund 800.000 Gäste begrüßt und sei bestimmt zwei Millionen Treppenstufen hinauf- und hinabgestiegen, schätzte der 85-Jährige bei seinem Abschied.

Gaußscher Messpunkt

Im Sommer 2021 wurde direkt neben der Aussichtsplattform und unweit des Fernrohrs ein kleines Denkmal eröffnet, das an das 200. Jubiläum der Königlich Hannoverschen Landvermessung (1821–1844) erinnert. Unter der Leitung des Physikers und Mathematikers **Carl Friedrich Gauß** (1777–1855) war **Langeoog Teil des Vermessungsnetzes,** das *Gauß* und seine Mitarbeiter seit 1821 anlegten, um das Reich von *König Georg IV.* von Hannover exakt zu bestimmen. Der heutige, 1,20 Meter hohe quadratische Backsteinpfeiler mit einer erklärenden Bronzetafel markiert dabei exakt den Punkt im Dünensand, den *Gauß'* Mitarbeiter *Georg Wilhelm Müller* ab Juni 1841 für sein gemauertes Postament (mit den gleichen Abmessungen) nutzte. *Müller* verbrachte knapp fünf Monate auf Langeoog, um die Entfernungen nach Baltrum, Dornum, Esens und Spiekeroog zu bestimmen. Im Heimatmuseum Seemannshus finden sich weitere Erläuterungen über das zugrunde liegende Verfahren der Triangulation (bei dem die zu bestimmende Fläche jeweils in Dreiecke geteilt wird, sodass anhand von nur einer bekannten Strecke/Seite und zugehörigen Winkelmessungen zahlreiche fehlende Entfernungen ausgerechnet werden können) und die damals genutzten Messinstrumente.

Stolpersteine

Für Sommer 2024 geplant ist das Verlegen sogenannter Stolpersteine, mit der die Inselgemeinde an die Vertreibung der Familie *de Heer* erinnern möchte. Sie betrieb von 1929 bis 1936 das unterhalb des Wasserturms gelegene *Café Dünenschlösschen*, an dessen Stelle sich heute der kleine Park befindet. Als Jüdin war *Margarethe de Heer-Raphael* den Schikanen der Nationalsozialisten ausgesetzt und floh schließlich 1938 mit ihrem Mann und ihrem Sohn in die Niederlande. 1952 kehrten sie auf die Insel zurück, nachdem sie ihre zuvor enteignete Pension nach jahrelangen Auseinandersetzungen wieder übernehmen konnten. Mit dem 1996 gestarteten Projekt Stolpersteine will der 1947 in Berlin geborene Künstler *Gunter Demnig* dazu anregen, über das Schicksal von Menschen in der NS-Diktatur nachzudenken. Die meisten der mittlerweile über 100.000 mit gravierten Messingplatten versehenen Pflastersteine hat er dabei selbst verlegt.

■ **Info:** Der Wasserturm ist von März bis Ende Okt. montags bis freitags 10–12 Uhr geöffnet, danach nur samstags 10–12 Uhr. Mögliche Änderungen sind am Turm ausgehängt. Mit Langeoog-Card ist der Eintritt frei.

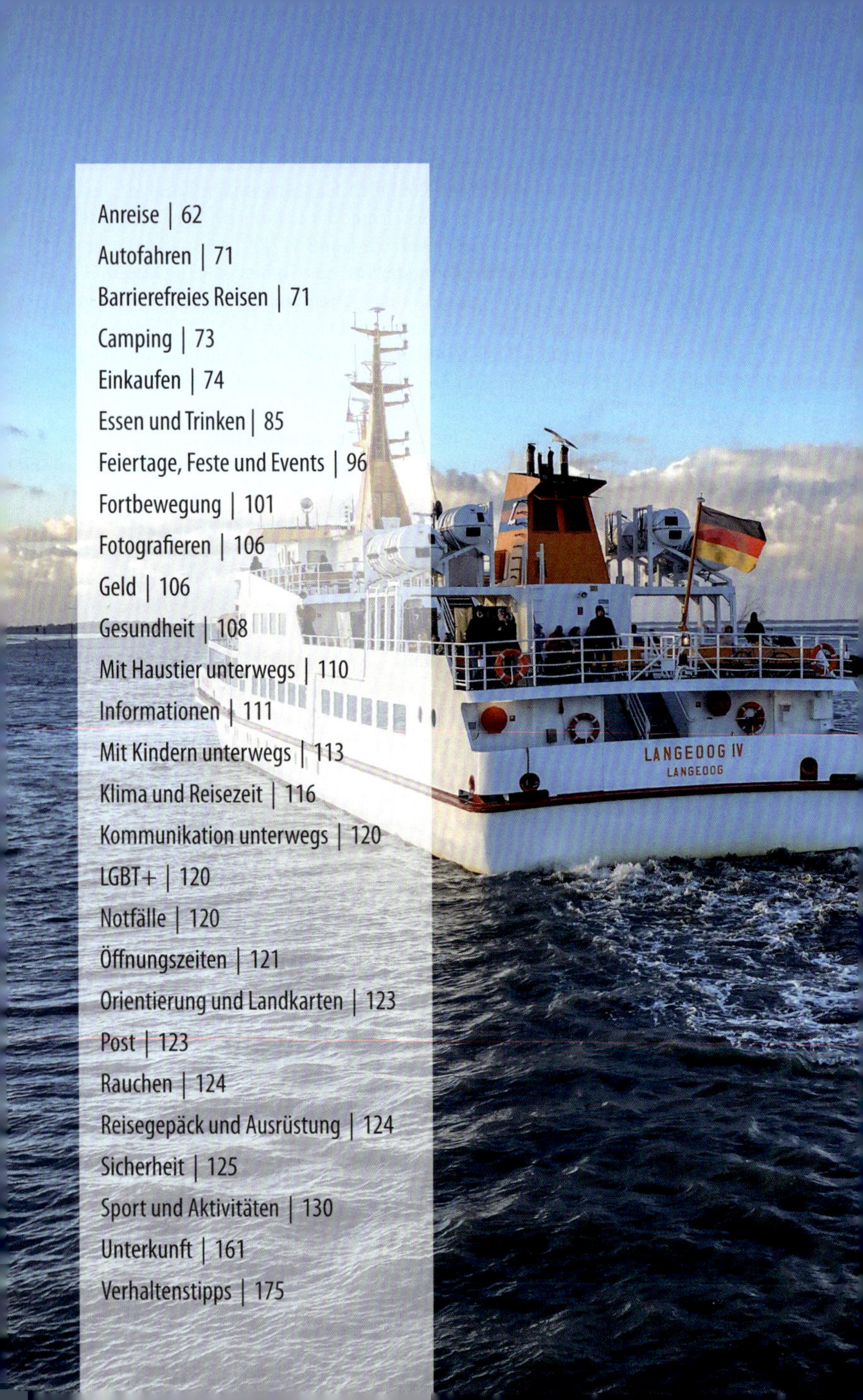
LANGEOOG IV
LANGEOOG

lan_230sk

2

Praktische Reisetipps A–Z

›› Von A wie „Anreise“ bis V wie „Verhaltenstipps“ bietet dieses Kapitel die Antworten auf alle reisepraktischen Fragen. Hier gibt es Tipps zur Fortbewegung auf der Insel, zur Unterkunftssuche, Restaurant- und Einkaufsempfehlungen sowie Hinweise zu vielen möglichen Aktivitäten.

[<] Auch die An- und Abreise per Schiff ist ein Erlebnis

Anreise

Anreise mit dem Auto

Bis Bensersiel

Die meisten Inselbesucher reisen mit dem eigenen **Auto** an (Adresse fürs Navi: Am Hafen 20, Bensersiel). Wer sich aus dem **Rhein- und Ruhrgebiet** von Westen nähert, nimmt die A31 bis zum Autobahndreieck Leer, wo es auf die A28 geht (Fahrtrichtung Bremen). Kurz darauf (Leer-Ost) abfahren auf die B436, die im weiteren Verlauf in die B72 übergeht (Fahrtrichtung jeweils Aurich). Ab Aurich auf der B210 bis zum Ortsteil Ogenbargen. Ab dort geht es über die Esenser Landstraße immer nach Norden (Esens/Bensersiel).

Wer über die **A1** anreist, wechselt am Autobahndreieck Ahlhorner Heide auf die A29. Aus Richtung Bremen wechselt man auf die A28 und dann ebenfalls bei Oldenburg auf die A29. Auf der A29 geht es bis zum Wilhelmshavener Kreuz, wo man auf die B210 Richtung Aurich/Jever fährt und vor Wittmund auf die B461. Ab hier sind die Inseln und auch Langeoog ausgeschildert und es geht über die L10 bis nach Esens und ebenfalls dann nach Norden. Im Kreisverkehr von Bensersiel die erste Abfahrt Richtung Fähre nehmen (→ Karte „Hafen Bensersiel", S.68).

Parken in Bensersiel

Am Deich in Bensersiel endet die Anfahrt mit dem eigenen Pkw, denn **Langeoog ist autofrei.** Für die Dauer des Inselaufenthalts muss das eigene Auto auf einem der nahegelegenen Parkplätze

lan_116sk

abgestellt werden. Für **Tagesgäste** gibt es die Möglichkeit, das Fahrzeug direkt am **Fähranleger** abzustellen (6 €). Wer länger auf der Insel ist, sollte für das Entladen des Gepäcks (wofür es Kurzparkplätze direkt am Anleger gibt) und das anschließende Parken rund 45, an beliebten Ferienwochenenden auch 60 Minuten vor Abfahrt der Fähre einplanen. Folgende Parkmöglichkeiten stehen in Bensersiel zur Verfügung:

- **Autogaragen Arians GmbH,** Am Hafen 12, 26427 Bensersiel, Tel. 04971/887, pro angefangenem Tag: Parkplatz 5 €, Carport 5,50 €, Halle 6 €, Garage 6,50 €, keine Reservierung möglich, auch Kartenzahlung.
- **Graef's Garagen,** Hauptstr. 1, 26427 Bensersiel, Tel. 04971/833, www.graefs-garagen.de; 5 Gehminuten bis zum Anleger, Einzelgarage 8 €/Tag, Parkplatz 4,50 €/Tag, Einzelgaragen sollten frühzeitig reserviert werden. Hier können in der Zwischenzeit Reparaturen erledigt werden, Kartenzahlung möglich, Ladesäule für Elektroautos (Ladepauschale 39 Euro).
- **Inselparkplätze GmbH,** Am Hafen, 26427 Bensersiel, Tel. 04971/3100, Tages- und Langzeitplätze direkt am Fähranleger, 1. bis 5. angefangener Tag 7 €, dann 6 € pro angefangenem Tag, www.inselparkplaetze.de, keine Reservierung möglich, da ausreichend Plätze vorhanden sind, auch Kartenzahlung, Schnellladesäulen für E-Autos.
- Außerdem bietet das *Autohaus Janssen* in Esens einen Zubringer- und Abholservice an: **Autohaus Janssen,** Bensersieler Str. 31, 26427 Esens, Tel. 04971/92320, www.autohaus-esens.de, Parkplatz 5 € pro Tag, Ersatzautoschlüssel auf der Hinfahrt abgeben, dann das Auto am Hafen abstellen, dort kann es auch wieder abgeholt werden (jeweils 2 € für Zustellung und Abholung), Ladesäule für Elektroautos.
- Die nächstgelegenen Ladestationen für **Elektroautos** befinden sich bei *Graef's Garagen* und *Inselparkplätze GmbH* (beides s.o.) sowie direkt in Bensersiel (Parkplatz Hauptstr. 4, EWE Go GmbH).

Anreise mit dem Mietwagen

AVIS/Budget

Wer mit einem Auto von AVIS oder Budget anreist, kann seinen **Mietwagenschlüssel** direkt am Schalter der Schiffahrt Langeoog abgeben und erhält dort später auch den Schlüssel für die Rückfahrt.

- **Kontakt** über die Autovermietung *Autohaus Janssen* in Esens, www.autohaus-esens.de, Tel. 04971/923224.

☒ Einstieg auf die Fähre nach Langeoog am Hafen von Bensersiel

Anreise mit der Bahn

Endpunkte

Bahnreisende fahren mit der NordWestBahn bis Esens (RB 59) oder mit der Deutschen Bahn bis nach **Norden.** Von beiden Stationen gibt es passende Busverbindungen bis zum Fähranleger in Bensersiel.

Gepäck

Mit dem Gepäckservice der *Deutschen Bahn* können Zugreisende ihre Koffer direkt vom Heimatort bis zur **Unterkunft auf Langeoog** (und zurück) transportieren lassen. Der „Haus zu Haus"-Service, der von Hermes übernommen wird, kostet dabei 14,90 bzw. 19,90 € pro Gepäckstück und Richtung (ab Hermes PaketShop bzw. ab Wunschadresse, mindestens drei Werktage einplanen). Weitere Infos unter www.bahn.de.

Anreise mit dem Bus

Start in Bremen

Mit dem Ostfriesland-Express gelangt man direkt vom Bremer Hauptbahnhof zum Fähranleger in Bensersiel. Hin- und Rückfahrt ab 44 €/Erwachsener, Kinder bis 15 Jahre ab 22 €. Voranmeldung notwendig. Weitere Infos unter www.ostfrieslandexpress.de, Tel. 04971/925810.

Der Yachthafen von Langeoog

lan_046 sk

Gepäck

Wer seinen Koffer oder seine Reisetasche vorausschicken möchte, kann den **Versand von Hermes** nutzen. Dieser kostet pro Gepäckstück bei Abgabe im PaketShop 26,95 € pro Richtung, bei Abholung an der Haustür 31,95 € (beides inklusive Inselzuschlag von 7 €, www.myhermes.de). Der Kofferversand von DHL wurde 2021 eingestellt. DHL transportiert Gepäck nur noch zum Paketpreis zuzüglich Sperrgutzuschlag von 28,99 €. DHL-Pakete kann man sich auch an die Postfiliale der Insel schicken lassen (→ Post, S.123).

Anreise mit dem eigenen Boot

Yachthafen

Langeoogs Yachthafen hat rund **150 Liegeplätze,** von denen von April bis September rund 90 Plätze an der Ostseite der Anlage an Gäste vermietet werden (Liegegeld pro Tag je nach Bootslänge zwischen 9 €/6 m und 26 €/14 m plus Servicepauschale von 5 €/Person ab 16 J.). Seit Februar 2018 gilt aufgrund der Lage der Stege eine Längenbeschränkung auf „14 m über alles", die Boote von langjährigen Fest- und Gastliegern haben jedoch Bestandsschutz. Jeder Liegeplatz hat einen Landstrom- und einen Frischwasseranschluss. Im Clubhaus des Seglervereins Langeoog, **2 Kajüte am Hafen** (Karte Umschlag hinten, Tel. 1748, → Essen und Trinken, S. 94), direkt am Anleger gibt es ein Restaurant, außerdem Duschen und WCs sowie Waschmaschine und Trockner. Die Stegwartin *Ulla Sommer* ist unter Tel. 0173/8832567 oder liegeplatz@sv-langeoog.de zu erreichen. Obwohl das Hafenbecken regelmäßig durch den Saugbagger „Seekrabbe" ausgebaggert wird, da er beständig verschlickt, fällt er zum Teil trocken. Nicht jeder Liegeplatz ist deshalb bei Niedrigwasser zu erreichen oder zu verlassen. Bei Hochwasser beträgt die Wassertiefe 3 bis 4 Meter, bei Niedrigwasser rund 1 Meter. Keine Tankmöglichkeit. Weitere Informationen auch beim Seglerverein Langeoog, www.sv-langeoog.de.

Anreise mit dem Flugzeug

Chartern oder selbst fliegen

Von den **Flughäfen Harle, Harlesiel und Norddeich** (www.inselflieger.de) sind Charterflüge auf die Insel möglich (Preise auf Anfrage). Der **Inselflugplatz** mit seiner 600 Meter langen Landebahn (Kennung EDWL) liegt am südöstlichen Ortseingang von Langeoog. Zugelassen sind hier Flugzeuge bis 2000 kg, Motorsegler, Helikopter bis 5700 kg und Ultraleichtflugzeuge. Tanken ist nicht möglich. Der Inselflugplatz ist in der Regel von April bis Oktober täglich geöffnet, Flüge außerhalb dieser Zeiten auf Anfrage; Tel. 04972/693295.

LangeoogCard

Fähr- und Gästekarte

Jeder Inselbesucher bekommt im **Fährhaus Bensersiel** nach Zahlung des Fährtarifs eine LangeoogCard, die als **Fährkarte, Gästekarte** und **Eintrittskarte** für zahlreiche Angebote in einem fungiert. Wer mit der Bahn anreist und sein Ticket bis Inselbahnhof Langeoog gelöst hat, erhält die LangeoogCard bei Vorlage seines Bahntickets ebenfalls im Fährhaus.

Bis zu **vier Wochen vor Reiseantritt** kann die Karte auch nach Hause bestellt werden, sodass Reisende in Bensersiel direkt an Bord gehen können (www.langeoog.de/vorbestellung oder über das Antragsformular im jährlich im Herbst neu erscheinenden Gastgeberverzeichnis). Zusätzlich kann bereits im Voraus der Transport des Gepäcks von Bensersiel bis zur Unterkunft auf Langeoog gebucht (Hin- und Rückbeförderung pro Gepäckstück bis 20 kg 10,50 €) sowie die Strandkorbmiete arrangiert werden.

Gästebeitrag

Die LangeoogCard dient gleichzeitig als Kurkarte. Den Gästebeitrag, früher auch Kurbeitrag oder Kurtaxe genannt, **zahlen alle Langeoog-Besucher,** es sei denn, sie sind aus beruflichen Gründen auf der Insel. Er finanziert zum Beispiel die Pflege der Strände und Grünanlagen sowie der öffentlichen Spielplätze und WCs, das kostenfreie Sportprogramm am Sportstrand und im Sportzentrum sowie das Kinderspielhaus *Spöölstuv.* Ein besonderes Extra ist der enthaltene Eintritt in das Meerwasser-Erlebnisbad für täglich 1½ Std. (in der Hauptsaison) bzw. 2 Std. (in der Nebensaison) sowie der kostenfreie Eintritt in den Wasserturm. Auch die Inselbahn kann damit beliebig oft kostenlos genutzt werden. Familien zahlen nur für die ersten beiden Kinder, weitere Kinder (bis 16 Jahre) sind frei, wenn sie mindestens mit einem Eltern- oder Großelternteil reisen.

Tarife 2024 pro Tag

Hauptsaison (15.3. bis 31.10.)
- **2,10 €** (6–15 Jahre)
- **4,20 €** (ab 16 Jahren)

Nebensaison (1.11. bis 14.3.)
- **1,60 €** (6–15 Jahre)
- **3,20 €** (ab 16 Jahren)

Jahresgästebeitrag
- **58,80 €** (6–15 Jahre)
- **117,60 €** (ab 16 Jahren)

Der jeweilige Betrag wird am Fährhafen auf der LangeoogCard aufgebucht. Er kann direkt beim Fahrkartenkauf bezahlt werden oder an den **Service-Schaltern im Inselbahnhof** oder im **Haus der Insel** sowie bargeldlos an einem der **LangeoogCard-Automaten** (am Haus der Insel, Rathaus oder Inselbahnhof). Die LangeoogCard wird bei der Abreise vor Betreten der Fähre überprüft und eingesammelt. Noch nicht beglichene Beträge können dann zwar auch noch vor Ort gezahlt werden, angesichts des Trubels bei der Abfahrt ist das aber nicht zu empfehlen. Tagesgäste zahlen den Gästebeitrag bereits mit dem Fährticket vor der Hinfahrt.

Überfahrt mit der Fähre

Fester Fahrplan

Da es zwischen **Bensersiel** und **Langeoog** eine ausgebaggerte Fahrrinne gibt, kann die Insel tideunabhängig nach einem festen Fahrplan angefahren werden. Eine bestimmte Fähre vorab zu buchen, ist nicht notwendig (und auch nur möglich bei Vorbestellung der LangeoogCard, s.o., oder als Tagesgast). **Änderungen bei den Abfahrten** ergeben sich manchmal aufgrund des Wetters, etwa wenn schwerer Sturm oder Eisgang (was mittlerweile sehr selten ist) die ansonsten sehr ruhige Überfahrt erschweren. Auch wenn starker Ost- oder Südostwind das Wasser aus der Deutschen Bucht drückt, können die Fähren wegen der extrem niedrigen Wasserstände bei Niedrigwasser nicht auslaufen. Je nach **Wind- und Wasserstand** dauert die Überfahrt zwischen 35 und 50 Minuten.

Hafen Bensersiel

Abfahrtszeiten

Der **Schiffsfahrplan** mit den **genauen Abfahrtszeiten** ist unter www.langeoog.de sowie in der Langeoog-App zu finden. Dort werden auch kurzfristig eingesetzte Sonderschiffe oder wetterbedingte Ausfälle von Verbindungen angezeigt. Grundsätzlich sind die Fähren **vom Beginn der Osterferien bis zum Ende der Herbstferien** in Nordrhein-Westfalen und Niedersachsen bis zu sechsmal täglich unterwegs, im Juli und August sogar siebenmal. In der übrigen Zeit des Jahres bestehen bis zu fünf Fährverbindungen täglich.

Zu ausgesprochenen **Stoßzeiten** werden zusätzliche Schiffe eingesetzt. Die Abfahrtszeiten gelten jeweils für die Fähren ab Bensersiel (mit einem direkten Anschluss ab Langeoog Hafen per Inselbahn in den Ort) beziehungsweise bei der Rückfahrt für die Inselbahn ab Inselbahnhof Langeoog (das Schiff fährt dann unmittelbar im Anschluss an die Inselbahn).

[>] Die Langeoog III auf dem Weg zur Insel

- **Fahrkartenausgabe der Schiffahrt in Bensersiel:** Tel. 04971/92890; **Langeoog (Bahnhof):** Tel. 04972/6930. Eine automatische Ansage der Abfahrtszeiten gibt es auch unter der Servicenummer 04971/928925.

Fährpreise 2024

Hin- und Rückfahrt inkl. Inselbahn

- Personen ab 16 Jahren: 33 €
- Kind (6–15 Jahre): 20 €
- Hund: 31 €

Gepäck

Bei der Hinfahrt geben Passagiere ihr Gepäck im **Fährhafen Bensersiel** auf, bei der Rückfahrt im **Inselbahnhof Langeoog** (hin und zurück 4 € pro Gepäckstück bis 20 kg). Bollerwagen oder Fahrradanhänger müssen ohne Inhalt aufgegeben werden und kosten 12 € (zusammengefaltet 4 €), Surfbretter 20 €, ein Golfbag mit Trolley 8 €. Ausgenommen und kostenlos sind kleinere Rucksäcke und Handgepäck bis zu einer Größe von 55 x 45 x 25 cm sowie Kinderwagen, Buggys und Kinder-Fahrradanhänger (z.B. Croozer), in denen Kleinkinder bis 2 Jahren während der Überfahrt sitzen. Pro Person ist **ein Handgepäckstück** erlaubt. Das Gepäck wird dann automatisch von Bensersiel bis zum Inselbahnhof Langeoog beziehungsweise retour transportiert. Es empfiehlt sich, sich die Farbe und Nummer des Containers zu merken, in dem das eigene Gepäck verstaut wird, um es später schneller zu finden. Gepäck für die Rückfahrt sollte bis eine halbe Stunde vor Abfahrt der Inselbahn aufgegeben werden.

lan_117sk

Koffer frei Haus

Die Möglichkeit, Koffer und Reisetaschen am Fährhafen Bensersiel abzugeben und bis zur Unterkunft auf Langeoog transportieren zu lassen, bietet der *Gepäckdienst Heyken* (hin und zurück bis 20 kg 10,50 €, kein Transport von Fahrrädern, Bollerwagen und Golftrolleys). Entsprechende Banderolen zum Ausfüllen liegen am Fährhafen aus. Der Service ist auch spontan am Inselbahnhof Langeoog für 3,50 € (bis 20 kg) pro Gepäckstück buchbar. **Ansprechpartner** sind die Mitarbeiter mit den **weißen Gepäckdienstmützen.** Damit bei der Rückfahrt alles reibungslos klappt, müssen Urlauber unbedingt einen Tag vor der Abreise beim Gepäckdienst anrufen (Tel. 6060), um die Anzahl der Gepäckstücke, die Urlaubsadresse und die Fährzeit durchzugeben, damit die Koffer auch passend abgeholt werden können.

Fahrradtransport

Für den sicheren **Transport von Fahrrädern** liegen an der Gepäckannahme in Bensersiel und am Inselbahnhof Langeoog kostenfrei große, reißfeste **Plastiktüten** zum Überstülpen bereit. Transportiert werden nur herkömmliche Fahrräder und Klappräder (26 € Hin- und Rückfahrt) sowie Pedelecs (also Räder mit Tretunterstützung und zwar bis 25 km/h, 32 €). Schnellere E-Bikes (und solche ohne Tretunterstützung), Segways und E-Scooter dürfen auf Langeoog nicht gefahren werden und werden deshalb auch nicht befördert. Kinderfahrräder bis 20 Zoll zählen als Gepäckstück, kosten also 4 €.

Frachtannahme

Gäste, die zum Beispiel ihr eigenes Pferd oder andere größere Fracht mit auf die Insel nehmen möchten, wenden sich an die Güterannahme der Inselschiffahrt in Bensersiel, Tel. 04971/928918, cargo@langeoog.de.

Gastronomie

Für viele Reisende ist das Bockwürstchen mit Senf der klassische Urlaubsbeginn. Die **Restauration an Bord** bietet neben diesen auch weitere Snacks sowie verschiedene warme und kalte Getränke und Süßigkeiten an.

Weiter mit der Inselbahn

Mit der Fähre am Langeooger Hafen angekommen, geht es im Anschluss weiter mit der bunten **Inselbahn** in den Ort. Rund drei Kilometer ist die Strecke lang und die Fahrt dauert etwa zehn Minuten. Die Gepäckcontainer werden automatisch von der Fähre auf die Inselbahn verladen, so dass man sich um seine Taschen oder Koffer erst am Inselbahnhof kümmern muss. Die einzelnen Waggons sind in verschiedenen Farben lackiert. Der rote Wagen bietet **Rollstuhlfahrern** ein barrierefreies Ein- und Aussteigen.

Kutschtaxi

Am Inselbahnhof warten bei der Ankunft bereits die **Kutschtaxen,** die ankommende Gäste zu ihrer Unterkunft bringen. Weil diese Art der Weiterreise sehr beliebt ist, sollte sie vorher reserviert werden: *Langeooger Kutschfahrten*, Tel. 0175/4601045, oder *Uwes Pferdemobil*, Tel. 0179/7614788. Die Preise im Ort betragen für Partien von ein bis vier Personen 25 €, jedes große Gepäckstück kostet zusätzlich 1 €.

Autofahren

Autofrei

Langeoog ist **autofrei** und das bereits seit 1398, wie es mit leichtem Schmunzeln beim Tourismus-Service der Insel heißt. Das **Kraftfahrzeugverbot** für Langeoog hat zur Folge, dass für den Transport von größerer Fracht ausschließlich Elektrotransporter eingesetzt werden. Ausnahmen sind lediglich einige wenige Benzin- und Dieselfahrzeuge des Rettungsdienstes und der Feuerwehr sowie die Nutzfahrzeuge der Inselgemeinde, etwa für die Straßen- und Dünenausbesserung, den Winterdienst und die Abfuhr von Müllcontainern, die ebenfalls Verbrennungsmotoren besitzen.

Barrierefreies Reisen

Einstiegshilfe

Barrierefreiheit wird auf Langeoog großgeschrieben. Inselgemeinde und Gastgeber bemühen sich kontinuierlich, mobilitätseingeschränkten Gästen einen **angenehmen Aufenthalt** zu ermöglichen. Bereits auf den Inselfähren ist der Zugang barrierearm möglich. Die roten Waggons der Inselbahn (ihr Halt ist auf dem Bahnsteig markiert) bieten Automatiktüren und Einstiegshilfen. Im Ort selbst sind die **Hauptrouten** barrierefrei oder barrierearm zu bewältigen.

Inselerlebnis ohne Hürden

Für sehbehinderte Besucher steht ein **tastbarer Inselplan** zur Verfügung, der die Topografie, das Wegenetz und die Sehenswürdigkeiten erfahrbar macht. Die DinA4-Karte zum Aufklappen bietet für Strand und Meer unterschiedliche Reliefs und zeichnet die Wege mit Blindenschrift aus. Der Inselplan kann kostenlos gegen Pfand bei der Tourist-Info im Haus der Insel ausgeliehen werden. Hier gibt es auch Informationen zu barrierefreien Touren, Rundgängen und Exkursionen der Gästeführer der Insel sowie für Gäste mit Hörschwierigkeiten, für die nach Anmeldung entsprechende Hilfsmittel bei Außenführungen und in den Sälen des Hauses der Insel bereitstehen (Infos auch unter www.langeoog.de/inselguide/barrierefrei-erleben).

Der **„Inklusive Naturerlebnispfad Wattenmeer"** besteht aus acht Info-Stelen, die an gut zu erreichenden Wegpunkten, etwa am Hafen, an der Südmole, am Wald oder im Pirolatal, aufgestellt sind. Über einen QR-Code wird die barrierefreie **WattApp** aufgerufen und Wasserwesen *Ikke von Langeoog* erzählt Interessantes über die Insel und das Wattenmeer. Die Erklärfilme sind dabei in verschiedenen Versionen anzuwählen, etwa als Video, in leichter Sprache, in Gebärdensprache oder aber auch als Augmented Reality, bei der das Bild der Figur von *Ikke* in die echte Umgebung gesetzt werden kann.

Strandrollstühle, Seniorenscooter etc.

Eine Reihe von **speziellen Strandrollstühlen** werden in der Badesaison kostenlos bei den Rettungsschwimmern am Hauptbad verliehen, in der Vor- und Nachsaison im Kur- und Wellness-Center (für das Mieten eines E-Strandmobiles ist der Strandmeister Ansprechpartner, Tel. 693247 oder Hauptbad 693194).

Am Hauptbad liegt auch der Strandübergang, der (außer im Winter) mit dem Rollstuhl am besten zu befahren ist. Das Meerwasser-Erlebnisbad mit Sauna sowie das Kur- und Wellness-Center sind ebenso barrierefrei zu nutzen. Seniorenscooter, Rollstühle und Rollatoren gibt es auch beim *SegTeam-Langeoog* in der Barkhausenstraße 21 (7 **Fahrradverleih Us Langeoog**, pro Tag 25/12/10 €), Tel. 592, www.segteam.de. Zahlreiche Fahrradverleiher bieten behindertengerechte **Dreiräder und Rollfiets** (Fahrräder mit Sitzschale, u.a. der 28 **Fahrradverleih am Bahnhof**, www.fahrradverleih-am-bahnhof.de/), auch ein **Kutschbetrieb** ist auf Rollstuhlfahrer eingerichtet (*Uwe's Pferdemobil*, Voranmeldung erbeten, Tel. 0179/7614788).

☒ Ikke von Langeoog erklärt allen Besuchern mittels barrierefreier App die Insel

Spielplätze

Auf dem Spielplatz am Schniederdamm in der Nähe des Flugplatzes gibt es unter anderem eine Wippe, die für Rollstühle geeignet ist.

Camping

Melkhorndüne

Camping ist auf Langeoog grundsätzlich nur in den Zelten der Sportjugend Niedersachsen am Fuß der Melkhörndüne möglich sowie als Gast der benachbarten Jugendherberge – die allerdings nicht vor Frühjahr 2025 wiedereröffnen wird. Es ist nicht erlaubt, auf privaten Grundstücken zu zelten.

Sport- und Naturcamp der Sportjugend

Von Mai bis Mitte September hat das Zeltlager der **Sportjugend Niedersachsen** (am Fuß der Melkhörndüne → hintere Umschlagklappe) geöffnet. Bis zu 200 Personen können dann in den 33 Rundzelten für jeweils bis zu sechs Personen wohnen, die komfortabel mit Holzfußboden und Betten ausgestattet sind. Neben vier Hauszelten für Betreuer, dem Speisesaal in der Ge-

lan_231sk

meinschaftshalle und zwei Eventzelten gehört auch noch ein Wirtschaftsgebäude zum Areal direkt neben der Jugendherberge. Das Zeltlager steht sowohl Gruppen (Sportvereine, Vereine, Schulen, Kitas) als auch Privatpersonen offen. In den niedersächsischen Sommerferien finden Ferienfreizeiten für Jugendliche statt. Seit 2023 ist das Camp ganzjährig geöffnet und es besteht zusätzlich die Möglichkeit, in Blockhütten zu übernachten

■ **Sport- und Naturcamp der Sportjugend Niedersachsen**, www.zeltlager-langeoog.de, für Privatpersonen 33 € pro Nacht inklusive Verpflegung, Vereinsmitglieder und Schul- und Kitagruppen zahlen zwischen 13 und 27 €. Infos über freie Plätze gibt *Karsten Pümpel*, kpuempel@LSB-Niedersachsen.de sowie unter Tel. 0511/1268248.

Einkaufen

→ Öffnungszeiten, S. 121

Supermärkte und Drogerie

Das **Angebot** der drei Supermärkte ist **umfangreich.** Die Preise sind durchschnittlich 10 bis 15 % höher als auf dem Festland. Zudem gibt es eine 10 **Rossmann-Filiale** auf der Insel (Barkhausenstr. 15, Tel. 6363).

22 **Feinkost Eckart,** Hauptstr. 23, Tel. 6827983, www.feinkost-eckart-langeoog.de. Jahrzehntelang ging man auf Langeoog zu *Feinkost Eckart*. Die Betreiber des im Frühjahr 2021 eröffneten Supermarkts knüpfen mit dem bekannten Namen an diese Tradition an. Das Sortiment auf rund 580 Quadratmetern ist umfangreich und enthält neben vielen regionalen und Bio-Produkten auch besondere Feinkostartikel. Fleischprodukte stammen aus dem Oldenburger Land (meist Haltungsstufe 3 oder höher). Täglich frische Backwaren.

36 **Isenecker's Marktplatz,** Friesenstr. 8–10, Tel. 245. Mit 600 Quadratmetern größter Supermarkt der Insel im *Friesengut Langeoog*. Donnerstags 15 % Rabatt auf alle Waren außer Zeitschriften, Tabak, Spirituosen und Wein. Langeoog-Edition mit eigenen Weinen und eigene Langeoog-Shirts. Unverpackt-Abteilung zum Selbstabfüllen von Nüssen, Trockenfrüchten etc.

8 **Kramps Lütje Laden,** Barkhausenstr. 20, Tel. 9907407, www.kramps-langeoog.de. Kleinerer Markt in der Nähe des Kurzentrums. Auf 300 Quadratmetern bie-

[>] Das Friesengut mit dem Supermarkt Isenecker's Markplatz und Mitarbeiterwohnungen

ten *Britta Kramp* und ihr Team ein kleines, feines Sortiment, in dem auch Bio-Produkte, viel Regionales aus Ostfriesland sowie vegane, gluten- und laktosefreie Artikel zu finden sind.

Brötchen, Kuchen & Gebäck

■ **Remmers Backstube,** MEIN TIPP: 8 Barkhausenstr. 23, 35 Schniederdamm 14, Tel. 221, www.remmers-backstube.de, www.zustand-glueck.de. Absolut empfehlenswerte Inselbäckerei, deren Hauptfiliale am Schniederdamm liegt. Hier – und in der Hauptsaison auch in der Filiale in der Barkhausenstraße – bekommt man montags bis samstags (7–17 Uhr) frische Backwaren und leckeren Kuchen. Bei allen Produkten wird auf Backhilfsmittel verzichtet. „Beste Zutaten und Zeit" sind das Rezept von Bäckermeister *Jannes Remmers,* der 2014 mit 21 Jahren auf Langeoog startete und in vierter Generation aus einer Bäckerfamilie auf Juist stammt. Am Schniederdamm kann man den Bäckern in der Backstube sogar über die Schulter schauen und auch auf einer netten Außenterrasse einen Kaffee genießen. Nach Voranmeldung bietet *Jannes Remmers* Betriebsbesichtigungen an. Sehr beliebt sind auch die Flammkuchen-Abende (meist von Juni bis Oktober, Termine vor Ort erfragen). Viele Urlauber nutzen in der Hauptsaison die Möglichkeit, Brot und Brötchen am Vortag bis 17 Uhr online vorzubestellen und vorab zu bezahlen. Ab 8 Uhr können diese dann am Folgetag ohne Wartezeiten hinter der Backstube am Schniederdamm abgeholt werden. Unbedingt probieren: Rosinenbrot nach Juister Originalrezept und die knusprigen Fischerbrötchen. Zum Mitnehmen gibt es auch leckere Konfitüren, Müsli und Müsli-Toppings, Rosinenzwieback und Strandstückchen – das „feine Mürbeteig-Gebäck mit Sandgarantie". Sonntags ist Ruhetag. Wer nicht verzichten möchte, holt sich vorher die Inselbrötchen zum Aufbacken.

27 **Bio-Genussmanufaktur Seekrug,** Gartenstr. 14, Tel. 383, www.seekrug.de. Frisches Baguette und Brote in *Bioland*-Qualität. Konditormeister *Hubert Recktenwald* und sein Team sind außerdem für ihre Kuchen, Torten, Cookies und

lan_118sk

Fahrradverleiher
3 Fahrradverleih Spies
7 Fahrradverleih Us Langeoog I
9 Heutelbecks Fietsbuud
15 Der Radakteur
19 Fahrradverleih Us Langeoog II
21 De Insel-Radgeber
26 Fahrradverleih Us Langeoog III
28 Fahrradverleih am Bahnhof
29 Dat Langeooger Radhus
30 Kiek rin-bi Kati
31 Rad & Roll
37 Fahrradverleih Baumhöfener
39 Fahrradverleih Am Weststrand
Bernstein-schleifkurse
5 Bunte Buden
NORDSEE
Sportstrand
Strandkorb-vermietung
Sportpalast
Hospiz-pad
Höhenpromenade
Tischtennishalle
Warmbadweg
Atelier am Meer
Kavallerpad
DLRG-Turm Hauptbad
Strandkorb-vermietung
Am Hospizplatz
Spöölstuv
Kino
Strandhalle
Kavalierpad
Kur- und Wellness-Center
Haus der Insel/ Schiffahrtsmuseum
Spielplatz
Hauptbad
Sport-zentrum
Erlebnis-bad
Hotel Bethanien
Vermietung am Meer
Die Insel-vermietung
Bunte Buden
Tennis- und Fußball-Billard-plätze
Kurstraße
Nichtraucher-strand
Museums-rettungsboot "Langeoog"
Seewohnen
Vogtpad
Zum Hauptbad
DLRG-Turm Westbad
Kapelle Haus Meedland
Treffpunkt Dünensingen
Westerpad
Barkhausenstr.
Praxisgemeinschaft Langeoog
Lütje Pad
Strandkorb-vermietung
Kaapdünen
Wasserturm
Apotheke
Vormann-Otten-Weg
Polizei
An der Kaapdüne
Hauptstraße
Rathaus
Rud.-Eucken-Weg
Brandünenweg
Beiboot
Haupt-
Kirchpad
Heimatmuseum "Seemannshus"
Mittelstraße
Kirchstraße
Ev. Kirche
Vangerowpad
Leuß-Weg
Hundestrand West
Infohaus Altes Wasserwerk
Am Blumental
Zahnarztpraxis Dr. Hübener
Korvpad
Kath. Kirche
Kosmetik Meermaid
Otto-
Surfschule Tidens Surfhuus
Hunpad
Friesenstraße
Friesenstraße
Jakob-
Just-Scheu-Str.
Um Süd
Kite- und Surfstrand
Strandjepad
Abke-Jansen-Weg
Süderdünenring
Flinthörnweg
AWO Langeoogklinik Haus Westwind
Kinderkurstraße
Kiefernweg
Kirchstraße
Tongers-Pad
Seniorenhus "bliev hier"
Mutter-Kind-Klinik Haus Wittdün
Kinderkur
Süder-
Rettungswache
Mutter-Kind-Klinik Langeoog
Feuerwehr
Schrebergärten
Störtebekerstr.
Am Wald
Am Wald
Hafen
Wäldchen

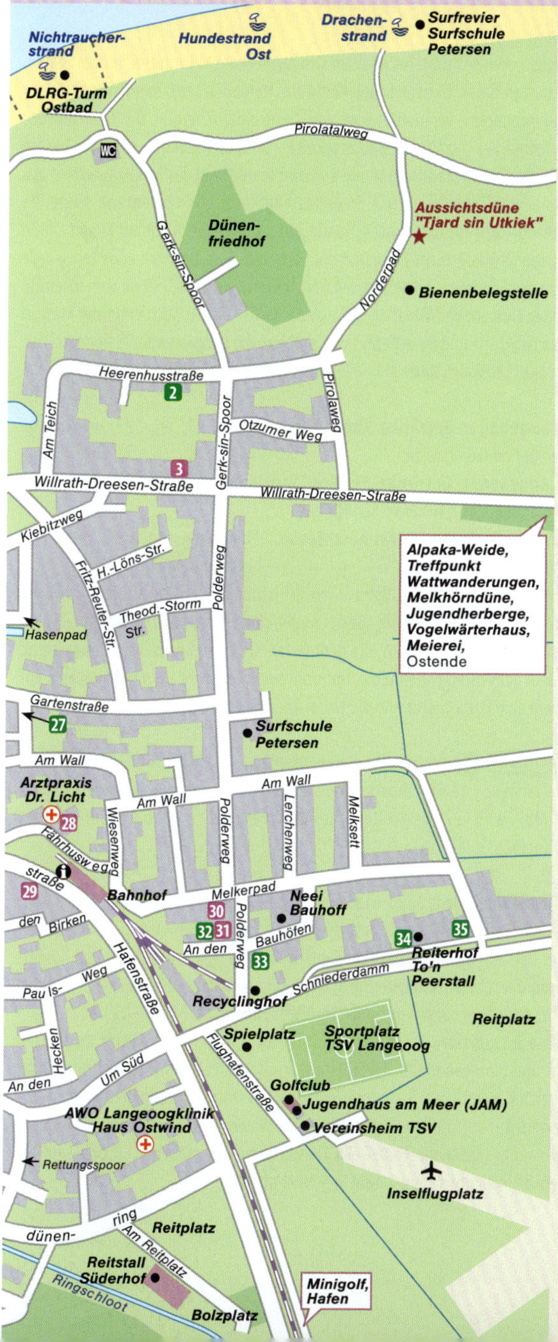

Einkaufen

1 BilderBuch - Kunst & Literatur am Meer
2 Muschelparadies
4 Biomaris
6 Langeooger Seewind-Fashion Bag Store
7 Langeooger Getränke Shop, Seehüssi, Lüttje Lü
8 Remmers Backstube Barkhausenstraße, Kramps Lütje Laden
10 Rossmann
11 Die Schmucklerin
12 InselLädchen, Goldmarie, Buddelinchen
13 Tee & Tradition, Weinperle
14 Buddelei
16 Adenauer & Co
17 Buchhandlung Krebs, Südwester
18 Inselgoldschmiede & Schmuggelkiste, Vier Beaufort, Langeooger Seewind-Fashion Store
20 Fokko Gerdes, Fokkos Goldstückchen
22 Feinkost Eckart, Langeooger Kaffeerösterei mit Gin Company
23 TeeRose
24 Eine-Welt-Laden
25 Langeooger Getränke-Service
27 Bio-Genussmanufaktur Seekrug
32 Zisch Express
33 Fisch-Klette - Das Fischgeschäft
34 Abolengo de Alpaca
35 Remmers Backstube Schniederdamm, Hofgoldschmiede am Meer
36 Isenecker's Marktplatz
38 Glückslädchen

ihre Nussecken bekannt. Auch lassen sich hier leckere Mitbringsel finden: Egal ob Hagebutten-Salsa, Dünenfrüchte-Konfitüre, Holunder-Senf, Sanddorn-Saft oder Sanddornnudeln – verarbeitet wird, was die Inselnatur hergibt. Die Redaktion des „Feinschmecker" wählte die Bäckerei 2024 – absolut verdient – unter die besten 450 Bäcker Deutschlands. Besonders zu empfehlen sind das Inselkräuterbrot aus Roggen- und Dinkelmehl mit Brennnesselblättern und Löwenzahn sowie die Langeoog-Torte mit Hagebutten, Sanddorn und Aprikose. Nicht nur Kinder lieben die Kekse in Wasserturm-Form und das Sorbet im Glas. Deutlich erweitert wurde zudem das Sortiment an herzhaften Gerichten für zuhause – etwa vom Inselrind und vom Langeooger Wild (Reh, Hase und Fasan) – für das Küchenmeister *Michael Recktenwald* alte und neue Rezepte ausprobiert wie beispielsweise Bolognese, Gulasch oder Labskaus. Nette kleine Terrasse. Geöffnet Mi–So 9–17.30 Uhr

Getränkeservice

7 **Langeooger Getränke Shop,** Barkhausenstr. 21, Tel. 592, www.langeooger-getraenke-shop.de.

25 **Langeooger Getränke-Service,** Vangerowpad 1, Tel. 222 und 6366, www.langeooger-getraenke-service.de.

32 **Zisch Express Getränkeschleuse,** Polderweg 5a, Tel. 9909990, langeoog.zischexpress.de.

Alle drei bieten Bier, Weine, Spirituosen, Erfrischungs- und Fruchtsaftgetränke vor Ort und auch mit Lieferservice (Bestellungen sind bereits vor dem Urlaub über die jeweiligen Websites möglich, die georderten Kisten stehen dann am Anreisetag vor dem gebuchten Ferienhaus). Im *Langeooger Getränke Shop* befindet sich außerdem eine Postagentur und die Lotto-Annahmestelle.

Weine & Spirituosen

MEIN TIPP: 13 **Weinperle,** Barkhausenstr. 7, Tel. 0174/3828958, www.weinperle-langeoog.de. Weinhandel und Weinbar direkt am *Café-Restaurant Ebbe & Flut*, Mo–Sa 16–22 Uhr geöffnet, ausführliche Infos → Essen und Trinken/Bars und Kneipen, S. 90.

Tee, Kaffee & Gin

23 **TeeRose,** Kirchstr. 1, Tel. 6156, www.teerose-langeoog.de. Gemütliches, kleines Ladencafé. Kaffee- und Teespezialitäten, Sanddornprodukte, Gebäck aus eigener Herstellung, Accessoires rund um das Thema Tee, Naturpflege- und Kosmetikprodukte, abwechslungsreiche Kuchen- und Tortenauswahl in einer alten Vitrine. Tagesfrisch gebacken und auch zum Mitnehmen, Mo–Sa 10–17 Uhr.

13 **Tee & Tradition,** Barkhausenstr. 9, Tel. 1515, www.tee-tradition.de. Ganz in Weiß und Blau gehaltener Teeladen mit großer Auswahl an Tee, ostfriesischem Teegebäck, Konfitüren, Sanddorn-Spezialitäten (zum Teil aus eigenem bio-zertifiziertem Anbau), Süßem (Kinder lieben die Wasserturm-Fruchtgummis), typisch blau-weißem Friesengeschirr, Deko-Fliesen sowie ausgefallenen Küchen- und Geschenkartikeln etwa Langeooger Segeltuchtaschen.

22 **Langeooger Kaffeerösterei mit Gin Company,** Hauptstr. 21a, Tel. 9906413, www.langeooger.com. Kaffeerösterei, Gin-Brennerei und Ladencafé mit kleiner Terrasse direkt im Ortszentrum. Beliebter Treffpunkt bei Urlaubern und Insulanern mit kompetenter Beratung. Seinen gasbefeuerten 30 kg-Trommelröster befüllt Inhaber *Horst Schmidt* direkt vor Ort ausschließlich mit Kaffeebohnen in Bio-Qualität und mit Fairtrade- oder Rainforest-Zertifikat. Große Auswahl an frisch gerösteten und unterschiedlich kräftigen Langeooger Kaffee-Mischungen (etwa die Dünen-, Piraten-, Watt-, oder Nordseemischung) und Langeooger Gin-Spezialitäten. Prämierte Klassiker mit Nordseenote sind „Black Island Gin No. 12" (mit Wattqueller und Sternanis) sowie „No. 14" (Feige und Algen). Außerdem hier erhältlich: Das selbstgebraute Langeooger Inselbier aus Hallertauer Siegelhopfen. Die verschiedenen Sorten Dunkel, Weizen, IPA Summer Ale, Irish Stout, Pilsener und Märzen sind in ihren schön gestalteten Flaschen ein ebenso ansprechendes Mitbringsel wie Kräuterlikör mit Inselbier, Espresso-Likör und „Hafenschlick" (Kaffee-Sahnelikör mit Rum) sowie Kaffeesalz. Täglich außer So 10–18 Uhr.

Frischer Fisch

MEIN TIPP: 33 **Fisch-Klette – Das Fischgeschäft,** An den Bauhöfen 2, Tel. 912960, www.klette.info. Ein Besuch der urigen Kate von Inhaber *Sven Klette* und seinem Team gehört zu jedem Langeoog-Besuch einfach dazu. Frischer Fisch direkt vom Kutter (Scholle, Seezunge, Steinbutt, Seelachs, Hering, Makrele, Kabeljau), Fischbrötchen, frisch vor Ort hergestellte Fischsalate, Nordseekrabben, Seealgensalat und Räucherfisch, der in den hauseigenen Räucheröfen über Buchenholz und alter Eiche sein Aroma erhält. Besonders gefallen meiner Familie und mir die Pfeffermakrelen, die Lachsroulade mit Krabbenfüllung und die Piratenmarmelade aus mariniertem Seelachs mit Zwiebeln und Gewürzen. Mo–Fr 9–18 Uhr, Sa 9–13 Uhr, von Nov. bis März geschlossen.

Hier wird traditionell über offenem Feuer geräuchert: Fisch-Klette – Fischgeschäft und Restaurant

lan_173sk

Mode, Accessoires & mehr

16 **Adenauer & Co,** Barkhausenstr. 1, Tel. 6823922, www.adenauer.com. Langeooger Filiale der deutschen Bekleidungsmarke, die in Europa produziert. Lieblingsteile für die Nordsee in Strandhausatmosphäre. Jacken, Mäntel, Hoodies, Jeans, Hemden sowie Shirts und Accessoires mit maritimen Motiven.

14 **Buddelei,** Barkhausenstr. 14, Tel. 297, www.buddelei.com. „Den Wind können wir nicht ändern, wir haben aber die Segel neu gesetzt", ist das Motto von Buddelei-Chef *Olaf Hube* und seinem Team. Seit Frühjahr 2023 führt die Buddelei zwar wie zuvor nordseetaugliche Freizeitmode bekannter Hersteller für Damen und Herren, Bademode, Schuhe, Schals, Mützen, Gürtel und Taschen, jedoch ausschließlich von fair und ressourcenschonend produzierenden Bio-Labels wie *Armedangels*, *Marc O'Polo* oder *recolution*. Dass die Hersteller zugleich gute Arbeitsbedingungen bieten, ist dabei ebenso *Hubes* Anspruch wie aktuelle und hochwertige Mode. Insofern ist er weiterhin stets auf der Suche nach dem Besonderen (Buddelei nannte man früher das kleine Schränkchen in der Guten Stube, in der Familien allerlei Kostbarkeiten aufbewahrten).

12 **Buddelinchen,** Barkhausenstr. 11, Tel. 297. Kleiner Ableger der *Buddelei* und deren Outlet-Store. Auch hier wird auf organisch, fair und sozial produzierte Mode gesetzt.

12 **InselLädchen,** Barkhausenstr. 11, Tel. 9907944. Inhaberin *Anke Agena* bietet Schals, Pullover und Strickjacken aus Kaschmir und Seide, Gürtel, Taschen und Modeschmuck.

Der **Langeooger Seewind-Fashion Store** bietet in seiner 18 Filiale am Wasserturm 3c Jacken von *Wellensteyn* und *Art of Hamburg* sowie Kartenetuis der Firma *SECRID*. Im 6 **Langeooger Seewind-Fashion Bag Store** in der Barkhausenstr. 24 findet man Taschen und Accessoires von *ZWEI* und *WITZGALL* sowie Mode der Labels *Patagonia*, *KILLTEC* und *Matinique*.

7 **Lüttje Lü,** Barkhausenstr. 21, Tel. 990022. Schöne Auswahl an Kinderkleidung.

17 **Südwester,** Am Wasserturm 12, Tel. 1032. Outdoorbekleidung und Accessoires der Marken *Bergans*, *Fjällräven*, *Elkline* und *The North Face*.

18 **Vier Beaufort,** Am Wasserturm, Tel. 6825346, www.aragon-dpv.de. Inhaberin *Barbara Aragon* bietet unkomplizierte Strandkleidung für Männer und Frauen, die sie selbst designt und fair in Deutschland produzieren lässt – etwa aus 100 % reiner italienischer Merino-Schurwolle. Inselgäste lieben besonders die Shirts mit ihrem Langeooger Wattenmeermotiv.

Wolle & Weiteres

34 **Abolengo de Alpaca,** Schniederdamm 8, direkt auf dem *Reiterhof To'n Peerstall*, Tel. 0171/3333004, www.abolengo-alpaka.de. Kleiner Hofladen, in dem feine Alpakaprodukte wie Pullover, Strickjacken, Socken, Handschuhe, Schals und Mützen vom Alpaka-Hof der *Familie Näsemann* im Münsterland verkauft werden. Die ebenfalls erhältlichen Bettwaren und Strickgarne aus Alpakawolle stammen dabei größtenteils aus eigener Herstellung, die Strickwaren werden auch im Rahmen von sozialen Projekten in Peru gefertigt. Von Frühjahr bis Herbst lebt seit

2016 auch eine kleine Alpaka-Herde auf der Insel (Weide Schniederdamm/Willrath-Dreesen-Straße). Hofladen geöffnet Mo–Sa 15–17 Uhr und nach Absprache.

Schmuck & Schönes

12 **Goldmarie,** Barkhausenstr. 11, Tel. 990325. Netter kleiner Laden mit ausgefallenem Schmuck.

MEIN TIPP: 35 **Hofgoldschmiede am Meer,** Schniederdamm 14, Tel. 990344, www.hofgoldschmiede-am-meer.de, www.zustand-glueck.de. Individuelle, originelle Schmuckstücke, maritime Accessoires und die gemütlich-kreative Atmosphäre machen aus *Martina Runges* Atelier einen besonderen Ort. Sehr beliebt sind die **Trauringkurse** und Goldschmiedeseminare, in denen jeder für sich – oder den Partner – unter fachkundiger Anleitung ein eigenes Schmuckstück fertigen kann. Auch **Kinder** zwischen 7 und 12 Jahren können hier kreativ werden und nach Vorlagen oder eigenen Ideen ein Erinnerungsstück aus Silber herstellen, etwa ein Armband oder einen Ring. Kursgebühren ab 70 € zzgl. Material, Kinderkurse 70 € inkl. Silber und Zubehör.

11 **Die Schmucklerin,** Barkhausenstr. 13a, Tel. 0172/4300364. Kleiner Laden mit einer schönen Auswahl an Schmuck, ausgewählten Accessoires und Geschenken.

Zum Stöbern

MEIN TIPP: 20 **Fokko Gerdes,** Hauptstr. 29, Tel. 364, www.fokko-gerdes.de. „Dat lüttje Koophus" gibt es seit 1883 auf der Insel. Das Geschäft an der Einmündung zur Barkhausenstraße, das unter Langeoog-Besuchern und Insulanern Kultstatus genießt, wird von *Hilke Gerdes* in mittlerweile vierter Generation geführt.

Brot & Gold: Die Inselbäckerei und Hofgoldschmiede am Schniederdamm

lan_233sk

Damals wie heute stöbern Besucherinnen und Besucher in Andenken, Spiel- und Schreibwaren und verschiedenen Bedarfsartikeln. So lässt sich in den hohen Holzregalen rund um die nostalgische Ladentheke von der Fahrradklingel über Gummistiefel, Kalender, Puzzle, Taschen, Geschirr, Strandartikel, Postkarten, Decken, Playmobil, Schrauben, Hals- und Handtücher, Malbücher, Klebstoff, Stifte, Spiele bis zu maritimer Deko so gut wie alles finden.

20 **Fokkos Goldstückchen,** Hauptstraße 27, Tel. 364, www.fokko-gerdes.de. Nur zwei Häuser weiter gibt es einen „Raum für das Besondere". *Hilke Gerdes* präsentiert in dem kleinen Laden stilvolle Wohnaccessoires, Porzellan, Textilien und viele schöne Mitbringsel vom Meer.

38 **Glückslädchen,** Kirchstr. 16, Tel. 0175/4969703, www.gluecks-laedchen.de. Der kleine Laden von *Britta Freist* bietet allerlei Überraschendes und Nostalgisches, vieles davon fair gehandelt und von kleinen Familienbetrieben oder in Behindertenwerkstätten produziert. Neben Kleidung aus Merino-Woll-Fleece, Bergschafschurwolle und Hanf gibt es ätherische Öle, Kosmetika, Geschenkartikel, kreative Bausätze und Bastelpackungen, Postkarten aus Holz mit Wasserturm-Motiv, Wolle und Garne. Ein echter Hingucker: Die farbenfrohen Barfuß-Schuhe der Marke *Iguaneye* aus Latex und Kork, die zu 100 % recyclingfähig sind. In den benachbarten Räumen bietet *Britta Freist* zudem Perlenkettenkurse und verschiedene Stick-, Häkel- und Strickseminare an, in denen gemeinsam z.B. Häkeltiere oder Socken gefertigt werden. Hier können Interessierte zudem die Technik des Stickbreyn lernen – eine früher in Ostfriesland weitverbreitete Handarbeitstechnik, bei der mit einem Holzstick, ähnlich einer dicken Häkelnadel, ein kleines Täschchen hergestellt wird (Anmeldung im Lädchen oder auf der Homepage).

18 **Inselgoldschmiede & Schmuggelkiste,** Am Wasserturm 3, Tel. 895. Teilzeitkapitäne, Leichtmatrosen und Meerjungfrauen sind hier genau richtig. Auf der Suche nach einem Kompass, Schiffsglocken, Fernrohren, Modell- und Buddelschiffen in allen Größen, Galionsfiguren, Teegeschirr, Uhren oder aber ausgefallenen Schmuckkreationen ist ein Halt in diesem Traditionsgeschäft ein Muss. Ebenfalls im Sortiment sind *Victorinox*-Taschen- und Küchenmesser sowie ein Mensch-Ärgere-Dich-Nicht-Spiel mit Langeooger Inselmotiven. Auch ein Insel-Ring mit Wasserturm, Inselbahn und weiteren Motiven, Wasserturm-Ohrstecker und Gold- und Silberschmuck mit Strandsand, Muscheln und Perlen sind erhältlich. In einer Vitrine beeindrucken die (unverkäuflichen) Bernsteinfunde der mittlerweile verstorbenen Langeoogerin *Hildegard Wäcken*.

2 **Muschelparadies,** Heerenhusstr. 10b, Tel. 573, www.muschelparadies.de. Das Muschelparadies dürfte jedem in Erinnerung bleiben: *Renate Gieseler* präsentiert in einem kleinen Hausanbau und im anliegenden Garten das wahrscheinlich größte Muschelsortiment Ostfrieslands. Über die Muscheln, Schnecken und Seeigel aus aller Welt erzählt sie ebenso gern wie über eigene Funde am Langeooger Strand. Ihre Lieblinge: Nautilusschnecken. Kinder freuen sich über moderate Preise: Schon ab 50 Cent können sie kleine Kaurischnecken aussuchen. Teuerstes Exemplar mit 22 € ist die Melonenschnecke, eine Meeresschnecke, die

bis zu 28 Zentimeter groß wird. Geöffnet ist von Ostern bis Herbst täglich 15–17 Uhr außer montags.

Bücher, Kunst etc.

1 BilderBuch – Kunst & Literatur am Meer, Höhenpromenade, Tel. 912900, www.bilderbuch-langeoog.de. Direkt an das *Atelier am Meer* angrenzend finden sich hier hochwertige Wohnaccessoires, maritime Geschenkideen, Keramik und Kochzubehör, Kalender und Postkarten, Spielzeug sowie eine bemerkenswerte Buchauswahl zum Thema Meer und zur Insel sowohl für Kinder als auch für Erwachsene. Inhaberin *Tina Fourmont* ist gelernte Buchhändlerin und präsentiert zudem Kunstdrucke und Postkarten mit Motiven aus dem Schaffen von Inselmaler *Anselm* sowie Mal- und Zeichenzubehör.

17 Buchhandlung Krebs, Am Wasserturm 14, Tel. 347, www.buchhandlung-krebs.de. Wer ohne Strandkorblektüre auf die Insel gestartet ist, wird in der kleinen Buchhandlung direkt am Wasserturm auf jeden Fall fündig. Bis zur Decke stapeln sich bei Inhaberin *Suntje Krebs* die Bücher: Jede Menge Krimis, Romane, Inselgeschichten, Wissenswertes rund um das Thema Meer, wichtige Neuerscheinungen und Kinderbücher, sogar Englischsprachiges, alles ist da. Außerdem auch Kartenspiele, Mal-, Rätsel- und Hörbücher, Kalender und schöne Schreibhefte. Kniffel-Fans aufgepasst: Die Box „Langeooger Würfelmeister“ enthält einen Spielblock mit Langeooger Sehenswürdigkeiten. Außerdem speziell über die Insel erhältlich: das Langeooger Notizheft, ein Meer-Malbuch und ein Insel-Stadt-Land-Fluss.

Strandlektüre in der Buchhandlung Krebs am Wasserturm

lan_232 sk

Kosmetik aus dem Meer

4 **Biomaris,** Kavalierpad 12/Am Hauptbad, Tel. 0173/2647040, www.biomaris.com. Shop des Bremer Spezialisten für Thalasso-Kosmetik mit Gesichts-, Körperpflege- und Kosmetikprodukten. Monatlich wechselnde Angebote.

Fair Gehandeltes

24 **Eine-Welt-Laden,** im Gemeindehaus Beiboot der Ev. Kirche, Hauptstr. 15, Tel. 922449, Facebook Eine-Welt-Laden Langeoog. Seit Anfang der 1980er-Jahre unterstützt ein ehrenamtliches Ladenteam den Verkauf von nachhaltigen, fair gehandelten und umweltfreundlichen Produkten sowie Upcycling-Ware. Neben zahlreichen Bio-Produkten wie Olivenöl, fair gehandeltem Kaffee, Tee und Wein, Schokolade, Schreibwaren, Büchern und Spielen, Seife und Kosmetik, Kerzen, Spielzeugen und kleinen Mitbringseln sind auch Körbe, Taschen und Ketten erhältlich. Aktuell Di und So 11–13 und Do 16–18 Uhr geöffnet, Aushänge am Laden beachten. Der Erlös kommt einem Schulprojekt in Burkina Faso zugute.

Souvenirs

7 **Seehüssi,** Barkhausenstr. 21. Souvenirshop mit maritimen Andenken, Postkarten, Tee, Sanddornbonbons und -likören, Sandspielzeug, Drachen und Kinderspielzeug.

Fairtrade-Insel

Seit April 2012 darf sich Langeoog erste **Deutsche Fairtrade-Insel** nennen. Mit der Auszeichnung zählt die Insel zu einer **weltweiten Bewegung von Fairtrade-Towns,** von denen es mittlerweile allein in Deutschland mehr als 860 gibt (www.fairtrade-towns.de, Stand Januar 2024). Die derart **nachhaltig engagierten Städte** und Kommunen stellen u.a. sicher, dass proportional zur Einwohnerzahl eine bestimmte Anzahl an Geschäften, Unterkünften, Restaurants und Cafés **Fairtrade-Produkte** verarbeitet oder verkauft. Zu den Produkten gehören auf Langeoog vor allem Kaffee, Tee, Schokolade, Zucker, aber auch Honig, Saft, Wein, Textilien, Kekse und Pflegeprodukte. Vieles davon ist im *Eine-Welt-Laden* zu finden (s.o.).

Neben der alle zwei Jahre bestätigten **Rezertifizierung** belegte die Insel 2016 zudem den 2. Platz beim Fairtrade-Award als „Multiplikator für Fairtrade“ in der Kategorie „Zivilgesellschaft“. Ausruhen möchten sich die Langeooger auf diesem Titel jedoch nicht: Jedes Jahr finden verschiedene Aktionen statt, die das faire Miteinander weiter stärken, so gab es bereits eine Rosenaktion im Frühjahr, ein **„Faires Frühstück“** im Mai und eine **„Faire Woche“** Mitte/Ende September. Ein bio-fairer Baumwollbeutel und eine Fairtrade-Tasche von Langeoog tragen dazu bei, Müll zu vermeiden. Einen aktuellen Fairtrade-Einkaufsführer mit allen teilnehmenden Langeooger Unternehmen erhält man beim Tourismus-Service im Haus der Insel.

Essen und Trinken

Ostfriesisch genussvoll

„Regional, genussvoll, gut" ist der Anspruch, den viele Köche auf der Insel verfolgen. Auf den Speisekarten finden sich frischer Fisch, Queller, Muscheln und Nordseekrabben, Inselaromen wie Hagebutte und Sanddorn, Käse aus norddeutschen Hofläden, typisch Ostfriesisches wie Labskaus und süße Köstlichkeiten wie Milchreis mit Zucker und Zimt und Rote Grütze. Bewusster Genuss und verantwortungsvolles Handeln – nicht ohne Grund ist Langeoog Deutschlands erste deutsche FairTrade-Insel (s.o.).

Zwei Restaurants in prominenter Lage sind aktuell geschlossen. Die 1954 am höchsten Punkt der Höhenpromenade gebaute *Strandhalle* (es ist bereits die fünfte Strandhalle, da ihre Vorgänger diversen Dünenabbrüchen zum Opfer fielen), hat seit Spätsommer 2022 wegen schwieriger Rahmenbedingungen (u.a. Personalmangel) zu. Das Gebäude des beliebten *Panoramarestaurants Seekrug* an der Höhenpromenade wurde Anfang 2022 an einen Investor übergeben, der in unmittelbarer Nähe auch das neue *Hotel Silt&Sand* betreibt. Er plant bis 2025 eine Sanierung des Gebäudes, das dann wie bislang ein Restaurant und eine Strandbar (→ S. 156) beherbergen soll.

Auswahl im Buch

Die große Zahl an Cafés, Bistros und Restaurants auf Langeoog bietet Gästen eine gute Mischung aus ostfriesisch-bodenständigen und kreativen Ideen. Neben Fisch- und Fleischgerichten gibt es Pizza, Flammkuchen und Pasta, Salate, Suppen, Burger und Süßkartoffeln auf den Karten zu finden. **Vegetarier** sollten dabei in allen Lokalen zum Zuge kommen. **Vegane Gerichte** stehen z.B. auf den Speisekarten von *Ebbe & Flut*, *Kombüse 31* und *Flottem Happen* (Burger mit Falafel und Wrap mit Couscous). Auch in der *Pizzeria Luciano* überlegt sich das Küchenteam auf Anfrage gern eine vegane Variante. Die *Bio-Genussmanufaktur Seekrug* bietet sowohl süße als auch herzhafte vegane Kreationen zum Mitnehmen (→ Einkaufen/Brötchen, Kuchen & Gebäck, S. 75).

Imbisse/ Bistros

13 Die Bratwurst

Barkhausenstr. 5, Tel. 9904708. Würstchen, Pommes und Burger mit Rindfleisch aus dem Oldenburger Land (um 11 €). Hausgemachte, täglich wechselnde Eintöpfe (7 €). Direkt neben dem Imbiss *Fischhus*.

NORDSEE
Sportstrand
Strandkorb-vermietung
Sportpalast
Hospiz-pad
Höhenpromenade
Tischtennishalle
Warmbadweg
Atelier am Meer
DLRG-Turm Hauptbad
Strandkorb-vermietung
Höhenpromenade
Kavalierpad
Am Hospizplatz
Strandhalle
Spöölstuv
2 Kino
Kavalierpad
Bunte Buden
Kur- und Wellness-Center
Haus der Insel/ Schiffahrts-museum
Spielplatz
Hauptbad
3
4
5
Sport-zentrum
Erlebnis-bad
6
7
Die Insel-vermietung
Tennis- und Fußball-Billard-plätze
Kurstraße
Hotel Bethanien
Vermietung am Meer
Nichtraucher-strand
Zum Hauptbad
Museums-rettungsboot "Langeoog"
Seewohnen
Vogtpad
9
10
Kapelle Haus Meedland
DLRG-Turm Westbad
Treffpunkt Dünensingen
Barkhausenstr.
11
12
13
14
22
Westerpad
Praxisgemeinschaft Langeoog
Lütje Pad
Strandkorb-vermietung
Höhenpromenade
Kaapdünen
Wasserturm
Apotheke
17 16 15
21
Vormann-Otten-Weg
Hauptstraße
Rathaus
Polizei
An der Kaapdüne
Rud.-Eucken-Weg
18 19
20
Branddünenweg
23
Kirchpad
Beiboot
Haupt-
25
Heimatmuseum "Seemannshus"
24
Ev. Kirche
Vangerowpad
Leuß-Weg
Hundestrand West
Mittelstraße
Infohaus Altes Wasserwerk
Kirchpad
Korvpad
Am Blumental
Zahnarztpraxis Dr. Hübener
Kirchstraße
Otto-
An
Surfschule Tidens Surfhuus
Kath. Kirche
Kosmetik Meermaid
Jakob-
Hunpad
Just-Scheu-Str.
Friesenstraße
Friesenstraße
Um Süd
Kite- und Surfstrand
Strandlepad
Abke-Jansen-Weg
Kirchstraße
Flinthörnweg
Süderdünenring
AWO Langeoogklinik Haus Westwind
Kinderkurstraße
Kiefernweg
Tongers-Pad
Seniorenhus "bliev hier"
Mutter-Kind-Klinik Haus Wittdün
Süder-
Kinderkur
Rettungswache
Mutter-Kind-Klinik Langeoog
Schrebergärten
Feuerwehr
Störtebekerstr.
Am Wald
Am Wald
Hafen
Wäldchen

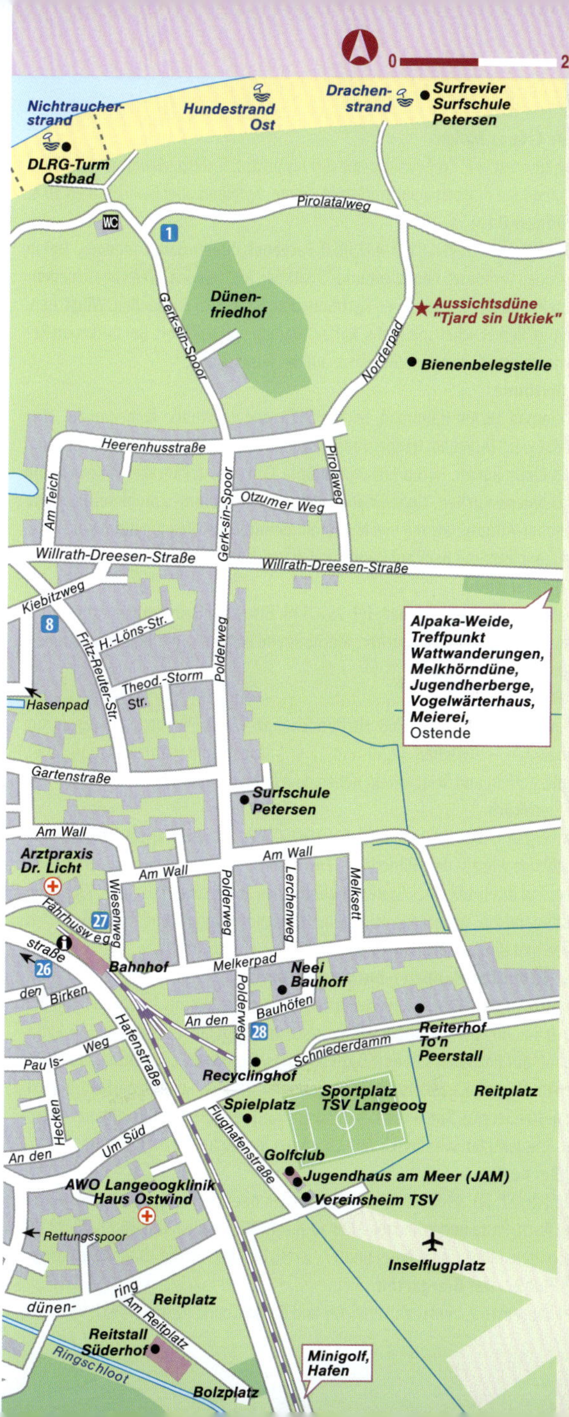

Essen und Trinken

1 Dünen-Oase
2 Windlicht
3 Strandversorger
4 Givtbude, Grüner Hund
5 Fischkorb, Eiscafé Venezia 2, Nordlicht
6 Restaurant Bethanien
7 Lounge Bar No. 9, Restaurant Schiffchen
8 Restaurant Bunte Kuh, Navigator's Lounge Bar
9 Treffpunkt
10 Eiscafé Venezia
11 Café Leiß
12 Ebbe & Flut, Weinperle, De Crêpes-Moker
13 Die Bratwurst, Fischhus, Süße Brise
14 Steuerbord, Alte Post
15 Eiscafé Pinese II
16 Sturmeck
17 Restaurant Blied
18 Dwarslooper
19 Kombüse 31, Tom's Bar
20 Flotten Happen, Bei Kostas
21 In't Dörp, Ristorante Pizzeria Luciano, Verklicker, Pier 2
22 Eiscafé Pinese
23 Langeooger Kaffeerösterei mit Gin Company, Treibgut
24 TeeRose
25 Lieblingscafé
26 Pizzeria Piccolino
27 Info-Café
28 Fisch-Klette – Die Fischkombüse

12 De Crêpes-Moker

Barkhausenstr. 11. Crêpes satt, von süß bis pikant. Inselspezialität ist ein Crêpe mit Sanddorn, alternativ pur, mit Vanillecreme, Apfelmus oder Eierlikör, 3–6,50 €.

1 Dünen-Oase

Gerk-sin-Spoor 12, Tel. 0171/4475870, Facebook Dünen-Oase Langeoog. Tief in den Dünen verborgen liegt diese urige Snackbar. Auch wegen ihrer Abgeschiedenheit sehr populär. Es gibt Jever, Fischbrötchen, Backfisch, Frikadellen, Würstchen, Pommes, Reibekuchen mit Lachs, Kaffee, Waffeln und Milchreis. Bei stärkerem Regen geschlossen, da es nur Sitzplätze auf der Terrasse gibt.

4 Givtbude

Kavalierpad 18/Am Hauptbad, Tel. 9906423, www.givtbude-langeoog.de. „Hier givt dat wat." Direkt am Hauptstrand gelegen. Selbstbedienung, im Angebot sind Fish & Chips, Burger, Fischbrötchen, Eintöpfe, Currywurst, Pancakes, Milchreis und verschiedene Kuchen. Unbedingt die Süßkartoffelpommes probieren! Lockere Strandbar-Atmosphäre mit viel Naturholz, gemütlicher Ofen für stürmische Tage, Terrassenplätze mit Blick auf Dünen und Wasserturm.

4 Grüner Hund

Kavalierpad 14/Am Hauptbad, Tel. 2570114. Bistro am Hauptstrand mit warmen Getränken, Pizzen, Flammkuchen, Milchreis und Waffeln – letztere schmecken besonders am Stiel super.

13 Fischhus

Barkhausenstr. 5, Tel. 9904708. Fischbrötchen ab 4,90 €, Fischgerichte – auch zum Mitnehmen – zwischen 12,50 und 17 €, hausgemachter Labskaus (14,50 €), Ofenkartoffeln und Salat. Direkt neben dem Imbiss *Die Bratwurst*.

5 Fischkorb

Kavalierpad 17/Am Hauptbad, Tel. 01515/8507720, Facebook Fischkorb Langeoog. „Fischbude wie aus dem Bilderbuch. Frisch, sensationell lecker und supernette Inhaber", so das Urteil eines Gastes. Fischbrötchen ab 5 € sowie Backfisch, Kibbeling, Riesengarnelen, gebackene Muscheln, Hähnchen Nuggets und Fischfrikadellen. Soßen und Dips aus eigener Herstellung.

20 Flotten Happen – burger and more

Hauptstr. 27, Tel. 9904514, www.flotten-happen.de. Mix aus American Diner und Beach Bar. Hier gibt es Burger von klassisch über vegetarisch und vegan bis extravagant, auf Porzellan serviert. Dazu Pommes, Bratwurst, Currywurst, Fischbrötchen und Wraps, Kartoffelsalat, Couscous-Salat, Backfisch und Fingerfood. Schneller, netter Service, faire Preise. Auf Palmöl wird verzichtet, dafür kommen regionale Spezialitäten wie Fleisch vom Lübchiner Strohschwein auf die Teller.

20 Bei Kostas

Hauptstr. 27, Tel. 9902999. Große Auswahl an griechischen Spezialitäten; außerdem Fisch, Pasta und Schnitzel. Alles auch zum Mitnehmen. Täglich 11.45–14 Uhr (besondere Mittagsangebote) und 17–21.30 Uhr. Mittwochmittags geschlossen.

21 Pier 2 – Der Biergarten

Barkhausenstr. 2, zwischen *Verklicker* und Rathauspark. Fleisch & Fisch vom Grill,

Salate, Pommes, Bratwurst und Fischbrötchen, (vegane) Bowls und griechische Spezialitäten. In- und Outdoor. Selbstbedienung. Biergarten und Reetdach-Pavillon mit Bar und Sport-TV.

26 Pizzeria Piccolino

Hauptstr. 5, Tel. 990310, www.piccolino-langeoog.de. Modern eingerichtete Pizzeria direkt am Inselbahnhof. Rund 30 verschiedene Pizzasorten (ab 8,50 €), Pasta (ab 10 €) und Salate, geöffnet 12–14 und 17–21 Uhr, mittwochs Ruhetag. Auch zum Mitnehmen.

3 Strandversorger

Kavalierpad 12/Am Hauptbad, FB Strandversorger Langeoog. Helle Bar mit leckeren Cocktails, Longdrinks, Weinen, Bier und Alkoholfreiem sowie Snacks in Strandnähe. Beliebt sind im Sommer auch die Plätze auf der Terrasse und den Bänken.

MEIN TIPP: **9 Treffpunkt**

Barkhausenstr. 22/Ecke Gartenstr., Tel. 9901175. Man trifft sich hier in der Tat immer wieder, um vorzüglichen Fisch – Seelachs, Kabeljau, Scholle und Hering, gebraten, frittiert oder eingelegt und aus nachhaltiger Fischerei – zu genießen. Auch die Fischbrötchen, Burger und Suppen sind sehr beliebt. „Was die auf 10 Quadratmetern zaubern, ist Wahnsinn", so ein Besucher, der auch die Bouillabaisse empfiehlt. Unbedingt probieren sollte man außerdem die Krabbensahneterrine und die Pasta mit Garnelen in Currysoße mit Zitronengras, Kokosmilch, Rucola und Parmesan. Mit Glück ist ein Platz im Strandkorb frei, sonst auf der kleinen Terrasse. Täglich 11–20 Uhr geöffnet. Alle Gerichte auch zum Mitnehmen.

Bars und Kneipen

18 Dwarslooper

Hauptstr. 37, Tel. 990087, www.dwarslooper.de. Gemütliche Pub-Atmosphäre. Täglich Frühschoppen an der Theke (12–13 Uhr), Dämmerschoppen (17–18 Uhr) und Pizza Hour (16–17 Uhr, div. Sorten Pizza für 9 €). Küche durchgehend bis 22 Uhr! Große Auswahl an Salaten, Baguettes, Pasta, Schnitzeln, Burgern, Fisch und Gratins. Billardtisch im 1. Stock. Im Sommer Biergarten mit Karibikfeeling, in dem man seine Füße im Sand ausstrecken kann.

7 Lounge Bar No. 9

Barkhausenstr. 30–32, Tel. 9104109. Kleine Bar im Hotel *Kolb Classic*, in der Rauchen erlaubt ist. Cocktails, Wein, Bier und Spirituosen in gediegen-maritimer Clubatmosphäre. Freitags ab 21 Uhr Happy Hour auf ausgewählte Cocktails.

8 Navigator's Lounge & Bistro

Kiebitzweg 8, Tel. 92260, www.navigators-bar.de. Maritime, kleine Bar im *Suiten-Hotel mare* mit einer großen Auswahl an Grappa, Obstbränden, Likören, Whiskeys, Cognac und Cocktails. Leckere kleine Speisen. Schöne Terrasse. Täglich 12–23 Uhr.

5 Nordlicht

Kavalierpad 17, Facebook Kneipe Nordlicht Langeoog. Gemütlich-maritime Raucherkneipe direkt gegenüber der Bunten Buden in Strandnähe. Neben Bier, Wein und Spirituosen gibt es auch kleine Snacks und ein Dartspiel. So–Mi 17–1 Uhr, Fr und Sa 15–2 Uhr. Tagsüber Strandbar mit schönen Terrassenplätzen.

19 Tom's Bar Langeoog

Hauptstr. 31, Tel. 682980, www.toms-langeoog.de. Die Raucherbar im Souterrain des *Hotels Dünenläufer* bietet „betreutes Trinken mit Unterhaltungsfaktor" in der Atmosphäre einer Hafenkneipe. Wein, Bier, Cocktails, Snacks, Knobeln. Mi–So 20–0 Uhr.

MEIN TIPP: **12 Weinperle,** Barkhausenstr. 7, Tel. 0174/3828958, www.weinperle-langeoog.de. Kleine, aber feine Weinbar direkt am *Café-Restaurant Ebbe & Flut*. Weinperlen aus aller Welt, mehr als 70 Sorten Rum sowie Champagner, Cremant, Sekt, Gin und Grappa, Pastis, Obstbrände und Liköre. Familiäre Atmosphäre, gemütliches Ambiente und sehr kompetente Beratung. Dazu leckere Begleitung wie Käsegebäck, Brotchips, Nougat und Trüffel. Inhaber *Bernd Frech* hat stets eine gute Empfehlung, fast alle Weine lassen sich glasweise bestellen. Mo–Sa 16–22 Uhr geöffnet. Im Sommer kann man schön draußen sitzen.

Cafés

MEIN TIPP: **11 Café Leiß**

Barkhausenstr. 13, Tel. 6514, www.cafe-leiss.info. Wiener Kaffeehaus-Atmosphäre in schönem alten Inselhaus mit Flair und Tradition – im August 2018 wurde das 60-jährige Jubiläum gefeiert. Große Tortenauswahl (ein Klassiker ist die Rumflockensahnetorte, aber auch die Sanddornsahnetorte und die Milchreis-Waldbeertorte sind einen Versuch wert), Ostfriesentee auf dem Stövchen mit Gebäck, Rote Grütze, Eiergrog und Eis. Daneben auch Frühstücksangebote, Suppen, Salate, Fisch, Inselbrot mit Schinken, Flammkuchen, Baguettes, Weine und Cocktails. Der 1970er-Jahre-Kultcocktail „Eisberg" enthält neben Kirschen und Sekt auch Danziger Goldwasser mit Blattgold. Große Sonnenterrasse. Geöffnet tägl. 9.30–21.30 Uhr.

Die Weinperle und das Ebbe & Flut bieten eine gemütliche Terrasse

lan_234 sk

MEIN TIPP: **12 Restaurant & Café Ebbe & Flut**

Barkhausenstr. 7, Tel. 9906977, www.ebbeundflut-langeoog.com. In einem hellen und modern eingerichteten Ambiente bieten *Andy Blum* und sein beliebtes Team eine moderne, geradlinige Küche mit guter Auswahl. Die reicht von Hähnchenbrust über Rinderhüftsteak, Büsumer Scholle und Fisch-Curry bis zu Suppen, Pasta, Salaten und leckeren Snacks (Hauptgerichte 15–30 €). Auch Veganer und Vegetarier kommen auf ihre Kosten – etwa mit Falafel oder gefüllter Paprika mit Quinoa. Unbedingt probieren: Pasta Ebbe & Flut mit Krabben und Queller – letzteren kann man auch zu allen Gerichten als zusätzliche Beilage wählen. Wer es süß mag: Auch Torten, Kuchen, Waffeln, Eis, Milchreis und hausgemachtes Sanddornparfait mit karamelisierten Nüssen finden sich auf der Karte wie auch eine gute Weinauswahl. Draußen sitzt man auf der einladenden Terrasse unter großen Bäumen oder dem nostalgischen Verandadach. Mo–Sa 12–22 Uhr.

27 Info-Café

Wiesenweg 1, Tel. 911980. Direkt am Inselbahnhof. Frühstücken mit jeder Menge kostenfreier Ausflugstipps und Inselinfos. Der Kaffee wird im Haus geröstet. Probieren sollte man auch die friesische Apfel-Schmand-Torte, Pfannkuchen, Milchreis, Dickmilch mit Sanddorn, Eis oder belgische Waffeln. Außerdem leckere Fischbrötchen. Große Sandterrasse mit Strandkörben (Sandspielzeug vorhanden). Gratis-WLAN für Gäste. Täglich 9–17 Uhr, außer montags.

23 Langeooger Kaffeerösterei mit Gin Company

Hauptstr. 21, Tel. 9906413, www.langeooger.com. Ladencafé direkt im Ortszentrum (→ Einkaufen, S. 79). Selbstbedienung. Fachkundige Kaffee-Beratung, Cookies und Schokolade. Seinen Cappuccino genießt man im Laden oder auf der kleinen Terrasse mit Blick auf das Treiben in der Hauptstraße. Täglich außer sonntags 10–18 Uhr.

25 Lieblingscafé

Hauptstr. 9, Tel. 0162/1355997, Facebook Lieblingscafé Langeoog. „Kaffee, Kuchen, Aperölchen, Teespezialitäten, Sonnenterrasse", heißt es in der Werbung und damit ist das kleine Café des Teams der vorübergehend geschlossenen Musikkneipe **Düne 13** (→ S. 156) gut umrissen. Außerdem gibt es herzhafte Stullen. Sehr zentrale, schöne Lage im Erdgeschoss der *Lüttjeod Apartmentvilla* mit geradliniger Einrichtung. Gäste loben vor allem die Waffeln.

3 Meierei

Ostende (→ hintere Umschlagklappe), Tel. 248, www.falke-meierei.de. Die rund 8 Kilometer vom Ortszentrum entfernt liegende *Meierei* ist ein beliebtes Ziel bei Ausflüglern, die sich hier nach einer Wanderung, Radtour oder Kutschfahrt bei *Dagmar Falke* und ihrem Team auf weitere Kilometer stärken können. Es gibt Bockwürstchen, Kartoffelsalat, Suppe, belegte Brote, Kuchen und Eis – entweder in der rustikalen Gaststätte oder auf der Sonnenterrasse. Viele Gäste kommen, um die täglich frisch angesetzte Dickmilch mit Zucker, Schwarzbrot und hausgemachtem Sanddornsaft zu probieren. In seiner heutigen Form wurde das Lokal im Mai 1964 eröffnet, nachdem Gebäudeteile im Oktober 1962 abgebrannt waren. Eine Krugwirtschaft mit Schankerlaubnis ist hier bereits für 1768 beurkundet. Von der wechselvollen Geschichte des Standorts zeugen auch die beiden Kanonenkugeln aus der Zeit der Kontinentalsperre durch Napoleon als französische Soldaten von 1806 bis 1813 die Insel besetzten. Sie wurden nach dem Brand beim Wiederaufbau gefunden und sind im Flur ausgestellt. Rund 2,5 Kilometer sind es von der *Meierei* noch bis zum Naturpfad Osterhook und zur Seehundbeobachtungsplattform am Ostende der Insel. Ersatzräder einiger großer Fahrradverleiher sind vor Ort, außerdem auch eine Reparatursäule und eine E-Bike-Ladestation. Geöffnet tägl. außer Di 11–17 Uhr.

13 Süße Brise

Barkhausenstr. 5, Tel. 9904708. Kleines Café mit verschiedenen Frühstücksvariationen neben den Imbissen *Die Bratwurst* und *Fischhus*. Milchreis, Obstsalat, Quarkspeisen sowie Strudel, Marillenknödel und Kaiserschmarren. Täglich frische Brötchen ab 7.30 Uhr.

24 TeeRose

Kirchstr. 1, Tel. 6156, www.teerose-langeoog.de. Das kleine Ladencafé bietet täglich wechselnd ausgezeichneten Kuchen aus eigener Herstellung, etwa Sanddorntorte mit Sanddornmarzipan. Die wenigen kleinen Tische im Laden und vor der Tür sind immer schnell besetzt. Wer keinen Platz bekommt, kann den Kuchen auch mitnehmen. Mo–Sa 10–17 Uhr.

1 Langeooger Teestube

Hafendeichstr. 11 (→ hintere Umschlagklappe), Tel. 0151/67225513, www.langeooger.com. *Horst Schmidt* von der Kaffeerösterei und seine Familie bieten in der Teestube am Hafen Tee, Kaffee, heiße Schokolade, Kuchen, Waffeln und Torten so-

Pause in der Langeooger Teestube

lan_235sk

wie kleine Gerichte (Flammkuchen, Pizza) Langeooger Inselbier, Gin und Wein an. Nettes Ziel für eine Fahrradtour – neben dem Sonnenhof von *Lale Andersen* ist die Teestube eines der wenigen reetgedeckten Häuser auf der Insel. Geöffnet Mo–Sa 11–18 Uhr.

Eisdielen

22 Eiscafé Pinese

Barkhausenstr. 8, Tel. 6194. Klassische Eisbecher, Torten, leckerer Cappuccino. Unbedingt probieren: Sanddorneis und selbst gemachte Tiramisu-Torte. Mehr als 30 Eissorten hat der aus Venedig stammende Inhaber *Loris Pinese* abwechselnd im Angebot. Filiale an der 15 Barkhausenstr. 1/Ecke Hauptstraße, dort ausschließlich zum Mitnehmen.

10 Eiscafé Venezia

Barkhausenstr. 22, Tel. 682626. Täglich wechselnde Eissorten aus eigener Herstellung, darunter auch Kreationen wie Amalfi Orange (mit kandierter Orangenschale) und Schokolade/Chili. Eine Filiale – das 5 **Venezia 2** – für Eis in der Waffel befindet sich gegenüber der Bunten Buden am Hauptbad/Kavalierpad 17.

Restaurants

14 Restaurant & Café Alte Post

Barkhausenstr. 3, Tel. 91150, www.alte-post-langeoog.de. Hell und sehr aufgeräumt, aber dennoch gemütlich. Mit Terrasse. Frühstücksbuffet. Nachmittags große Auswahl an Kuchen, Torten (etwa Langeooger Sanddorntorte und friesische Rumflockentorte) und Waffeln. Fisch und Meerestiere zwischen 23 und 32 €, außerdem Fischsuppe, Schnitzel und Rumpsteak, Salate, Pasta, Schupfnudeln sowie Ofenkartoffeln. Täglich 8–21 Uhr.

6 Restaurant Bethanien

Barkhausenstr. 31–33, Tel. 6910, www.restaurant-bethanien.de. „bio. regio. fair" lautet die Philosophie der Küche im *Hotel Bethanien*, deren Buffets zum Frühstück, Mittagessen und Abendessen auch für Nicht-Hotelgäste zu empfehlen sind (18,90/12,90/24,90 € pro Person). Besonders gefragt sind die Grill- und Fischabende (27,90 € pro Person). Gute Auswahl und helle, freundliche Atmosphäre. Öffnungszeiten variieren je nach Saison etwas, in der Hauptsaison täglich von 7.30–10.30, 12–13, 17.30–19.30 Uhr.

17 Restaurant Blied

Am Wasserturm, Tel. 6860, www.restaurant-blied.de. „Küche und Bar" im *Nordseehotel Kröger*. Modern eingerichtet in Orange-Grau mit viel unbehandeltem Holz und Geweihen an der Wand. Suppe, Asia Wok Gemüse, Salat, Bowls, Pasta, Fisch (auch ganz), Steaks und Burger (um 20 €), Eis sowie hauseigene Wildspezialitäten. Hauptgerichte 20–40 €. Auch Ausgefalleneres. Warme Küche täglich 12–14.30 und 17.30–21 Uhr.

8 Bunte Kuh

Kiebitzweg 8, Tel. 92260, www.suiten-hotel-mare.de. Hier wähnt man sich an Bord eines alten Segelschiffes. Restaurant im *Suiten-Hotel mare*. Neben Steaks, Fisch und Salat auch feine Weine und Dessertauswahl. Rinderfilet, Thunfisch und

Wildlachs vom heißen Stein. Mo–Sa 12–14 (Bistrokarte) und 17.30–21 Uhr. Keine Tischreservierung, Kinder erst ab 12 Jahren.

28 Fisch-Klette – Die Fischkombüse

An den Bauhöfen 2, Tel. 912962, www.klette.info. Uriges Fischrestaurant mit Wintergarten direkt neben dem *Fischgeschäft Fisch-Klette*. Suppen, Fischbrötchen, frischer Fisch aus der Pfanne (ab 10 €, Beilagen extra), Labskaus, Matjesfilets aus eigener Herstellung, Krabben, Muscheln, Garnelen, Störtebeker-Biere (auch vom Fass) und eine aufmerksame Bedienung – ein Muss für jeden Besucher. Ein echter Tipp ist der Schlemmerteller für zwei Personen mit verschiedenen hausgemachten Fischsalaten und Baguette (24,90 €). Was besonders geschmeckt hat, kann gleich nebenan im Fischgeschäft für zuhause mitgenommen werden. Mo–Sa 11.30–14 Uhr und 16.30–20 Uhr, keine Reservierungen, von Nov. bis März geschlossen.

21 In't Dörp

Barkhausenstr. 4, Tel. 912071, www.intdoerp.de. Gutbürgerliches Restaurant, dessen Karte auf Plattdeutsch (mit Übersetzung) „Wat besünners" anbietet – „was Besonderes". Suppen, Salate, frischer Fisch, Steak und Schnitzel (ab 17 €) sowie vegetarische Gerichte und mehr in gemütlicher Klönschnack-Atmosphäre. Ein Klassiker: das gefüllte Rumpsteak (27,50 €). „In't Dörp ist alles lecker. Die haben eine kleine feine Karte, und das, was drauf steht, können die auch!", schrieb ein Gast begeistert. Geöffnet tägl. außer Do 11.30–14 und 17.30–21 Uhr.

MEIN TIPP: **2 Kajüte am Hafen**

Hafendeichstr. 9 (→ hintere Umschlagklappe), Tel. 1748, www.kajuete-am-hafen.de. Seglerheim, doch auch Landratten sind willkommen. Modern, maritim, gemütlich mit Blick auf den Hafen. Suppen (Empfehlung aus der Kombüse: klare Fischsuppe), Salatteller, Fleisch- sowie kalte und warme Fischspezialitäten (18,50–32 €). Besonders viele Fans haben die Gambas aus der Pfanne mit Chillies, Knoblauchmayonnaise und Baguette (1 kg für 42,20 €) und die große Überraschungsfischplatte (ab zwei Personen, p. P. 33,50 €). Sonnenterrasse und Kinderspielplatz. Durchgehend warme Küche ab 12 Uhr und frische Fischbrötchen bis 17 Uhr. Di–Sa 11–18 Uhr.

19 Kombüse 31

Hauptstr. 31, Tel. 682980, www.dünenläufer.de. Restaurant im *Hotel Dünenläufer*. Modernes maritimes Ambiente in gemütlichen Blau- und Holztönen mit Einrichtungsideen der Marke *Rivièra Maison* (die man vor Ort gleich kaufen kann). Die Küchencrew verspricht eine „kulinarische Reise durch alle Weltmeere". Hier gibt es überwiegend Fisch – vom Fischbrötchen bis zur Kapitänsplatte, aber auch Fleischgerichte, Veganes und Vegetarisches. Gute Wein- und Getränkeauswahl. Geöffnet täglich außer Mo 12–22 Uhr, warme Küche 17–21 Uhr.

MEIN TIPP: **21 Ristorante Pizzeria Luciano**

Barkhausenstr. 2, Tel. 6025, www.pizzeria-luciano.de. Der Name verrät's: Hier geht es italienisch zu. Klar gibt's Pizzen (8,50–16 €), aber auch Pasta (ab 10 €), Fisch- und Fleischgerichte (ab 16 €), Salate, saisonal zudem Spargel und Muscheln. Beim letzten Besuch haben uns besonders die Spaghetti mit frischen Nordseekrabben in Tomaten-Sahne-Sauce und die Pizza mit Honigmelone, luftgetrocknetem Schinken, Rucola und Crema di Balsamico geschmeckt. Geöffnet tägl. außer Di 12–22.30 Uhr, durchgehend warme Küche, Reservierung nur bis 17 Uhr möglich.

7 Restaurant Schiffchen

Barkhausenstr. 32, Tel. 9104125, www.hotel-kolb.de. Restaurant des *Hotels Kolb Classic*. Feinschmecker-Restaurant mit leichter, mediterraner Küche. Hier wähnt man sich an Bord eines Luxusliners auf See. Menüs und besondere Feinschmecker-Abende, aber auch à la carte (Hauptgerichte 19–33 €, Menü ab 46 €). Geöffnet tägl. 8–12 Uhr (Frühstücksbuffet) sowie abends 18–22 Uhr.

14 Steuerbord

Barkhausenstr. 5, Tel. 912060, www.steuerbord-langeoog.de. Leckere Suppen, auch Pizzen, Pasta (10–20 €), Kartoffelrösti, Salate, Labskaus, Schnitzel, Fisch und vieles mehr (Hauptgerichte 17–27 €). Geöffnet tägl. 11.30–21 Uhr.

16 Restaurant Sturmeck

Hauptstr. 34, Tel. 9904868. Rustikal-Gutbürgerliches, Fisch- und Fleischgerichte (ab 13 €), Suppen und hausgemachter Labskaus mit gepökeltem Rindfleisch (21,90 €) sowie Pizza, Pasta und mediterrane Spezialitäten (ab 10 €). Urig-gemütliches Stammlokal vieler Insulaner mit alten Schiffsmodellen und maritimen Gemälden. Fußballübertragungen per Sky TV. Täglich geöffnet außer Di 16–22 Uhr, Küche 17–21 Uhr.

Maritimes Interieur in der Kombüse 31

lan_236sk

23 Restaurant Treibgut

Hauptstr. 21, Tel. 9904633, www.treibgut-langeoog.de. Inhaber und Küchenchef *Veit Merkel* legt Wert auf Nachhaltigkeit und Qualität aus der Region. Seinen regionalen Fisch bezieht er direkt vom Kutter, Pasta wird im Haus hergestellt. Neben Kabeljau, Seeteufel, Dorade und Lachs (30–40 €) stehen auch Spezialitäten vom Oldenburger Landschwein und Weiderind auf der Karte (24–48 €). Gäste loben die charmante Atmosphäre eines größeren Wohnzimmers. Geöffnet 16.30–21.30 Uhr außer montags, Küche bis 20.30 Uhr.

MEIN TIPP: **21 Verklicker – Restaurant & Schiffe**

Barkhausenstr. 2, Tel. 9697822, www.verklicker-langeoog.de. Direkt im Ortskern im *Inselhotel Langeoog*. Modernes Seefahrerambiente mit unzähligen aktuellen und historischen Schiffsfotos. Gemütliche Sessel und Sitzbänke. Unkomplizierte friesische Küche, kreativ erweitert. Fleisch und Fisch vom Grill (21–33 €) oder aus der Pfanne (23 €), Pasta und Risotto (15–22 €), Salate sowie Burger. Mittagskarte mit etwas kleinerer Auswahl 12–14 Uhr, Abendküche 17.30–22 Uhr, täglich außer mittwochs . Ein Verklicker ist übrigens der Windanzeiger an der Mastspitze eines Segelbootes.

2 Windlicht

Am Hospizplatz 7, Tel. 92250, www.windlicht-langeoog.de. Rustikal eingerichtetes Restaurant im gleichnamigen Kino. Speisekarte mit Salat, Pasta, Fisch, Steak- und Schnitzelgerichten (12–32 €, viele Gerichte auch als kleinere Portion erhältlich), saisonal auch Spargel, Pfifferling, Grünkohl und Muscheln. Günstiger, gutbürgerlicher Mittagstisch (donnerstags Reibekuchen mit Apfelmus oder Rübenkraut). Geöffnet tägl. außer mittwochs 12–14 und 17–20.30 Uhr.

Feiertage, Feste und Events

Karneval

Auch wenn Karneval in Ostfriesland nicht sehr hoch im Kurs steht und es deshalb rund um den Rosenmontag recht viele Karnevalsflüchtlinge auf die Insel zieht – auf Langeoog herrscht Anfang/Mitte Februar närrisches Treiben: Der **Kinderkarneval** des TSV Langeoog samt Umzug ab Rathaus und bunter Party im Haus der Insel ist Kult und somit ein fester Termin im Jahreskalender. Unter fröhlichen „Langeoog hellblau"-Rufen finden sich auch immer mehr Eltern verkleidet bei der, laut Veranstaltern, „größten Karnevalssitzung Ostfrieslands".

Insulaner unter sich

„Insulaner unner sück" heißt es jedes Jahr kurz vor dem Saisonauftakt an einem Wochenende im März, wenn sich bei einem bunten Fest **Chöre, Musikgruppen, Theater- und Tanzgrup-**

pen der sieben Ostfriesischen Inseln reihum treffen, um „unter sich" zu singen, zu feiern, zu „klönen" (Norddeutsch für „plaudern") und vor der bevorstehenden Saison auszutauschen. Langeoog richtete das Kultfest bislang 2001, 2008, 2015 und 2024 aus.

Osterfeuer und mehr

Mit den Osterferien und dem Osterwochenende startet Langeoog in die **Saison.** Dementsprechend viele Gäste freuen sich gemeinsam mit den Inselbewohnern auf das **Osterfeuer,** mit dem, einem alten germanisch-heidnischen Brauch in Ostfriesland folgend, der **Frühling** begrüßt wird. Ein Stapel aus Baum- und Strauchschnitt wird am Ostersamstag zwischen Bahndamm, Flughafenstraße und Flugplatz von der Freiwilligen Feuerwehr Langeoog entfacht (und betreut). Zuvor geht es mit einem großen **Umzug** ab Lale-Andersen-Statue am Wasserturm durchs Dorf. In den Kirchen der Insel wird im Rahmen der christlichen Liturgie die Osternacht mit dem Entzünden der Osterkerze gefeiert. Kinder fiebern zudem der alljährlichen **Eiersuche** am Ostersonntag auf dem Reitplatz am *Reitstall Süderhof* entgegen.

Tanz in den Mai

Was wäre Langeoog ohne einen Maibaum? Und so wird am Abend des 30. April ein bunt geschmücktes Exemplar mit einem **Umzug** vom Feuerwehrhaus zur Ortsmitte gebracht und dort – von Musik begleitet – feierlich aufgestellt. Anschließend wird in den **Langeooger Kneipen** getanzt. Doch nicht alle sollten ausschwärmen, denn ebenso wie das **Aufstellen eines Baumes** guter alter Brauch ist, der das Nahen des Sommers verkündet, hat auch das **Entwenden** desselbigen in der Nacht Tradition. Dafür genügen – in der Zeit zwischen Sonnenuntergang bis Sonnenaufgang – drei symbolische Spatenstiche, vorausgesetzt, der Baum ist unbewacht und die entwendende Gruppe besitzt ebenfalls einen. Zuletzt gelang dies 2018 einer Gruppe aus Bensersiel, die dafür extra mit dem eigenen Boot angereist war. Über die angemessene Menge an Grillgut und Getränken als Baumauslöse musste sodann der damals amtierende Inselbürgermeister *Uwe Garrels* verhandeln, weshalb im Jahr darauf die Nachtwache etwas ernster genommen wurde.

Fallschirmspringen

Freier Fall über Langeoog heißt es im Mai: Über das lange Wochenende an Christi Himmelfahrt reisen die Fallschirmspringer vom Sprungzentrum **„Skydive Varrelbusch"** im niedersächsischen Cloppenburg auf die Insel und bieten Interessierten bei ihrem traditionellen Langeoog-Boogie die Möglichkeit, bei einem

Tandemsprung dabei zu sein (rund 250 €, Kontakt: skydive-varrelbusch.de/). Das Video eines solchen Sprungs mit tollen Aufnahmen von Langeoog aus der Luft ist auf dem YouTube-Kanal von *Langeoog News* zu sehen.

Sportevents

Langeoog versteht sich als Sportinsel und so reiht sich in den Sommermonaten ein sportliches Großereignis an das nächste. Bereits Monate im Vorfeld melden sich die teilnehmenden Mannschaften an. Seit 1958 wird abwechselnd auf **Langeoog** und **Spiekeroog** an einem Wochenende zwischen Mitte Juli und Mitte August das **Schlagballduell** zwischen den Feriengästen der beiden Inseln ausgetragen. Schon Tage zuvor wird am jeweiligen Inselstrand trainiert, bis es mit einer Sonderfähre zum jeweiligen Nachbareiland geht. Bei dem an eine **Mischung aus Baseball, Brennball und Völkerball** erinnernden Spiel stehen sich zwei Teams mit jeweils 12 Spielerinnen oder Spielern auf einem 25 x 70 Meter großen Spielfeld am Strand gegenüber. Es wird mit einem hölzernen Schläger, der so genannten Klippe, und einem kleinen Lederball gespielt. Ziel ist, als Spieler des Schlagteams den Ball möglichst gut ins Feld zu schlagen um dann ans Laufmal zu gelangen und Punkte zu erreichen. Das Feldteam versucht derweil, den Ball zu fangen und durch geschicktes Zuspielen untereinander den Läufer abzuwerfen (weitere Infos, auch zu den Regeln unter schlagball-langeoog.de).

Dem Schlagballturnier voran geht seit 1975 ein **Volleyball-Mixed-Turnier** am Strand, womit eine weitere Sportart benannt wäre, die auf Langeoog viel gespielt wird. Das ebenfalls seit Jahrzehnten beliebte zweitägige Strandvolleyball-Mixed-Turnier lockt an einem Wochenende im Juni 6er-Teams aus ganz Deutschland in den Norden, die sich bereits Monate zuvor beim Organisationsteam des Tourismus-Service und des TSV Langeoog angemeldet haben. Dann pritschen und baggern am Strand mehrere Hundert Spieler, etwa die Strandhasen, Quallenquetscher, Sandflöhe oder Muschelschuppser auf hohem Niveau und nach klassischen Regeln um wichtige Punkte und je nach Wetter auch gegen den Wind.

Nicht minder von Zuschauerinnen und Zuschauern bejubelt wird auch das große **Oldie-Volleyball-Turnier,** das jährlich an einem Wochentag Ende Juli am Sportstrand ausgerichtet wird und für seine familiäre Atmosphäre bekannt ist. Hier treffen sich langjährige Gäste und Inselbewohner zwischen 12 und 80 Jahren in zuvor **bunt ausgelosten Mannschaften** wie Wasserturm,

Wäldchen, Inselbahn, Meierei oder Hafen am Netz und anschließend wird gefeiert.

Im Reigen der sportlichen Kultspiele nicht fehlen, darf das seit 1959 ausgetragene **Benefizfußballspiel** „TSV Langeoog gegen eine Kurgästeauswahl", welches meist Ende Juli/Anfang August stattfindet. Anstoß ist auf dem Sportplatz des TSV Langeoog, die Inselurlauber trainieren zuvor am Strand.

Tag der Seenotretter

Der letzte Sonntag im Juli gehört an Nord- und Ostsee den **Seenotrettern** der **DGzRS.** Auch auf Langeoog gibt es an diesem Tag im Hafen so manche Aktion, bei der mit Schauübungen die Einsatzmöglichkeiten der Retter gezeigt werden. 2023 rundete zum Beispiel ein gemeinsames Hafenpicknick das Fest ab.

Gurkenfest

Wer Anfang August auf der Insel ist, sollte sich das Gurkenfest des **Kleingärtnervereins „Am Wald"** mit Flohmarkt und Waldrand-Party bis Mitternacht nicht entgehen lassen. Hier bietet sich neben der Möglichkeit, den beliebten Bio-Schmorgurkentopf mit Langeooger Hochlandrind von der 27 **Bio-Genussmanufaktur Seekrug** zu probieren, ein Blick in die Langeooger **Schrebergärten** am Wäldchen – Rückzugsoase vieler Insulaner, die hier abseits vom Ortstrubel entspannen und Obst und Gemüse anbauen.

Begeisterung bei den Teams und Zuschauern: Volleyball am Strand

lan_175sk

Straßenkunst & Drachenzauber

Zwei weitere Events locken im August auf die Straße und an den Strand. Beim internationalen Straßenkunstfestival begeistern die Aufführungen von **Akrobaten, Jongleuren und Musikern**. Der Langeooger Drachenzauber lässt den Blick gen Himmel schweifen, wo zahlreiche Drachensportler ihre **beeindruckenden Großdrachen am Sportstrand** in die Lüfte schicken. Besonders stimmungsvoll ist die Nachtflugshow bei der die beleuchteten Flugkörper sich zu einer Choreografie bewegen.

Allerheiligen-schwimmen

Frieren für den guten Zweck heißt es beim Allerheiligenschwimmen am 1. November, wenn sich Wagemutige vor den Augen vieler Schaulustiger in die **kalte Nordsee** trauen, die zu dieser Zeit Temperaturen zwischen 7 und 13 °C zu bieten hat. Neopren-Anzüge sind nicht erlaubt, wohl aber **kreative Kostümierungen.** Das Startgeld kommt sozialen Projekten auf der Insel zugute. Hinterher gibt es Glühwein und Kakao.

Nikolaus

Sowohl Insel- als auch Gästekinder zieht es am 5. Dezember zum **„Sünnerklaas"**, wie der Nikolaus auf Platt heißt, der allen Kindern, die versichern artig gewesen zu sein, einen Stutenkerl (ein Männchen aus Hefeteig mit Rosinenaugen und Tonpfeife, auch Klaaskerl genannt) überreicht (meist entweder im Rathaus oder im Haus der Insel).

Winter und Weihnachten

Gemütliche **Glühweinstände** werden im Dezember vor einigen Geschäften und Restaurants, u.a. in der Barkhausenstraße, aufgebaut. An einem Wochenende Anfang Dezember findet zudem ein **Adventsmarkt** im Haus der Insel statt. An Weihnachten gibt es ein freudiges Wiedersehen mit vielen Langeoogern, die ihre Heimatinsel verlassen haben und nun mit ihren Familien feiern.

Silvester

An Silvester ist die Party im *Ebbe & Flut* beliebt, aber auch viele Hotels und Restaurants bieten Besonderes an – etwa **Mehr-Gänge-Menüs, Fondue** und gemeinsames Anstoßen um Mitternacht. Das Bewusstsein dafür, dass **Feuerwerk und Silvesterböller** im Nationalpark aus Rücksichtnahme auf Tiere und Natur **unangemessen** sind, steigt von Jahr zu Jahr, ein Verbot wird regelmäßig diskutiert. Die Langeooger Supermärkte verzichten bereits auf den Verkauf von Raketen & Co. Viele Langeooger und Gäste treffen sich um Mitternacht am **Wasserturm,** um das neue Jahr zu begrüßen.

Fortbewegung

Zu Fuß

Da Langeoog eine autofreie Insel ist, werden hier die meisten Wege zu Fuß erledigt, was auch problemlos möglich ist. Das gilt sowohl für die Strecke vom Inselbahnhof zur eigenen Unterkunft bei An- und Abreise als auch für Touren zum Einkaufen, zu den Sehenswürdigkeiten und zum Strand – weiter als zwei Kilometer sind dafür nur selten pro Weg zurückzulegen. Das heißt allerdings nicht, dass man nicht auch sehr **schöne, längere Spaziergänge** unternehmen kann, etwa am Strand, durchs Wäldchen, zum Hafen oder bis zum Ostende – immerhin misst die Insel von West nach Ost zwölf Kilometer (→ Sport und Aktivitäten/Wandern, S. 139 sowie den Exkurs „Unterwegs: Drei Wander- und Radtouren", S. 140).

Fahrradfahren

Ein gerne und auch von den Langeoogern **häufig genutztes Verkehrsmittel** auf der Insel ist das Fahrrad. Wer nicht sein eigenes vom Festland mitbringt, kann bei den zahlreichen Verleihern auf der Insel eines **mieten** (zum Vergleich: der Transport des eigenen Rades kostet 26 € bzw. 32 € für ein Elektrofahrrad, die Wochenmiete kostet je nach Anbieter rund 30 bzw. 110 € pro Wo-

Ein beliebtes Fortbewegungsmittel auf der Insel

lan_237sk

che). Insgesamt bieten die Fahrradverleiher eine große Auswahl an Tourenrädern, Hollandrädern, E-Bikes, Anhängern, Tandems, Bollerwagen, Kindersitzen und Kinderfahrrädern (auch Laufräder) mit Zubehör an. Die Preise schwanken je nach Anbieter geringfügig, in der Schulferienzeit im Sommer empfiehlt sich eine **Reservierung** vor allem dann, wenn eine bestimmte Ausstattung wichtig ist, bei einigen ist dies auch online möglich. Dennoch sollte es in der Regel kein Problem sein, vor Ort auch kurzfristig ein Fahrrad zu mieten. Auch einige Unterkünfte stellen Räder für ihre Gäste zur Verfügung. Bei einer **längeren Tour** – etwa zum Ostende der Insel – kann ein E-Bike je nach eigener Fitness von Nutzen sein. Die Vorliebe der Ostfriesen für Hollandräder, bei denen man aufrecht sitzt und einen guten Überblick hat, ist aufgrund der geringen Steigungen vor Ort verständlich. Der norddeutsche Wind, der gefühlt stets von vorn kommt, ist aber nicht zu unterschätzen.

Fahrradverleiher

Nachfolgend findet sich eine Auswahl an Fahrradverleihern. Die Lage der Anbieter ist auf der Karte S. 76 eingezeichnet, um die Entfernung zur eigenen Unterkunft abschätzen zu können. Nicht alle **Verleiher** haben das ganze Jahr geöffnet, einige bieten nur von März bis Oktober ihre Räder an. Es ist grundsätzlich nicht erlaubt, mit Leihrädern am Strand oder durch Meerwasser zu fahren, Ausnahme sind geliehene Bollerwagen, die mit an den Strand dürfen. Sollten Räder besonders verschmutzt sein, erheben viele Verleiher eine gesonderte Reinigungsgebühr. Bei den von ihnen angebotenen **E-Bikes** handelt es sich ausschließlich um die auf der Insel erlaubten Pedelecs (bis 25 km/h mit Tretunterstützung). Erwachsene, die Wert auf den Schutz eines **Fahrradhelmes** legen, sollten diesen von zuhause mitbringen. Kinderhelme gibt es bei einigen, aber nicht allen Verleihern vor Ort.

37 **Fahrradverleih Baumhöfener,** Kirchstr. 16, Tel. 0175/8900118, 3-Gang-Rad ab 7 € pro Tag/25 € pro Woche, auch E-Bikes (20/100 €), Trekkingräder, Kinderräder, Anhänger und Bollerwagen (5/20 €) sowie Kindersitze und -helme (je 2/5 €), nur Barzahlung.

29 **Dat Langeooger Radhus,** Hauptstr. 5, Tel. 6825387, www.langeoogerradhus.de. Direkt am Inselbahnhof. Kinderräder, Jugend- und Tourenräder mit 3-Gang ab 10/35 € Tag/Woche, Elektro-Dreirad und Pedelecs (22/115 €).

21 **De Insel-Radgeber,** Hauptstr. 27a , Tel. 990311, www.langeoog-fahrradverleih.de, Online-Reservierung möglich. Tourenräder, Mountainbikes und rote Hollandräder ab 9/33 € Tag/Woche, zudem Kinderräder und -anhänger sowie E-Bikes (20/100 €). Inhaber *Peer Agena* bietet auch eine geführte Insel-Rad-Tour

(→ Führungen, Rundfahrten und Rundflüge/Gemeinsame Fahrradtour, S.153, als Gruppe auch individuelle Termine möglich). Fahrräder an Gruppen (ab 15 Personen) zu ermäßigten Preisen.

28 **Fahrradverleih am Bahnhof,** Fährhusweg 9, Tel. 6474, www.fahrradverleihambahnhof.de. Erwachsenenräder ab 12/40 € pro Tag/Woche (ab 13 Uhr auch stundenweise), ferner Kinderräder, Lastenfahrräder, Tandems, E-Bikes, Bollerwagen, Anhänger, (Elektro-)Dreiräder für Erwachsene, täglich von 9 bis 18 Uhr.

30 **Kiek rin-bi Kati,** Melkerpad 8, Tel. 455. Tiefeinsteiger, Kinderräder, Tourenräder ab 6/20 € pro Tag/Woche sowie Elektroräder 25/125 €. Auch Laufräder, Bollerwagen, Transportanhänger und Tretroller für Erwachsene.

9 **Heutelbecks Fietsbuud,** Gartenstr. 2, Tel. 288, fietsbuud-langeoog.de. Tourenräder mit Gepäckkorb, E-Bikes und Croozer. 3-Gang-Tourenrad ab 9/30 € Tag/Woche, E-Bikes 20/200 €. Auch Bollerwagen und Anhänger sowie Kinderhelme.

MEIN TIPP: 15 **Der Radakteur,** Barkhausenstr. 8, Tel. 6653, www.radakteur.de. Die Hollandräder der Traditionsmarke „Cortina" sind nicht nur stylish, sondern mit ihren Frontgepäckträgern (auch bei Kinderfahrrädern) sehr praktisch. Auch E-Bikes. Tourenräder ab 10/30 € Tag/Woche. Außerdem **Laden mit Fahrradaccessoires,** unter anderem sehr schöne nostalgische Klingeln mit Langeoog-Motiven.

31 **Rad & Roll,** Polderweg 5a, Tel. 912979, www.radandroll.de. Die Beachcruiser der Marken *Electra* und *Schwinn* mit ihren breiten Reifen, den geschwungenen Rahmen und schönen Lackierungen sind ein echter Hingucker auf der Insel. Pro Tag/Woche Beachcruiser 10/30 €, Tandem 25/80 €, auch Kinderräder, -anhänger und E-Bikes 25/125 €.

3 **Fahrradverleih Spies,** Willrath-Dreesen-Str. 21, Tel. 551, www.fahrradverleih-spies.de. Kinderräder, Tandems, Tourenräder (ab 7/25 € Tag/Woche) sowie E-Bikes (20/100 €).

■ **Fahrradverleih Us Langeoog,** Tel. 592 und 0160/1837078, mit den drei Standorten 7 Barkhausenstr. 21 (direkt am *Langeooger Getränke Shop*), 19 Hauptstr. 31 (neben *Fokko Gerdes*) und 26 Lütje Pad 3 (nähe Bahnhof). Moderne Technik im Retro-Look. 7-Gang-Tourenräder, auch mit tiefem Einstieg (10/30 € Tag/Woche), E-Bikes (20/100 €), Kinderräder (8/25 €), auch Laufräder und Kindersitze sowie Anhänger für Kinder und Hunde.

39 **Fahrradverleih Am Weststrand,** Am Weststrand 1, Tel. 912922, www.suederriff.de. Drei-Gang-Tourenrad ab 6/30 € pro Tag/Woche, auch Kinderräder und -anhänger, Fahrradkörbe und Hundeanhänger.

Verkehrsregeln

Für Neuankömmlinge ist die Umsetzung etwas ungewohnt, aber auch wenn die Insel autofrei ist, gilt hier die **Straßenverkehrsordnung.** Gegenseitige **Rücksichtnahme** ist also gefragt. Wenn alle diese beherzigen, sollte es folgendermaßen aussehen: **Fußgänger** nutzen soweit vorhanden die meist rot geklinkerten Fuß-

lan_238sk

wege und Bürgersteige, sie haben generell überall auf der Insel Vorrang vor dem übrigen Verkehr (sollten den rollenden Verkehr aber trotzdem nicht unnötig ausbremsen). **Fahrradfahrern** sind die Fahrradwege und gemeinsam mit den Elektrofahrzeugen die Straßen vorbehalten. Dabei sollten Fahrradfahrer auf der rechten Seite der Fahrbahn fahren und Vorfahrtsregeln beachten.

Folgendes könnte man sich noch einmal kurz vergegenwärtigen, bevor man in die Pedale tritt: Für einen reibungslosen Verkehrsfluss hilft es, auf den viel befahreneren Straßen nicht abrupt stehenzubleiben oder sich in großen Trauben stehend zu unterhalten. **Eltern** sollten sehr motivierte Laufrad- und Fahranfänger im Blick haben und sie gegebenenfalls bremsen, bevor sie die Abkürzung quer über die Straße nehmen (generell ist es aber gerade auf kleineren Seitenstraßen so übersichtlich, dass Kinder hier das Fahrradfahren in Ruhe lernen können).

Fahrräder parken

Neben der (Nicht-)Beachtung von Verkehrsregeln ist auch das **unachtsame Parken** von Fahrrädern ein Dauerthema auf der Insel, denn insbesondere in den Sommermonaten reichen die vorhandenen Parkflächen für Fahrräder – vor allem in Strandnähe – nicht aus, was ein ziemliches Parkchaos nach sich ziehen kann. Eine dringende und häufig wiederholte Bitte der Inselgemeinde gilt deshalb dem **Freihalten von Rettungswegen,**

Auch im autofreien Verkehr auf der Insel gilt es, auf andere Verkehrsteilnehmer zu achten (im Hintergrund das Hotel Logierhus)

Strandübergängen und Feuerwehrzufahrten; die Einsatzfahrzeuge benötigen an allen Zufahrten und Straßen mindestens 3 Meter Durchfahrtsbreite und auf den mit absolutem Halteverbot markierten Bereichen die gesamte Fläche als Wendekreis. Hydranten an Straßen und Bürgersteigen sollten ebenfalls zugänglich sein. Es hilft, sich vor Augen zu führen, dass auch die eigenen Kinder, Eltern, der Partner oder man selbst auf die **Rettungskräfte** angewiesen sein könnte und dann sehr dankbar ist, wenn im Notfall keine wertvolle Zeit verlorengeht.

Radwege

Langeoog ist ein **Paradies für Radfahrer.** Mehr als 35 Kilometer Radweg gibt es auf der Insel (→ Karte „Rad- und Reitwege", S. 136). **Beschränkungen** bestehen direkt im Ortskern, wo es von den Oster- bis zu den Herbstferien täglich von 10 bis 20 Uhr eine **Fußgängerzone** gibt. Fahrradfahrer dürfen dann auf der Hauptstraße zwischen Rathaus und Wasserturm sowie auf der Barkhausenstraße (bis zur Ecke Gartenstraße) lediglich schieben, in der restlichen Zeit allenfalls Schritttempo fahren. Ein **generelles Radfahrverbot** gilt zudem auf der gesamten Höhenpromenade, auf allen Dünenüberwegen, am Strand sowie auf der Strecke zwischen Apotheke, Wasserturm und Bunte Buden/Hauptbad. Ansonsten gelten innerhalb des Ortes 10 km/h und außerhalb 20 km/h als Höchstgeschwindigkeit. „Es ist Urlaub. Sie haben Zeit", erinnert die Inselgemeinde.

Fahrräder gut sichern

Radfahrer sollten sowohl ihre eigenen als auch die geliehenen Räder gut abschließen. Denn auch wenn die Insel sehr ruhig und übersichtlich ist und man sich untereinander kennt: Es kommt durchaus vor, dass Räder kurz „ausgeliehen" werden, um von A nach B zu gelangen – und sich dann später am Bahnhof oder am Hafen wiederfinden.

Mit dem Pferd

Neben Fahrrädern ist auch die Pferdekutsche ein beliebtes Transportmittel auf der Insel. Neben der Möglichkeit, diese als Taxi bei der Anreise ab Inselbahnhof zu nutzen (→ Anreise, S. 62), bieten die Langeooger Fuhrbetriebe mit ihren Planwagen regelmäßig einstündige Touren durch den Ort und längere Fahrten bis ans Ostende zur *Meierei* an (→ Führungen, Rundfahrten und Rundflüge/Kutschfahrten, S. 153). **Ausritte** sind über die beiden Reiterhöfe, die auch Einstellboxen für Gastpferde vermieten, buchbar. Es gibt auf der Insel zahlreiche ausgewiesene Reitwege über die auch die Reiterhöfe informieren (→ Sport und Aktivitäten/Reiten, S. 133 und Karte „Rad- und Reitwege", S. 136).

Fotografieren

Motive satt

Vor allem Natur- und Tierfotografen finden auf Langeoog zahlreiche Motive. Das beständig wechselnde Wetter und die Zugvogelzeiten im Frühjahr und Herbst tun dabei ihr Übriges. In der *Rossmann*-Filiale in der Barkhausenstraße gibt es die Möglichkeit, Fotos zu bestellen oder direkt auszudrucken. Die Langeooger Künstlerin *Marlies Eggers* bietet regelmäßig eine Smartphone-Tour mit dem Fahrrad an, bei dem der eigene Blick für das besondere Bild geschult werden kann (→ Sport und Aktivitäten/Unterhaltsames, Besinnliches, Kreatives, S. 157).

Geld

Banken und Bargeld

Zwei Geldinstitute sind auf Langeoog mit **Filialen** und **Geldautomaten** vertreten. Zudem gibt es die Möglichkeit, sich in allen drei Supermärkten Geld an der Kasse auszahlen zu lassen. In den allermeisten Geschäften, Cafés und Restaurants sind **Kartenzahlungen möglich**, in kleineren Läden und bei privaten Anbietern von Aktivitäten empfiehlt es sich jedoch, vorsichtshalber ausreichend Bargeld dabei zu haben.

- **Sparkasse LeerWittmund,** Kirchstr. 8, Tel. 912073.
- **Volksbank Esens,** Barkhausenstr. 12, Tel. 340.

Reisekosten

Ein Reiseziel für Menschen, die sehr auf ihr Geld achten müssen, sind die Ostfriesischen Inseln grundsätzlich nicht und Langeoog macht da keine Ausnahme. Parkgebühren in Bensersiel, Fährüberfahrt, Koffertransport, Gästebeitrag, Fahrradtransport oder -miete, Strandkorb – die Preise läppern sich, vor allem für Familien. Und auch die **Kosten für eine Unterkunft** fallen meist höher aus als auf dem Festland. Schnell kommen für eine vierköpfige Familie mit den gerade genannten Posten für zwei Wochen Sommerurlaub rund 2500 € zusammen (bei knapp 140 €/Nacht in der Ferienwohnung). Ein verlängertes Pärchen- oder Mädelswochenende in einem renommierten Hotel kostet in der Hauptsaison rund 400 € pro Person (im Standarddoppelzimmer, drei Übernachtungen mit Frühstück, Nutzung von Sauna und

Schwimmbad). Jeweils zuzüglich der Anfahrt nach Bensersiel sowie den Kosten von Essen, Getränken und Aktivitäten vor Ort.

Im Gegenzug fallen aber die weiteren Ausgaben an vielen Stellen moderat aus. Eine ganze Reihe an Angeboten ist bereits mit dem **Gästebeitrag** abgedeckt, etwa der Eintritt ins Schwimmbad sowie den Wasserturm oder gemeinsame Strandsportangebote. Die Insel zu Fuß oder mit dem Rad erkunden, am Strand spazierenzugehen und im Meer baden sind grundsätzlich wunderbare Urlaubsaktivitäten, die nichts kosten. Ein gutes **Preis-Leistungs-Verhältnis** haben auch die Kreativangebote für Kinder und Jugendliche in der *Spöölstuv* und im Jugendhaus am Meer, die angebotenen Führungen und Rundfahrten auf der Insel sowie viele der Konzerte und Veranstaltungen.

Langeoog preiswert

Am meisten sparen lässt sich bei der **Wahl der Unterkunft.** Glück haben alle, die nicht auf die Schulferien und damit die Hauptsaison und die höchsten Preiskategorien angewiesen sind, sondern auf Zwischen- und Nebensaison ausweichen können. Für die anderen gilt: Wer (sehr) früh bucht, hat eine – auch preislich – deutlich größere Auswahl an Ferienwohnungen und Zimmern, kann also auch Wohnungen für vier Personen um die 120 €/Nacht finden. Zentral liegen sie so gut wie alle. Je später man sucht, desto eher sind einfacher ausgestattete und preiswerte Wohnungen bereits vergeben. Für die **Sommerferien** kann es nicht schaden, sich gut ein Jahr im Voraus umzuschauen, denn viele Stammgäste buchen bereits direkt im Anschluss an ihre Ferien für das Folgejahr. Neben den **Pensionen,** die grundsätzlich preiswerter sind als die Hotels, gibt es eine Auswahl an Unterkünften, die sich bislang explizit an Gäste mit geringerem Budget richteten, aktuell aber neue Betreiber suchen: die 21 **Kajüte** und das 3 **Haus Kloster Loccum** (→ Unterkunft, S. 171).

Häufiger selbst zu kochen, entlastet die Urlaubskasse ebenfalls. Alle drei **Supermärkte** haben eine gute Auswahl und bieten zudem günstige Handelsmarken an. Immer donnerstags gibt es bei *Isenecker's Markplatz* in der Friesenstraße 15 % Rabatt auf alle Waren (ausgenommen sind Zeitschriften, Tabak, Spirituosen und Wein). Einige Restaurants bieten zudem preiswertere Mittagsgerichte an.

Gesundheit

Im Notfall

Ein Krankenhaus gibt es auf der Insel nicht, wohl aber zwei **allgemeinmedizinische Arztpraxen,** einen **Rettungsdienst** mit Rettungswagen, eine **Zahnärztin** und die **Inselapotheke.** Die Ärzte der beiden Praxen übernehmen auch abwechselnd den Notdienst am Wochenende. Notfälle werden mit dem Rettungswagen zunächst zu einem Arzt gebracht. Für besonders eilige Fälle wie einen Herzinfarkt oder Schlaganfall oder bei schwereren Sportverletzungen wird der **ADAC-Rettungshubschrauber** – meist von der Luftrettungsstation am *Nordwest-Krankenhaus Sanderbusch* in Sande – gerufen, der innerhalb einer Viertelstunde auf Langeoog ist. Bei starkem Wind, der ein Starten des Helikopters verhindert, kommt das **Seenotrettungsboot** zum Einsatz.

- **Apotheke:** *Insel-Apotheke*, Am Wasserturm 8, Tel. 253, Öffnungszeiten in der Hauptsaison Mo–Fr 8.30–12.30 und (außer mittwochs) 15–18, Sa 8.30–12.30, So 10–12 Uhr. Notdienst für Notfälle 18.30–8.30 Uhr.
- **Praxisgemeinschaft Langeoog** mit den Allgemeinmedizinerinnen *Dr. Schmidt* und *Claudia Lauterjung*, der Internistin *Dr. Cura* und den Ärzten *Dr. Bressel* und *Dr. Schwarzwälder* (beide u.a. zusätzlich Notfallmediziner und Badeärzte), Hauptstr. 24, Tel. 912020, praxis@praxis-langeoog.de, Sprechstunden Mo bis Fr 8–11 und 16–18 Uhr außer Mittwoch- und Freitagnachmittag.
- **Dr. Georg Licht** (Facharzt für Allgemeinmedizin, Rettungsmedizin, Badearzt), Fährhusweg 7, Tel. 1647, inselarzt-langeoog@gmx.de, Sprechstunden Mo bis Fr 8–12 und 16–18 Uhr außer Mittwoch- und Freitagnachmittag.
- **Zahnärztin:** *Dr. Gabriele Hübener*, Mittelstr. 21, Tel. 292, Sprechstunden Mo/Di/Do 11–16 Uhr, Fr 11–13 Uhr.

Kurgast auf Langeoog

Langeoog tut gut, weshalb die Insel auch für einen **Kuraufenthalt** infrage kommt. Als mögliche Heilanzeigen gelten Herz-, Gefäß- und Kreislauferkrankungen, Erkrankungen der Haltungs- und Bewegungsorgane, der Atemwege sowie Hautkrankheiten, psychosomatische Erschöpfungszustände („Burn-out"), allgemeine Schwächezustände, Rekonvaleszenz sowie Wachstums- und Entwicklungsstörungen bei Kindern.

Beantragung einer Kur

Erster Ansprechpartner für vorhandene Beschwerden und für alle Fragen zur Beantragung einer Kur ist der eigene, behandelnde Arzt. Gemeinsam mit ihrem Arzt stellen gesetzlich Kranken-

lan_239sk

Die Zahnarztpraxis schmückt das Bild eines riesigen Austernfischers, ein Werk des niederländischen Künstlers Klaas Lageweg

versicherte dann einen **Antrag bei ihrer Krankenkasse.** Bei Privatversicherten hängt eine Übernahme von Kosten vom vereinbarten Tarif bzw. möglichen Zusatzversicherungen ab. Ist eine ambulante Vorsorgekur genehmigt, sucht man vor Ort eine der beiden Arztpraxen (s.o.) auf, um den weiteren Ablauf und therapeutische Maßnahmen zu besprechen. Je nach Krankenkasse werden das Honorar für den Badearzt und 90 % der Kurmittel erstattet (Eigenbeteiligung 10 €/Verordnung, Arbeitnehmer müssen Urlaub nehmen und ihre Unterkunft und Verpflegung selbst zahlen, ein Zuschuss ist möglich). **Behandlungstermine** können sodann direkt über das Kur- und Wellness-Center, Tel. 04972/693215, arrangiert werden.

Stationäre Vorsorgekur für Eltern

Alle vier Jahre können gesetzlich versicherte Mütter und Väter bei ihrer Krankenkasse eine Vorsorgekur beantragen, wobei sie mit oder ohne ihre Kinder reisen können. In der Regel dauert ein Aufenthalt **drei Wochen.** In dieser Zeit ist der Versicherte krankgeschrieben. Die Kosten – auch für mitreisende Kinder – übernimmt die Krankenkasse. Der Versicherte zahlt lediglich einen Eigenanteil von 10 € pro Tag.

Jährlich nehmen zahlreiche Kinder und Erwachsene an einer Mutter-/Vater-Kind-Kur auf der Insel teil, ein Großteil von ihnen wegen Atemwegs- und Hauterkrankungen, Erschöpfungssymptomen, aber auch wegen Rückenleiden, Übergewicht oder Adipositas.

Kurkliniken für Familien

■ **AWO LangeoogKlinik,** Süderdünenring 10–14, Tel. 916691, www.langeoog-klinik.de. Dreiwöchige Mutter- oder Vater-Kind-Kuren. Die *LangeoogKlinik* besteht aus den beiden Standorten Haus Ostwind (40 Familien) und Haus Westwind (39 Familien, auch Aufnahme von Patienten im Rollstuhl möglich), in denen sich jeweils Gästeapartments befinden. Mit Sauna, Turnhalle, Schwimmbad, Fitnessraum und hauseigenem Spielgelände.

■ **Mutter-Kind-Klinik Langeoog,** Süderdünenring 61, Tel. 687-0, www.caritasklinik-langeoog.de. Kurklinik der *Caritas* im Inselwesten mit den vier Häusern Sonnenschein, Flinthörn, Dünenheim und Wittdün (Johann-Tongers-Pad 2). Insgesamt 82 Apartments, außerdem Teeküchen, Gemeinschaftsräume, Sport- und Gymnastikhallen, Kreativwerkstätten, Spielräume, Bibliotheken und großzügiges Außengelände. Kein Internetzugang/WLAN. Familienangehörige und Gäste dürfen die Klinik ausschließlich am Anreisetag besuchen. Anmeldung und Buchung beim Träger unter Caritasverband für die Diözese Hildesheim e.V., Tel. 05121/938207.

Mit Haustier unterwegs

Hunde sind auf der Insel grundsätzlich willkommen. Da sich große Teile Langeoogs jedoch im Nationalpark befinden, gibt es zum Schutz der Natur einige Hundespielregeln, die es zu beachten gilt. Hundekekse und -spielzeug des Labels „Langeooger Sandnasen" gibt es im 7 **Langeooger Getränkeshop**, Barkhausenstr. 21 (www.langeoogersandnasen.de).

Leinenpflicht für Hunde

Außerhalb des Ortskerns gilt für Hunde das ganze Jahr über eine Leinenpflicht, die vor allem für die Vögel vor Ort wichtig ist. Millionen von Zugvögeln nutzen das Wattenmeer als Brut- und Aufzuchtgebiet für ihren Nachwuchs und bauen hier ihre Energiereserven für den Weiterflug auf. Jedes Aufscheuchen durch nicht angeleinte Hunde bedeutet für die Vögel eine Störung beim Fressen und eine Schwächung. Zudem können Gelege auskühlen oder Nesträubern zum Opfer fallen, wenn Elterntiere flüchten. Die Leinenpflicht gilt auch für die beiden **Hundestrände.** Am **Bade- und Sportstrand** sind Hunde grundsätzlich nicht erlaubt. Innerhalb des Ortskerns ist von Beginn der Oster- bis zum Ende der Herbstferien ebenfalls Leinenpflicht.

Hundestrände

Jeweils westlich und östlich des Badestrandes gibt es **offizielle Hundestrände.** Die Übergänge sind Hunpad und Kirchpad an der Katholischen Kirche für den Hundestrand West sowie Norderpad für den Hundestrand Ost. An beiden Stränden lassen sich auch Strandkörbe mieten. Hier sowie an zahlreichen weiteren Stellen im Ort sind kostenfreie Spender-Boxen für Beutel zur Entsorgung von Hundekot aufgestellt.

Hundefreundliche Unterkunft

Zahlreiche Ferienhäuser und Ferienwohnungen, Pensionen und auch Hotels sind auf den Besuch mit Hunden eingestellt. Auf den Buchungsportalen lässt sich die Option „Haustiere willkommen" für die Suche anklicken.

Pferdepension

Auf beiden Reiterhöfen der Insel gibt es Gastpferdeboxen für die eigenen Vierbeiner sowie Gastweiden für den Auslauf (→ Sport und Aktivitäten/Reiten, S. 133). Den Transport von Pferdeanhängern organisiert die Inselschiffahrt in Bensersiel, Tel. 04971/928918, cargo@langeoog.de.

Im Notfall

Einen Tierarzt gibt es auf Langeoog nicht, weshalb es ratsam ist, eine **Notfallapotheke** für das eigene Tier mitzubringen. Die nächstgelegene Tierarztpraxis befindet sich in Esens.

■ **Praxis Hinrichs-Rüth-Bartmann**, Gartenstr. 8, 26427 Esens, Tel. 04971/4428, www.tieraerzte-esens.de.

Informationen

Tourist-Information

Für alle Fragen rund um einen Urlaub auf Langeoog ist die Tourist-Information im Haus der Insel erste Ansprechpartnerin (Kurstr. 1, Tel. 693-0; geöffnet Mo–Do 8–12 und 14–16.30 Uhr, Fr 8–12 Uhr, März bis Okt. auch Sa und So 10–12 Uhr; in der Nebensaison gegebenenfalls im Rathaus). Hier liegen zahlreiche Informationsbroschüren und Terminübersichten aus und die Reservierung von Tickets für Veranstaltungen sowie die Zahlung des Gästebeitrages ist möglich. Eine Übersicht über alle Veranstaltungen auf der Insel liefert auch die Internetseite **www.langeoog.de** des Tourismus-Service, der auch ein Buchungsportal angeschlossen ist. Zudem gibt es zahlreiche Aushänge auf der Insel, etwa am Rathauspark, am Haus der Insel oder an der Ecke Barkhausenstraße/Gartenstraße.

Wöchentliche Gästebegrüßung

Jeden Dienstag findet von März bis Oktober (außer im Mai, wenn auf Langeoog zahlreiche Ärztetagungen stattfinden) ab 10.30 Uhr die kurzweilige Gästebegrüßung „Willkommen auf Langeoog“ statt. Dann stimmt Marketingleiter *Thomas Pree* neue (und auch langjährige) Gäste mit einem unterhaltsamen Vortrag und kurzen Filmen im Haus der Insel auf ihren Aufenthalt ein und vermittelt in rund 90 Minuten Veranstaltungstipps, Wissenswertes, Geschichten und Döntjes aus erster Hand.

Langeoog-App

Die Langeoog-App von Tourismus-Service und Inselschiffahrt (kostenfrei zum Download für Android und iOS) bietet aktuelle Informationen zu den Fährzeiten (inbesondere auch zu wetterbedingten Ausfällen und zusätzlichen Fahrten bei großer Nachfrage), Gezeiten, eine Wettervorhersage, den Veranstaltungskalender und einen Inselguide. Eine unterhaltsame Zugabe sind auch die Bilder der Webcams am Hafen und am Hauptstrand sowie die Möglichkeit, sich die Schiffspositionen der Langeooger Fähren und Frachtschiffe anzeigen zu lassen.

Zeitungen, Zeitschriften, Infoblätter

Die wichtigsten **Printmedien** werden mit der ersten Fähre nach Langeoog gebracht und sind in den Supermärkten und der 17 **Buchhandlung Krebs** erhältlich.

- Die **Informationsbroschüre „de Utkieker“** erscheint achtmal jährlich – von April bis Oktober jeweils am Monatsanfang sowie zusätzlich Mitte Dezember. Auf jeweils 150 bis 200 Seiten bietet das kleinformatige Heft, das u.a. in Zusammenarbeit mit dem Tourismus-Service, den Ortshandwerkern und Langeooger Einzelhändlern erstellt wird, einen guten Überblick über aktuelle Inselthemen sowie ein ausführliches Veranstaltungsprogramm inklusive der Angebote von Sportteam, der *Spöölstuv* und der Kirchengemeinden. Das Heft liegt an zahlreichen Stellen aus und ist für Urlauber gratis (die jeweils aktuelle Ausgabe ist mit dem Gästebeitrag bezahlt).
- Die **Inselzeitung „Langeoog News“**, die bis Ende 2020 als Printzeitung bzw. -magazin erschien, ist seit 2021 eine reine Online-Zeitung. Auf www.langeoognews.de sind das aktuelle Veranstaltungsprogramm und tagesaktuelle Artikel und Bildstrecken rund um die Insel zu finden, ältere und ausführliche Berichte sind teilweise kostenpflichtig. Einmal im Jahr erscheint das Jahresmagazin als Printausgabe.
- Die **„Insel-Info“** ist eine tägliche, zwei- bis vierseitige Gratis-Info mit Veranstaltungstipps und dem aktuellen Kinoprogramm. U. a. erhältlich am 21 **Restaurant Verklicker** und im 27 **Info-Café**, Wiesenweg 1.

Mit Kindern unterwegs

→ Hinweise zur Benutzung, S. 9
→ Fünf Höhepunkte für Kinder, S. 21
→ Sport und Aktivitäten, S. 130

Familieninsel

Langeoog ist eine Familieninsel. Hier gibt es für Kinder jeden Alters **zahlreiche Angebote** – von Sport und Spiel über Abenteuer und Erlebnis bis zum Malen und Basteln. Während für Kinder das **Spielhaus Spöölstuv** im Kurzentrum eine gute Anlaufstation ist, finden für Jugendliche kreative Angebote im **Jugendhaus am Meer** (JAM) statt. Neben den im folgenden genannten Aktivitäten siehe auch die Schmuckkurse in der Hofgoldschmiede (→ Einkaufen/Schmuck & Schönes, S. 81).

Kinderspielhaus Spöölstuv

Das Kinderspielhaus *Spöölstuv* am Kavalierpad 3 bietet Eltern und Großeltern mit Kindern und Kleinkindern **viel freie Spielfläche zum Herumtoben** – vor allem bei Regenwetter eine willkommene Abwechslung. Außerdem gibt es Gesellschaftsspiele und eine Krabbelecke für die Kleinsten. Sehr beliebt sind auch die wechselnden **Kreativangebote** für unterschiedliche Altersgruppen (Angebote für Kinder ab 3 und 4 Jahren mit Begleitung eines Erwachsenen), bei denen zum Beispiel Muschelkästchen oder Buddelschiffe gebastelt sowie Stoffe maritim bedruckt werden (rund 6–10 € pro Werkstück).

Vor der *Spöölstuv* wartet zudem ein Piratenspielschiff darauf, geentert zu werden.

■ **Info:** Die *Spöölstuv* ist in der Hauptsaison täglich 10–12 und Mo–Fr 15–17 Uhr geöffnet, Eintritt frei, Tel. 693236. Im Sommer an Socken für alle denken, denn der Spielbereich darf nicht mit Straßenschuhen oder barfuß betreten werden.

Babysitter

Für alle Eltern, die abends gerne mal allein ausgehen möchten: Im Rathaus, Hauptstraße 28, ist eine Kontaktliste mit Babysittern erhältlich, Tel. 6930, Mo–Fr 10–12 und Di/Do 14–16 Uhr.

Wickelräume

Wickelmöglichkeiten gibt es sowohl in der *Spöölstuv* als auch im Meerwasser-Erlebnisbad, an den Bunten Buden, im Haus der Insel (Foyer) und im Inselbahnhof sowie in den Strandtoilettenhäuschen (Westerpad und Gerk-sin-Spoor) und am Hauptbad.

lan_018sk

Die Spöölstuv – Langeoogs Kinderspielhaus mit Piratenspielschiff

Spielplätze

Neben dem Piratenspielschiff an der *Spöölstuv* gibt es einige Meter weiter einen **Spielplatz am Sportzentrum** mit dem Wasserturm als Kletterhaus sowie ein großes **Spielgelände am Schniederdamm** (nahe Flugplatz) und ein kleineres am Hafen neben dem **2 Restaurant Kajüte am Hafen** (→ hintere Umschlagkarte). Und dann ist da natürlich noch der 14 Kilometer lange Sandstrand, an dem ebenfalls von Mai bis Oktober Spielgeräte zu finden sind.

Trampolin springen

Am Hauptbad (Kavalierpad 17) können sich Kinder von März bis Oktober auf 14 großen Trampolinfeldern austoben. 7 Min. Trampolinspringen kosten 2,50 €, die 12er-Karte 25 €. Bei gutem Wetter täglich ab 11 Uhr. Am Sportzentrum einige Schritte weiter ist über Ostern, im Juli und August und in den Herbstferien ein Bungee-Trampolin aufgebaut, bei dem Sprünge (gesichert durch Bungee-Seile) bis zu neun Meter Höhe möglich sind. Hier kosten 5 Min. 7 €.

Schwimmkurse

Ein Seepferdchen-Abzeichen wartet auf Kinder ab fünf Jahren, die in den Schulferien in der **Schwimmschule Langeoog** schwimmen lernen (Kursgebühr: 50 €/Woche). Weitere Informationen am Empfang des Meerwasser-Erlebnisbades, Tel. 693241 und über schwimmkurs@langeoog.de.

Langeooger Fußballcamps

Flanken, Dribbelkünste und tolle Tore: Die Langeooger Fußballcamps bieten für 5- bis 15-jährige Jungen und Mädchen in den Oster-, Sommer- und Herbstferien **mehrtägige Ferienkurse** an. Montags bis freitags wird dann vormittags auf dem Naturrasenplatz des TSV Langeoog (Flughafenstraße) trainiert. Die Camps richten sich an alle, die Lust auf Fußball und ein Spiel im Team haben, auch an Anfänger. Kosten für 19 Stunden inklusive Inselrallye, Fußballgolf, Trikot, Trinkflasche und Medaille: 150 €.

- **Termine und Anmeldung** unter www.fussballfabrik.com

Golfen

Der Langeooger Golflehrer *Thomas Agena* möchte nicht mehr nur Erwachsene in die Geheimnisse eines guten Abschlags einweihen: In den Sommerferien bietet er jetzt auch einen Kurs für Kinder von 6 bis 13 Jahren auf dem **Langeooger Golfplatz** an. 10 Stunden Training in einer kleinen Gruppe kosten inklusive Essen, Getränke, Abzeichen und Urkunde 250 €. Gespielt wird Mo–Fr von 11–13 Uhr.

- **Infos** unter www.golfschule-langeoog.de und Tel. 0172/1426143.

Hunde-Einmaleins

Hunde besser einschätzen zu können und ihre Sprache zu verstehen, ist das Ziel von Hundetrainerin *Inga Benecke* mit DoggyKids®. Im Juli und August bietet die Hamburgerin gemeinsam mit Pudel Pelle und Collie-Mischling Barney **verschiedene Kurse für Kinder** unterschiedlichen Alters an, die sowohl das Hunde-Einmaleins vermitteln als auch eine spannende Detektiv-Rallye auf acht Pfoten bieten. Die Termine finden sich im Utkieker und bei der Tourist-Info.

- Weitere **Infos** unter www.doggykids.de und Tel. 0151/24245605.

Jugendhaus am Meer

Langeoogs Jugendhaus am Meer – kurz JAM – steht in der Flughafenstr. 1 in der Nähe des Flugplatzes, Tel. 693196, jam.langeoog.de. Die Langeooger Jugend öffnet ihr Haus für Kinder und Jugendliche ab 12 Jahren. Hier lassen sich bei Musik, Billard, Kickerspielen, alkoholfreien Getränken und Snacks nette Kontakte knüpfen. Bei **wechselnden Kreativangeboten** können z.B. bunte Armbänder und Schlüsselanhänger aus Paracord hergestellt oder Planken aus Strandholz bemalt werden (zwischen 6 und 30 € pro Werkstück). Hinter dem Haus befindet sich eine Mini-Skateanlage. Aktuelle Öffnungszeiten und Termine bei der Tourist-Info und im Utkieker.

Klima und Reisezeit

→ Reisegepäck und Ausrüstung, S.124

Beständig ist nur der Wetterwechsel

Die Nordseeküste und die Ostfriesischen Inseln liegen im Bereich der Westwindzone für die **gemäßigte Temperaturen, relativ feuchte Luft** und **ständige Wetterwechsel** typisch sind. Vergleichsweise milde Winter und kühlere Sommer sind dabei geprägt durch verhältnismäßig häufigen Niederschlag und geringe Temperaturunterschiede zwischen Tag und Nacht. Letztere sind für ein Seeklima typisch, denn das Wasser der Nordsee wirkt gleichsam als **Temperaturpuffer.** Da sich die Nordsee zudem nur langsam erwärmt, kühlt sie die Luft über der Insel bis in den Sommer hinein. Gleichzeitig sorgt ihre langsame Abkühlung nach heißen Wochen dafür, dass die Luft auch im September und Oktober noch angenehm warm ist, je heißer der jeweilige Sommer ausfiel, umso länger hält dieser Effekt an.

Temperaturen

Kältester Monat ist mit 4,7 °C Durchschnittstemperatur der **Januar.** Auch Minusgrade sind mitunter auf der Insel zu verzeichnen, der absolute Tiefstwert in den vergangenen fünf Jahren lag bei -7 °C im Februar. Von mehrwöchigen Eiswintern, die aufgrund des zugefrorenen Wattenmeers eine Versorgung über die Seenotrettungsboote und aus der Luft erfordern (wie es die Inselbewohner beispielsweise 1955/56 und 1962/63 erlebt haben), sind die heutigen Winter allerdings weit entfernt. Für einige Tage gibt es jedoch immer mal wieder verschneite Dünen zu bestaunen. Zugefroren war das Wattenmeer zuletzt im **Eiswinter 2012,** als die Temperaturen nach einem milden Winter plötzlich auf -15 °C fielen. **Eisgang,** wie man das Treiben von Eisschollen nennt, konnte man im Langeooger Hafen z.B. Anfang März 2018 bestaunen, als ein ungewöhnlich später Wintereinbruch und anhaltender Ostwind auch dazu führten, dass die Insel nur noch eingeschränkt angefahren werden konnte, sowie im Februar 2021.

▷ So schnell wie die dunklen Wolken gekommen sind, ziehen sie auch wieder davon

Ab April ist bei südöstlichen Winden bis Juni ein rascher **Temperaturanstieg** zu verzeichnen. Die Tageshöchstwerte liegen zunächst bei knapp 11,1, dann bei 14 °C im Mai und im Juni schließlich bei 19,6 °C. **Wärmster Monat** ist der August mit mittleren Höchstwerten von 21,5 °C.

In ausgesprochenen heißen Sommern klettert auch auf Langeoog das Thermometer mitunter auf bis zu 35 °C – was angesichts von Wind aus West und Nordwest deutlich besser auszuhalten ist als auf dem Festland oder in der Stadt. Windstille und schwülwarme Nächte mit Gewitterstimmung halten im Sommer auch ein Naturschauspiel der besonderen Art bereit: Wer Glück hat, erlebt am Strand das bläulich-grüne glitzernde **Meeresleuchten,** hervorgerufen durch Millionen mikroskopisch kleiner Panzergeißelalgen.

Die meisten **Regentage** zählt der Januar, wo es durchschnittlich an 23 Tagen im Monat nass vom Himmel fällt, dicht gefolgt vom Dezember mit 22 Tagen. Am wenigsten Regen verzeichnen Mai und Juni (je 11 Tage). Der Juni hat zudem die meisten Sonnenstunden pro Tag zu bieten, nämlich 9 Stunden. Überhaupt kann man den vielen Regen (von Juni bis September rund 15 Tage im Monat) nicht ohne die beachtliche Zahl von 1855 Sonnenstunden im Jahr sehen – was von April bis August durchschnittlich 7,8 Stunden am Tag bedeutet.

lan_240sk

Grund für den **Schlechtwettermythos** der Nordsee und die Tatsache, dass eine gelbe Regenjacke als das typischste Kleidungsstück der Region gilt, sind demnach die schnellen Wechsel: Geht ein Schauer auf die Insel nieder, treibt der Wind die Regenwolken sogleich Richtung Festland und es folgt Sonnenschein. Dauerhafter Regen ist also selten. Eine leichte Regenjacke – sie muss ja nicht unbedingt gelb sein – gehört wie ein Pullover also immer ins Gepäck.

Beste Reisezeit

Langeoog ist immer eine Reise wert, denn jede **Jahreszeit** hat ihren Reiz und spricht unterschiedliche Charaktere an. Wer sich im hochsommerlichen Trubel wohlfühlt, für den sind die Sommermonate genau richtig. Wer Winterstürme liebt und die Einsamkeit sucht, der sollte Anfang des Jahres anreisen. Für Inselneulinge – so sie denn keine schulpflichtigen Kinder mitnehmen möchten – empfehlen sich die Monate Mai und September. Dann ist das Wetter wunderbar angenehm, die Insel ist aber nicht komplett ausgebucht. Der September lockt – wie der Juli – mit einer durchschnittlichen Wassertemperatur der Nordsee von rund 17 °C zum Baden. Zudem sind in diesen Monaten alle Restaurants und Geschäfte geöffnet und die Inselgemeinde bietet einiges an Kulturprogramm und Führungen. Hauptsaison ist während der Schulferien im Sommer. Auch über Ostern, an langen Wochenenden im Mai und Juni, in den Herbstferien und nach Weihnachten und die erste Januarwoche ist die Insel sehr gut besucht. In dieser Zeit kosten die Unterkünfte am meisten und spontan eine Bleibe zu finden ist unwahrscheinlich, dafür ist aber das Veranstaltungsangebot auf der Insel am abwechslungsreichsten.

Im **Frühjahr** begeistert die erwachende Inselnatur, Dünen- und Salzwiesenpflanzen blühen und die **Zugvögel** kehren aus ihren Winterquartieren im Süden zurück. Im März und April ist ein lebhaftes Gewusel in den Wiesen und an geschützten Strandabschnitten, wenn Brutplätze für den Vogelnachwuchs gesucht werden und erste Küken schlüpfen. Die **Salzwiesen** sind auch im Sommer ein buntes Blütenmeer. Ein beeindruckender Sternenhimmel und Sonnenuntergänge locken abends auf die Höhenpromenade. Im **Herbst** lassen sich die riesigen Vogelschwärme über der Insel beobachten. Die ersten **Stürme** brauen sich zusammen und die Blätter im Inselwald färben sich bunt. Der Queller im Watt leuchtet mit dem Rot der Hagebutten und dem

Orange des Sanddorns um die Wette. Morgens liegt Frühnebel über den Dünentälern und bei einem Strandspaziergang spürt man die ersten eisigen Böen und die tosende Brandung. Strahlendblauer Himmel und ein menschenleerer Strand begeistern im **Winter.** Die salzig-klare Luft ist atemberaubend und die eisige Gischt sticht wie winzige Nadeln auf der Haut. Der sonst weiche Sand knirscht bei Temperaturen um den Nullpunkt unter den Füßen und das zu kleinen Eisschollen frierende Meer glitzert. Raureif bedeckt morgens die Dünengürtel. Wer Glück hat, erlebt Schnee auf der Insel. Ein Wintersturm zeigt die gewaltige Kraft von Wind und Nordsee.

Wettervorhersage

Nur wenige Wetterdienste erstellen gesonderte Vorhersagen für die Ostfriesischen Inseln, dabei unterscheidet sich das Wetter auf dem Festland vom Wetter auf den Inseln mitunter beträchtlich. Wer eine **präzise Vorhersage** für Langeoog sucht, klickt auf der Internetseite www.langeoognews.de in der linken Spalte unter „Langeoog Aktuell" auf den Begriff „Wetter" und findet dort u.a. die 4-Tages-Prognose der Kachelmann-Wetterstation am Langeooger Flugplatz, die stets sehr zutreffend ist.

⊡ Beeindruckendes, aber seltenes Naturschauspiel: Eisgang im Hafen

lan_166sk

Kommunikation unterwegs

WLAN

Auf Langeoog funktionieren grundsätzlich alle **Mobilfunknetze,** allerdings kann man nicht davon ausgehen, dass auch am Strand, Richtung Flinthörn und Ostende überall (ein guter) Empfang ist. Alle Hotels bieten ihren Gästen einen **WLAN-Zugang**. Auch in Ferienwohnungen und Pensionen ist WLAN mittlerweile zum großen Teil Standard, die Mutter-Kind-Klinik der *Caritas* im Süderdünenring verzichtet jedoch bewusst darauf. **Freies WLAN** (nordwest.freifunk.net) ist am Fähranleger in Bensersiel, vor dem Rathaus, im Rathauspark sowie vor dem Haus der Insel verfügbar.

LGBT+

Regenbogen

Schwule und lesbische Gäste sind auf Langeoog willkommen. Hotels, die für ihre **tolerante Atmosphäre** besonders bekannt sind, sind das 5 **Hotel Norderriff** und das 18 **Hotel Dünenläufer** mit seiner Kneipe 19 **Tom's Bar**.

Notfälle

→ Gesundheit, S. 108
→ Sicherheit, S. 125

Polizei und Rettungsdienst

Die Polizeistation der Insel befindet sich in einem Wohnhaus in der Nähe des Wasserturms (An der Kaapdüne 5, Tel. 990100). In der Hauptsaison wird die Inselpolizei von Kolleginnen und Kollegen vom Festland verstärkt. Darüber hinaus gelten auf der Insel die **bundesweit einheitlichen Notrufnummern**: Polizei 110, Rettungsdienst und Feuerwehr 112.

☒ Wenn Eile geboten ist: SOS-Punkte zeigen den Standort an

SOS-Meldesystem

Außerhalb des Inselortes garantieren runde **Rettungsschilder** des *Rotary Clubs Langeoog* ein schnelles Auffinden von Verletzten durch die Rettungskräfte. Neben der Notrufnummer 112 sind die Punkte von 1 bis 34 nummeriert, sodass die Rettungsleitstelle nach Nennung der **SOS-Punkt-Nummer** sofort Hilfe an den richtigen Ort schicken kann. Das ist vor allem sinnvoll, da es Richtung Ostende keine Straßennamen oder Hausnummern als Orientierungspunkte gibt. Gleiches gilt für die zwölf dreieckigen Notfallschilder am Strand mit den Buchstaben A–L.

Öffnungszeiten

Haupt- und Nebensaison

Während der Saison von Ostern bis Oktober und über Weihnachten und Silvester sind die Öffnungszeiten auf der Insel relativ großzügig, vor allem in den Supermärkten. Mehrmals gibt es in dieser Zeit auch lange Einkaufsnächte mit vielen Aktionen.

Abweichungen, Betriebsurlaube und eingeschränkte Öffnungszeiten in den Wintermonaten (vor allem von Mitte November bis zum ersten Weihnachtsfeiertag und im Februar) oder

lan_285sk

individuelle Öffnungszeiten geben die Inhaber jeweils per Aushang an ihren Geschäften bekannt.

Supermärkte und Geschäfte

Die Supermärkte auf Langeoog sind von Ostern bis Oktober sowie um den Jahreswechsel in der Regel Mo–Sa 7–20 Uhr (*Isenecker's Marktplatz* ab 8 Uhr) und So 8–12 und 15–19 Uhr geöffnet (*Isenecker's* 10–18 Uhr); während des Winterhalbjahrs hat mindestens einer von ihnen täglich auf. Die **Kernöffnungszeiten** des Langeooger Einzelhandels sind Mo–Fr 10–13 und 15–18 Uhr sowie Sa 10–13 Uhr. In der **Hauptsaison** haben die meisten Geschäfte zusätzlich auch an Sonn- und Feiertagen geöffnet.

Banken und Post

Die Geschäftszeiten der *Sparkasse LeerWittmund* sind Mo/Di/Do/Fr 9–12 Uhr und Mo 14.30–17 Uhr, die der *Volksbank Esens* Mo–Fr 8.30–12.30 Uhr. Die Postfiliale (im *Langeooger Getränkeshop*) hat Mo–Sa 10–12.30 Uhr und Mo–Fr 15–17 Uhr geöffnet.

lan_241sk

Orientierung und Landkarten

→ Sicherheit/Gefährliche Sandbänke, S. 126
→ Sport und Aktivitäten/Wattwanderung, S. 151

Inselplan und Hinweisschilder

Sich auf einer Ostfriesischen Insel zurechtzufinden, ist relativ leicht. Von vielen Stellen Langeoogs ist zum Beispiel der Wasserturm als Orientierungspunkt gut zu sehen. Läuft man am Strand Richtung Ostende sind die Dünenübergänge durch hohe, orange-leuchtende Holzbaken gekennzeichnet. Beim Tourismus-Service und der Inselschiffahrt gibt es einen kostenfreien **Orts- und Inselplan**. Der Kompass Verlag hat zudem eine detaillierte Wanderkarte „Langeoog im Nationalpark Niedersächsisches Wattenmeer" mit Ortsplan veröffentlicht (reiß- und wetterfest, Maßstab 1:15.000, aktuelle Auflage von 2023). Etwas mehr Achtsamkeit erfordert die Sandbank im Inselwesten (Hinweisschilder vor Ort beachten) und plötzlich auftauchender Seenebel. Eine Wattwanderung sollte grundsätzlich nur unter fachkundiger Führung gewagt werden.

Post

DHL, Hermes & Co

Die **Postfiliale** der Insel befindet sich im 7 **Langeooger Getränkeshop**, Barkhausenstr. 21, Tel. 592. Dort können neben Postkarten und Briefen ebenfalls Pakete aufgegeben werden. Letztere kann man sich auch an die Filiale schicken lassen (Adresse: Postfiliale 543, 26465 Langeoog). Für die Zustellung von Sendungen über Hermes, UPS, GLS und DPD ist der **Inselpaketdienst Robin Kuper** zuständig. Wer etwas über diese Dienstleister von der Insel aus verschicken möchte, kontaktiert ihn für die Abholung über Tel. 01575/2424794 oder info@inselpaketdienst.de.

[<] Orangefarbene Holzbaken kennzeichnen die Dünenübergänge am Strand Richtung Ostende

Rauchen

Gesetze und Regeln

Auf Langeoog gilt das **Nichtraucherschutzgesetz für Niedersachsen.** Dieses erlaubt das Rauchen in der Außengastronomie, in separaten Rauchernebenräumen sowie in ausgewiesenen Raucherkneipen. Jugendliche unter 18 Jahren haben in Raucherkneipen keinen Zutritt. Auf den Fähren der Inselschiffahrt ist das Rauchen grundsätzlich nicht gestattet. Gleiches gilt für zwei Strandabschnitte, die Nichtrauchern vorbehalten sind (die beiden Areale D und J, → Sport und Aktivitäten/Strände, S. 144). Die Inselgemeinde bietet in der Tourismus-Info und bei der Strandkorbvermietung einen Strandaschenbecher – eine kleine Dose mit Langeoog-Logo – an.

Reisegepäck und Ausrüstung

→ Klima und Reisezeit, S. 116

Kleidung

„Wie wird denn heute das Wetter?" Schwer zu sagen, denn innerhalb einer halben Stunde kann es sich an der Nordsee drei Mal ändern. Dann scheint nach einem kurzen Platzregen schnell wieder die Sonne und der Wind pustet bereits neue Wolken heran. Das ist mit ein Grund dafür, dass das Bild einer gelben Regenjacke mit Kapuze, der so genannte Ostfriesennerz, hier so präsent ist. Ein Regenschirm ist allenfalls im Inselort selbst praktisch – klappt er ansonsten bei frischer Brise schneller um als auf.

Angesagt ist also ein **praktischer Lagenlook** an der See mit mehreren Schichten aus Shirt, Pullover (auch im Sommer) und wasserfester Jacke mit Kapuze, je nach Jahreszeit mit Halstuch oder Schal, Mütze und Handschuhen. Im **Herbst** und **Winter** ist für längere Strandspaziergänge auch eine Regenhose praktisch. Wer an einer Wattwanderung teilnehmen möchte, ist im **Frühjahr** und **Sommer** mit festsitzenden Turnschuhen oder Socken mit festen Sohlen (es gibt spezielle Wattsocken und -schuhe) gut vorbereitet. Im Winter mit möglichst festsitzenden Gummistiefeln. Alles in allem gehört also eher wetterfeste und unkomplizierte Kleidung in den Koffer als das „Kleine Schwarze“. Und falls man doch mal etwas zuhause vergessen hat: Die Geschäfte auf der Insel bieten eine gute Auswahl nordseetauglicher Outfits.

Sonnenschutz

Die stets leichte Brise täuscht schnell darüber hinweg, dass die **Sonnenstrahlung am Meer** durch die Reflexion des Lichts im Wasser sehr intensiv ist. Nicht fehlen darf deshalb ein wasserfestes **Sonnenschutzmittel** mit möglichst hohem Lichtschutzfaktor sowie eine **Kopfbedeckung.** Ein Sonnensegel, eine Strandmuschel oder der Strandkorb als Rückzugsort sind ebenso wichtig, um die Haut vor einem Sonnenbrand zu schützen, insbesondere für Kinder. Experten raten zudem zu einer hochwertigen **Sonnenbrille** mit zuverlässigem UV-Schutz, die möglichst eng anliegt.

Sportausrüstung und Reisepraktisches

Welche Ausrüstung darüber hinaus notwendig ist, hängt von der eigenen **Urlaubsplanung** ab. Familien mit kleineren Kindern profitieren von der Aufnahmefähigkeit eines Bollerwagens, vor allem, wenn sich das Wetter häufiger ändert und neben Sandspielzeug und Picknick auch zahlreiche Schals, Mützen und Jacken verstaut werden müssen. Das eigene Fahrrad, eine Kite-, Surf- oder Golf-Ausrüstung lassen sich problemlos mit der Fähre transportieren und direkt am Gepäckschalter in Bensersiel abgeben. Wer gut geschützt sein möchte, denkt zusätzlich an seinen eigenen Fahrradhelm und eventuell auch an einen Reithelm. Für größere Transporte wie das eigene Pferd sind die Güterannahme in Bensersiel sowie die Pferdehöfe der Insel Ansprechpartner. Vogelliebhaber sollten an ihr Fernglas denken.

Sicherheit

→ **Notfälle, S. 120**
→ **Regeln im Watt, S. 150**

Beschaulicher Alltag

Auf Langeoog kann man sich sicher fühlen. Hier läuft vieles übersichtlicher ab, als man es von zuhause gewöhnt ist, auch wenn Inselkrimis vom Gegenteil berichten. So ist die Inselpolizei (die im Sommer Unterstützung vom Festland bekommt) mit dem Fahrrad unterwegs. Apropos: Fahrräder abzuschließen, damit sie nicht für eine Tour zum Hafen „ausgeliehen“ werden und Wertsachen nicht mit an den Strand zu nehmen, sollte man auch hier beachten. Geht etwas verloren, hilft vielleicht eine Anfrage im **Fundbüro** (Rathaus, Mo–Fr 10–12 Uhr, Tel. 693122). Die größte Gefahr für Gäste besteht laut Inselarzt in einem Fahrradunfall – besonders für diejenigen, die sonst wenig mit dem Rad unterwegs sind – und durch Sportverletzungen, etwa wenn sich Aktive im Urlaub überschätzen.

Sicherheit am Strand

Gefährliche Sandbänke

Regelmäßig nähern sich der Insel aus Nordwesten kommend Sandbänke, die sich mit der Zeit dem Strand anschließen. Das Betreten der festen Platen, die zu einem Spaziergang einladen, ist bei ablaufendem Wasser unproblematisch, wird bei auflaufendem Wasser aber schnell zur **Gefahr**, denn die Flut strömt zunächst seitlich um die Sandbänke zurück. Der Priel zwischen Sandbank und Strand führt dann schnell deutlich mehr Wasser als auf dem Hinweg (durchschnittlich steigt das Wasser 50 Zentimeter pro Stunde), was besonders für **ältere Menschen** und **Kinder** brenzlig werden kann, da der Boden im Priel nicht trägt. Für das Betreten von Sandbänken sollte man also stets die **Tidezeiten** kennen (Gezeitentabellen sind kostenlos im Haus der Insel erhältlich, die Gezeiten stehen zudem auf www.langeoognews.de, der „Insel-Info“ sowie in der Langeoog-App) und spätestens mit Beginn des auflaufenden Wassers Richtung Strand umkehren.

Seit einigen Jahren wandert eine **ungewöhnlich große Sandbank** im Inselwesten sehr langsam auf Langeoog zu, was immer wieder zu Sorgenfalten bei DLRG und Tourismusverantwortlichen führt. Des Öfteren müssen deshalb Spaziergänger, die die Gefahr unterschätzt haben und bis zu den Oberschenkeln feststecken (während das Wasser weiter steigt), von der **Freiwilligen Feuerwehr** Langeoog gerettet werden. Ein eigens für diesen Zweck angeschafftes **Luftkissenfahrzeug** erspart dabei die zuvor notwendigen Hubschraubereinsätze.

Die Warnungen der Inselverwaltung die Sandbank nicht zu betreten, gelten aktuell für den Bereich südlich des Kite- und Surfstrandes. Hier gilt nach wir vor die Bitte, **Warnschilder** und **Hinweise** zu beachten und rechtzeitig genug zurückzukehren, da weiterhin die Gefahr des Einsinkens im Priel besteht. Unterschätzen sollten Strandgänger auch plötzlich auftretenden **See-**

nebel nicht, der innerhalb von Minuten die Orientierung erschwert. Die hohen Kosten der Rettung aus selbst verschuldeten Notsituationen müssen die Geretteten selbst tragen.

Gefahren beim Baden

→ Sport und Aktivitäten/Strände/ Baderegeln für die Nordsee, S. 148

Alkohol macht leichtsinnig

Sonnenuntergang im Strandkorb, dazu ein Gläschen Wein – das klingt nach einem wunderbaren Ausklang eines schönen Strandtages. Alkohol und ein anschließendes Bad in der Nordsee sind

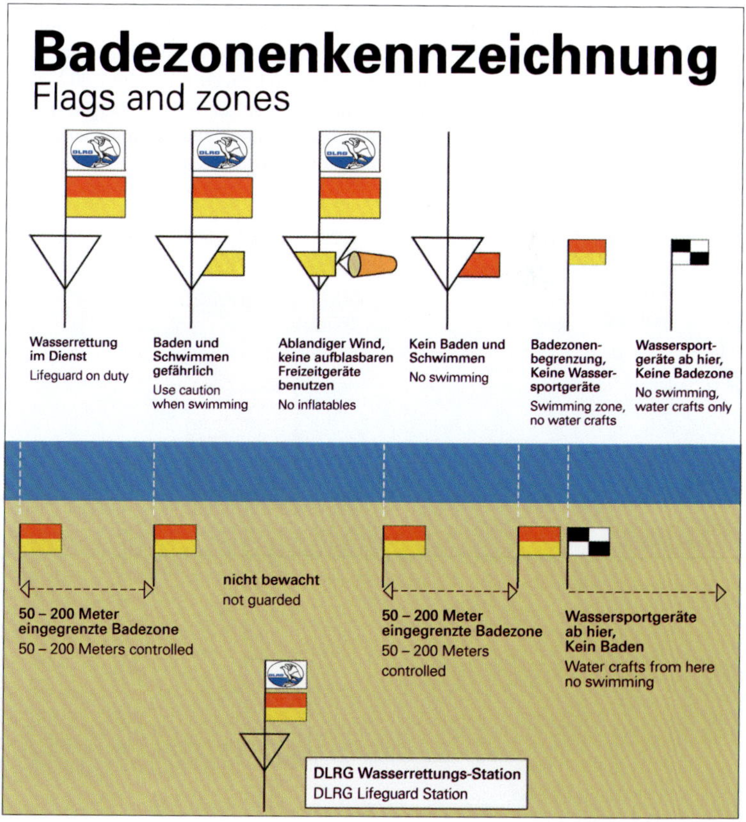

jedoch keine gute Kombination. Nicht nur, dass **Gefahren** und **Risiken** nach dem Genuss von Bier oder Wein schwerer einzuschätzen sind und Menschen leichtsinniger werden. Da Alkohol die Blutgefäße erweitert, ist das Eintauchen in kaltes Wasser für den Kreislauf eine besondere Herausforderung, auch nimmt das Risiko für Muskelkrämpfe zu.

Strömungen

Das Wasser glitzert in der Sonne und die Nachbarinsel scheint zum Greifen nah. Sehr friedlich wirkt es, blickt man vom Weststrand Langeoogs hinüber auf das Ostende Baltrums. Nur einige hundert Meter liegen an dieser Stelle zwischen den beiden Inseln. Und dennoch: Der schmale Wasserstreifen, die **Accumer Ee,** ist ein Seegatt, eine tiefe **Strömungsrinne** durch die bei jeder Ebbe und Flut gewaltige Wassermassen ein- und ausströmen (mit einer Geschwindigkeit von bis zu zwei Metern pro Sekunde, der mittlere Tidenhub, also die Differenz von mittlerem Niedrig- zu mittlerem Hochwasser um Langeoog beträgt 2,80 Meter).

Für Schwimmer ist die Accumer Ee deshalb **unpassierbar** (gleiches gilt für das Pendant auf der Ostseite Langeoogs Richtung Spiekeroog). Bei ablaufendem Wasser würde es einen Ba-

lan_243 sk

denden ins offene Meer hinaustreiben, dagegen anschwimmen wäre zwecklos. Starker Wind verstärkt die Strömungen grundsätzlich noch.

Wenn Sie dennoch in eine Strömung geraten, versuchen Sie, Ruhe zu bewahren. Gegen die Strömung anzuschwimmen, ist selbst für gute Schwimmer nicht möglich. Versuchen Sie, sich parallel zum Strand zu halten und seitlich aus der Strömung zu schwimmen, wenn diese schwächer wird. Legen Sie sich bei **Erschöpfung** in Rückenlage und lassen Sie sich treiben. Versuchen Sie, sich durch Winken bemerkbar zu machen, wenn Sie das Gefühl haben, dass ihnen die Kraft für den Rückweg ausgeht.

Unterkühlung

Den **Wärmeentzug** durch das kalte Nordseewasser sollte man nicht unterschätzen. Unter 17 °C empfiehlt sich für Kinder das Tragen eines **Neoprenanzugs.** Erwachsene, die stark frieren, sollten ihr Bad im kühlen Nass ebenso sofort beenden wie vor Kälte bibbernde Kinder, deren Lippen bereits blau anlaufen. Am Strand hilft, schnell die nasse Badekleidung auszuziehen und sich in eine Decke oder ein Handtuch zu wickeln. Weitere Kälteeinwirkung – etwa durch Wind – gilt es zu vermeiden. **Warme, gut gezuckerte Getränke** wie Tee sind empfehlenswert, ein heißer Grog hingegen nicht. Dass Alkohol von innen wärmt ist lediglich ein Mythos.

Feuerquallen

Die meisten Quallenarten in der Nordsee sind für Badende harmlos. Plötzliche starke Schmerzen weisen jedoch auf den Kontakt mit einer Gelben Haarqualle, umgangssprachlich oft als Feuerqualle bezeichnet, hin. Betroffene sollten umgehend das Wasser verlassen und verhindern, dass weitere, der mit Gift gefüllten Nesselkapseln auf der Haut platzen. Hierzu am besten die betroffene Stelle mit **Meerwasser** oder wenn vorhanden **Essig** abspülen (nicht mit klarem Wasser) und Sand darauf trocknen lassen, auf keinen Fall jedoch sollte die Haut mit einem Handtuch abgerieben werden.

Im Anschluss hilft es, die Wunde zu kühlen und eine juckreizstillende Salbe aufzutragen. Sind Verbrennung und Schmerzen groß oder kommen Übelkeit und Schwindel hinzu, sollte ein **Arzt** aufgesucht werden. **Erste Hilfe** leisten auch die Rettungsschwimmer am Strand – zum Glück müssen sie das wegen Feuerquallen nur selten tun.

[<] Vorsicht – wer die große Sandbank im Inselwesten betritt, sollte die Tidezeiten im Blick haben

Sport und Aktivitäten

Sportliches von Angeln bis Yoga

Tradition

Sport hat auf Langeoog eine **lange Tradition.** Auch wenn Entspannung und Entschleunigung zwei der Hauptgründe für eine Reise auf die Insel sind, ist der Anteil an Gästen, die sich gerne bewegen möchten, sehr hoch. Sie treffen auf sportlich engagierte Insulaner und abwechslungsreiche Betätigungsmöglichkeiten. Ein Höhepunkt im Inselkalender ist – neben verschiedenen Volleyballturnieren – das jährlich im Sommer zwischen Spiekeroog und Langeoog ausgetragene **Schlagballturnier,** das immer im Wechsel auf den Inseln stattfindet und stets zahlreiche Zuschauer begeistert (→ Feiertage, Feste und Events, S. 96).

Angebote des Sportteams

Das Sportteam des Tourismus-Service ist von März bis Oktober im **Sportzentrum am Kavalierpad 15** (Tel. 0174/1553347) sowie zusätzlich von Mai bis Mitte September im **Sportpalast am Sportstrand** (Übergang Hospizpad) anzutreffen (jeweils Mo–Sa, Öffnungszeiten siehe örtliche Aushänge). Im Sportzentrum können verschiedene Bälle, Strandspiele und auch Sandspielzeug kostenfrei ausgeliehen werden. Am Sportstrand starten (bei gutem Wetter, sonst im Sportzentrum) zahlreiche kostenlose Sportangebote angefangen von der beliebten Strandgymnastik **„Fit in den Tag"** über Strand Workout, Beachvolleyball, Beachsoccer und Thalasso-Beach-Walking bis zu Eltern-Kind-Sport, Rückentraining, Stretch & Relax und Sandburgenbau, um nur eine Auswahl zu nennen.

Im Sportzentrum gibt es zusätzliche Angebote, die 10 € pro Termin kosten, beispielsweise Krafttraining Hantel-, Zirkel-, Faszien- und Schlingentraining sowie Pilates. Im benachbarten Erlebnisbad finden die beliebten Aquakurse statt (Aquafitness, Aquapower und Aquacycling). Je nach Kurs fallen für diese Angebote 8 bzw. 17 € pro Termin an.

Für Kinder gibt es am Strand **Minisportabzeichenprüfungen** – ohne Stoppuhr und Bandmaß geht es dann ans Laufen, Werfen, Springen, Balancieren und Hangeln.

Angeln

Für das Angeln in der Nordsee ist keine besondere Genehmigung notwendig. Nicht erlaubt ist es jedoch in der Ruhezone, an

lan_244sk

Flatternde Drachen am Drachenstrand

den Badestränden sowie direkt im Hafen. Mögliche Beutefische sind Scholle, Flunder und Wolfsbarsch.

Drachensteigen

Zum Schutz der Inseltierwelt ist das Steigenlassen von größeren Drachen ausschließlich an einem eigens ausgewiesenen Strandabschnitt möglich. Dieser **Drachenstrand** befindet sich östlich des Hundestrandes am Übergang Norderpad. Die bunt flatternden Segel am Himmel stressen vor allem Vögel, die von ihnen aufgeschreckt werden, da sie in ihnen potenzielle Feinde sehen. Der ausgewiesene Strandbereich bietet ausreichend Abstand zu den Ruhezonen des Nationalparks.

Fahrrad fahren

→ Fortbewegung, S. 101

Fußball

Fußballbegeisterte können sich Bälle im Sportzentrum (Kavalierpad 15) ausleihen. Am Sportstrand stehen im Sommer zwei fest installierte Tore bereit. Außerdem gibt es einen **Bolzplatz** südlich des Reitplatzes der *Reithalle Kuper* (Zugang über die Hafenstraße). Am Sportzentrum warten zwei **Fußball-Billard-Plätze** auf Spielerinnen und Spieler. Für Jungen und Mädchen

Überschaubar, aber nicht ganz leicht zu spielen: Langeoogs Golfplatz

lan_129sk

von 5 bis 15 Jahren wird in den Ferien ein **„Fußballcamp“** angeboten (→ Mit Kindern unterwegs/Langeooger Fußballcamps, S. 115).

Golf

Die **9-Loch-Golfanlage „An't Diek“** (südlich des Flugplatzes) in naturbelassener Landschaft zwischen Dünen, dem Wäldchen und dem Deich existiert seit 2009. Im Frühjahr 2018 kam eine 175 Meter lange **Driving Range** mit teils überdachten Abschlagplätzen hinzu. Trotz seiner Überschaubarkeit ist der Golfplatz unabhängig vom eigenen Handicap nicht ganz leicht zu spielen, denn er steckt voller Wasserhindernisse und taktisch angelegter Bunker – und der Wind tut ein Übriges. Die Fairways werden von Heide, Sanddornsträuchern, wilden Apfelbäumen und Holunderbüschen gesäumt. Schnupperkurse, Einzel- und Gruppentraining sowie DGV-Platzreifekurs mit Prüfung buchbar (Golfschule *Thomas Agena*, Tel. 0172/1426143, www.golfschule-langeoog.de). Spieler, die Mitglied in einem anerkannten Golfclub sind und ein Handicap von 54 haben, können den Platz nahezu ganzjährig nutzen. Vermietung von Schlägern und Trolleys. Zahlreiche, auch für Gäste **offene Turniere,** etwa die Sundowner-Turnierserie mit anschließendem Grillen.

■ **Kontakt:** Golfclub Insel Langeoog e.V., Flughafenstr. 1, Tel. 990246, Onlinebuchung von Startzeiten über die Homepage, www.inselgolfen.de.

Minigolf

Die Minigolfanlage am *Café Golfstuben* (Hafenstr. 30, direkt am Bahndamm) ist täglich außer dienstags ab 10 Uhr geöffnet, Tel. 1392.

Nordic Beachwalking

Auf der Insel gibt es **fünf Nordic-Walking-Routen,** die zwischen 5,2 und 21,3 km lang sind und deren Anspruch von leicht bis schwierig reicht. Eine Übersichtstafel mit allen Routen befindet sich im Kurzentrum, an der Tischtennishalle, am Eingang zum Wäldchen (Störtebekerstr.) sowie am Hafen.

Reiten

Für Reiterinnen und Reiter ist Langeoog ein Paradies. Zwei Reiterhöfe bieten sowohl Reitstunden als auch Kutschfahrten und Ausritte an. Urlauber können auch mit ihrem eigenen Pferd anreisen und Gastpferdeboxen mieten.

Die 20 x 40 Meter große Halle des **Reitstalls Süderhof** sowie der zugehörige Sand- und Grasspringplatz sind bereits bei der Anreise mit der Inselbahn nicht zu übersehen. Im Sommer 2022 haben *Anna Agena-Koschewa* und ihr Ehemann *Jörg Koschewa* die traditionsreiche Reithalle von *Edzard Kuper* übernommen, die im Frühjahr 2021 ihr 40-jähriges Bestehen feierte. Gemeinsam mit ihrem Team bietet die Familie *Agena-Koschewa* nun Reitunterricht für Kinder, Kutschfahrten (auch für Hochzeiten) sowie die Möglichkeit an, das eigene Pferd als Gast-, Pensions- oder Kurpferd einzustellen.

■ **Reitstall Süderhof**, Reitplatz 1a, Tel. 0172 / 7194015 www.suederhof-langeoog.de.

Der **Reiterhof To'n Peerstall** am Schniederdamm ist ein moderner Reitbetrieb mit Angeboten für fast jedes Alter mit und ohne Vorkenntnisse. Kleinkinder können sich bei einem Spaziergang auf dem Shetlandpony von ihren Eltern führen lassen. Kinder ab 5 Jahren starten spielerisch in der Ponygruppe, der Longenunterricht für alle ab 6 Jahren vermittelt Grundkenntnisse (Einzelunterricht, 25 Min., 40 €). Für Fortgeschrittene ist Gruppen-

lan_245sk

Reiten am Strand

Sicher in allen drei Gangarten und im Gelände sollten Reiter sein, die sich mit dem Pferd an den Strand wagen. Dann wartet ein unvergesslicher Ausritt. Besonders gut eignet sich dazu die **Niedrigwasserzeit,** wenn der Strand schön breit und der Sand fest genug zum Traben und Galoppieren ist. Das Reiten am Strand ist jeweils östlich und südwestlich des Badestrandes möglich. Über die Wege, Strandübergänge und Anforderungen des Geländes informieren auch die beiden **Reitställe.** Die Reitwege auf der Insel sind **rot markiert.**

◁ Unvergesslich: Ausritt am Strand

▽ Selbst die Zügel in die Hand nehmen:
mit einer Ponykutsche vom Reiterhof To'n Peerstall unterwegs

lan_131sk

oder Einzelunterricht in der Dressur und im Springen möglich (bis zur Klasse A, auf Anfrage). Erfahrene Reiter können mit ortskundiger Begleitung verschiedene Strandausritte machen (jeweils 1½ Std., 45 €). Eigene Pferde können in einer Gastpferdebox oder auf der Gastweide untergebracht werden.

Ein besonderes Highlight für Familien dürfte die **Ponykutsche zum Selberfahren** sein, in der bis zu zwei Erwachsene und zwei kleine Kinder Platz finden. Die Kutsche wird dann von einem „absolut verkehrssicheren" Pony gezogen (1 Std., 30 €, ein Erwachsener muss auf jeden Fall mitfahren).

Der Reiterhof hat in der Saison täglich 10–12 und 15–18 Uhr, im Winter auf Anfrage geöffnet.

- **Reiterhof To'n Peerstall,** Schniederdamm 8, Tel. 725, www.langeooger-reiterhof.de.

Schwimmen im Meerwasser-Erlebnisbad

In der Nordsee baden, auch wenn es stürmt? Das **Meerwasser-Erlebnisbad** macht's möglich, denn hier brandet in einem großen Becken Meerwasser vom Langeooger Strand mit angenehmen 28 °C. In einem kleineren Becken sorgen Unterwassermassagedüsen, Traumgrotte, Brodelliegen und Jetstream für Spaß und Abwechslung. Die ganz kleinen Besucher haben ein eigenes, 34 °C warmes Flachbecken für sich. Hinzu kommt eine **Saunalandschaft** mit zwei finnischen Saunen, einer Dünensauna mit Außenbereich, einem Dampfbad und Tauchbecken mit Nordseewasser, einem Sanarium sowie einem Sonnendeck mit Strandkörben.

Info: Aktuelle Öffnungszeiten für Bad und Saunalandschaft siehe Aushänge. Ab der zweiten Januarwoche ist das Bad meist für einige Wochen für Wartungs- und Renovierungsarbeiten geschlossen.

■ Für viele Inselbesucher ist der Besuch des Bades tägliches Ritual. Und das – dank LangeoogCard – zum Nulltarif, zumindest für 90 Minuten bzw. zwei Stunden (Haupt- bzw. Nebensaison, inklusive Umkleidezeit). Kinder unter 6 Jahren haben freien Eintritt. Der Besuch der Sauna (ab 18 J.) kostet 14 € p. P./Tageskarte.

Schwimmen in der Nordsee

Ein Bad in der Nordsee ist keinesfalls nur etwas für Hartgesottene. In warmen Sommern erwärmt sich das Meer vor der Insel auf bis zu 23 °C. Worauf beim **Schwimmen** im Meer zu achten ist → Strände, S. 144.

Strandsegeln

Von November bis kurz vor Ostern gehört der Strand ihnen fast allein: Dann sausen die Strandsegler bei **Niedrigwasser** auf ihren drei Rädern in ausgewiesenen Zonen über den feuchten Sand – bis zu 80 km/h schnell. Kein Sport für Anfänger wie die Mitglieder des Strandsegler Clubs Langeoog betonen, schön anzusehen aber auf jeden Fall.

Tango

Tango-Argentino-Workshops für Singles und Paare, Anfänger und Geübte finden dienstagnachmittags im Beiboot, Hauptstr. 15, statt. Preis pro Person und Workshop: 16 € (8 € 6 bis 15 J.), bequeme Schuhe mitbringen. Anmeldung in der Tourist-Info im Haus der Insel.

Tennis

Im Sportzentrum am Kavalierpad 15 gibt es sowohl einen Outdoor- als auch einen Indoor-Tennisplatz. Die Plätze kann man beim Sportteam unter Tel. 0174/1553347 oder direkt vor Ort mieten. In den Hauptferienzeiten wird hier auch **Tennisunterricht** angeboten (Einzel- und Gruppenstunden), zudem kostenfreies **Schnuppertennis** für Kinder, Jugendliche und Erwachsene. Weitere Infos vor Ort.

Thalasso-Therapiewege

Seit Juni 2014 ist Langeoog als Thalasso-Nordseeheilbad zertifiziert. Thalasso (abgeleitet vom altgriechischen Wort für „Meer“) nutzt in unterschiedlichen Therapieanwendungen **alle Elemente des Meeres** wie Meerwasser, Meeresluft, Meersalz, Schlick, Algen und Sand u.a. zur Steigerung der Immunabwehr, der Verbesserung von Atembeschwerden und Hautreizungen. Es gibt auf Langeoog vier ausgewiesene Thalasso-Therapiewege mit unterschiedlichen Reizstufen von 2,8 bis 10 Kilometern Länge (Rund um den Wasserturm/Durch das Inseldorf/Rundgang am Badestrand/Brandungszonentherapieweg). Start ist am Rathaus bzw. am Sportzentrum. Infos und Wegepläne gibt es im Kur- und

Wellness-Center. Weitere Thalasso-Angebote → Wellness und Entspannung, S. 159.

Tischtennis

Die Langeooger Tischtennishalle befindet sich am Strandübergang Hospizpad unterhalb der Höhenpromenade. Hier kann von April bis Ende Oktober täglich gespielt werden. Tischtennisschläger und -bälle können im **Sportzentrum**, Kavalierpad 15 ausgeliehen werden (LangeoogCard mitbringen). Im Sportzentrum stehen im Außenbereich ebenfalls Tischtennisplatten zur Verfügung.

Volleyball

Im Sportzentrum (Kavalierpad 15) lassen sich Volleybälle ausleihen. Im Sommer befinden sich am Sportstrand auch Spielfelder.

Wandern

Auf Langeoog steht ein **Wanderwegenetz** von rund 40 Kilometern zur Verfügung. Kleinere Touren wie ein Spaziergang durch den Ort oder das Wäldchen, ausgiebige Strandspaziergänge, am liebsten barfuß, ein Gang über die Höhenpromenade, eine Runde zum Hafen, über die beiden **Naturpfade,** zu schönen Aussichtspunkten wie Tjard sin Utkiek und durchs Pirolatal Richtung Melkhörndüne oder die „Königsetappe“ bis zum Ostende – langweilig wird es auf der 12 Kilometer langen Insel keinesfalls. Das nächste Café oder Restaurant ist bei vielen Strecken nicht weit. Nicht zu unterschätzen ist bei längeren Touren am Strand der Wind. Auch ist es deutlich anstrengender, durch weichen Sand zu wandern als über festen Untergrund bei ablaufendem Wasser. Bei Wind und möglichem Regen ist warme Kleidung und eine regenfeste Jacke angeraten. Die **Nationalparkverwaltung** hat an verschiedenen Stellen **Schutzhütten** aufgestellt, in denen Wanderer den nächsten Schauer abwarten können. Konkrete Routenvorschläge → Exkurs „Unterwegs: Drei Wander- und Radtouren, S. 140“.

Wind-, Kite- und Wingsurfen/ Wellenreiten/SUP

In zwei Surfschulen lässt sich von Frühjahr bis Herbst das Windsurfen auf der Insel lernen. „Langeoog bietet aufgrund seiner Lage mit die besten Wellen der Ostfriesischen Inseln“, sind die vier Langeooger *Sven, Katha, Hendrik* und *Kira* überzeugt, die 2022 die Surfschule **Tidens Surfhuus** am Weststrand eröffnet haben. Genau wie die **Surfschule Petersen** am Oststrand bieten sie sowohl Kurse im Wind-, Kite- und Wingsurfen sowie Wellenreiten und Stand-Up-Paddling (SUP) für Anfänger und Fortgeschrit-

Unterwegs: Drei Wander- und Radtouren

Die Möglichkeiten auf Langeoog zu wandern oder Touren mit dem Fahrrad zu unternehmen, sind zahlreich. Häufig lassen sich Wege gut kombinieren oder kurze Abstecher und Varianten wählen. Nachfolgend **drei Vorschläge** – vom kurzen Spaziergang bis zur beliebten Tagestour.

Für alle drei Routen stehen auf der Produktseite dieses Reiseführers auf www.reise-know-how.de GPS-Tracks im Format gpx zum kostenlosen Download zur Verfügung.

Tour 1: Zum verwunschenen Pfad

Familienfreundlicher Spaziergang, der im Wäldchen beginnt und über den Flinthörndeich in die „Inselwildnis" führt. Wer außerdem den Dünenübergang erklimmt, wird mit einem Blick auf Nordsee und Baltrum belohnt.

- **Start und Ziel:** Störtebekerstraße/Am Wald
- **Länge:** 3,5 km
- **Dauer:** rund eine Stunde reine Gehzeit
- **Anforderung:** leicht

Über die Störtebekerstraße in südöstlicher Richtung ins Wäldchen starten. Nach 350 m die erste Abzweigung nach rechts nehmen, nach 150 m an einer Bank links abbiegen und diesem Weg, der erst eine leichte Kurve macht (hier nach knapp 100 m rechts halten) und dann einen Weg quert rund 850 m bis zum Waldrand folgen. Dann rechts halten und nach 400 m links abbiegen. An einer Weide entlang geradeaus auf den Flinthörndeich zulaufen. Auf dem **Deich** angekommen, lohnt sich ein Abstecher die **Düne** hinauf, um einen Blick aufs Meer und das benachbarte Baltrum zu werfen. Zurück am Dünenfuß dem Flinthörndeich nach Norden folgen. Nach rund 300 m beginnt ein etwas tiefer gelegener, schmaler Pfad, der oft herrlich zugewachsen ist und rund 450 m von Brombeerhecken, Sanddorn, Holunder, Hagebutten, Silberpappeln, Gräsern und Birken gesäumt ist – Inselwildnis pur. Auf Höhe des Hauses auf der rechten Seite (Adresse: Am Wald 70) dem Weg weiter folgen und dann nach gut 150 m rechts abbiegen und die nächste Abzweigung links nehmen. Auf der Straße „Am Wald" geht es rund 400 m zurück zum Startpunkt. Wer eine süße Stärkung benötigt, könnte Richtung Rathaus weiterlaufen und in der **TeeRose** (Kirchstraße 1) einen Kuchen-Stopp einlegen.

Tour 2: Einmal Hafen und zurück

Schöne **Fahrradtour** durchs Wäldchen über den Flinthörndeich zum Hafen und dann über

den Seedeich zum Aussichtspunkt Utkiek am Schniederdamm. Für einen Abstecher zum Naturpfad Flinthörn und eine Teepause am Hafen sollte man sich zusätzlich Zeit nehmen.

- **Start und Ziel:** Rathaus
- **Länge:** 11 km (Verkürzung der Tour ab Hafen auf 8,5 km)
- **Dauer:** gut eine Stunde reine Fahrzeit (45 Min.)
- **Anforderung:** leicht, auch für Kinder geeignet
- **Variante zu Fuß:** Strecke bis zum Hafen wandern (rund 5,5 km/1½ Std. reine Gehzeit), mit der Inselbahn zurück in den Ort (Fährzeiten beachten)

Ab Rathaus geht es rund 600 m über die Kirchstraße in südlicher Richtung bis zum Rand des Wäldchens. **Wäldchen** auf knapp einem Kilometer über die Störtebekerstraße in südöstlicher Richtung durchqueren. Am Waldausgang sofort rechts halten und in einem großen Halbkreis weiterfahren bis zur ersten Möglichkeit, links abzubiegen (ebenfalls rund ein Kilometer). Geradeaus auf den **Flinthörndeich** zufahren. Ein kurzer Abstecher zu Fuß über den **Dünenübergang** auf die Düne wird mit einem Rundumblick auf Flinthörn, Accumer Ee, die Nachbarinsel Baltrum und die Nordsee belohnt. Zurück am Dünenfuß geht es auf dem Flinthörndeich in südöstlicher Richtung weiter.

Nach gut 250 m befindet sich der **Einstieg des Naturpfads Flinthörn** auf der rechten Seite. Wer mag, kann sein Rad hier ebenfalls abstellen und den Lehrpfad zu Fuß durch Dünen und Salzwiesen bis zur Flinthörnhütte gehen (rund 650 m einfache Strecke). Außerdem bietet sich die Möglichkeit, an der Wasserkante entlang Richtung Norden zu wandern und dann über die bereits zuvor bestiegene Düne und den bekannten Weg zum Rad zu laufen (Rundweg insgesamt rund 2,5 km, eine Stunde). Weiter geht es mit dem Rad über den Deich Richtung **Hafen.** Der Weg auf dem Deich geht in die **Westmole** über, auf der wir Langeoogs südlichsten befestigten Zipfel umrunden und Richtung Fähranleger fahren. Auf der Holzbrücke queren wir die Schienen der Inselbahn. Vor uns liegt die Hafendeichstraße, die am Yachthafen entlangführt. Hier bieten sich sowohl die **Kajüte am Hafen** als auch die **Teestube** auf der linken Seite für eine Pause an. Die Hafendeichstraße endet nach 500 m in einer scharfen Linkskurve.

Wer die Radtour abkürzen möchte, kann jetzt immer geradeaus über die Hafenstraße bis zum Rathaus in den Inselort zurückkehren (2,5 km, Stopp beim Minigolf möglich). Alternativ geht es nach knapp 100 m rechts auf den Seedeich. Die nächsten rund 2,5 km führt der Seedeich uns am Golfplatz, mit Blick auf den Flugplatz sowie am Sportfischerteich auf der linken Seite und Salzwiesen und Inselwatt auf der rechten Seite vorbei bis zum Deichschart Ecke Willrath-Dreesen-Straße. Hier biegen wir links ab und nach 550 m erneut links. Die Straße führt in südlicher Richtung direkt auf den Utkiek am Schniederdamm zu, dessen Zugang nach 600 m erreicht ist. Von hier aus geht es in westlicher Richtung 850 m über den **Schniederdamm** zurück. Nach Überqueren der Inselbahngleise biegen wir rechts auf die Hafenstraße und fahren rund 550 m bis zum Rathaus.

Tour 3: Der Inselklassiker zum Ostende

Schöne, aber je nach Windstärke anstrengendere **Rundwanderung,** bei der man die Insel einmal von West nach Ost durchläuft und den Rückweg am Strand zurücklegt. Mit möglichen Stopps am Dünenfriedhof, den Aussichtspunkten Tjard sin Utkiek und Melkhörndüne, dem Vogelwärterhaus und der Seehundbeobachtungsplattform Osterhook.

- **Start und Ziel:** Barkhausenstr./Gartenstr.
- **Länge:** 26 km (kürzere Tour bis Meierei 21 km)
- **Dauer:** ca. 5½ bis 6 Stunden reine Gehzeit (bis Meierei rund 4½ Stunden)
- **Anforderung:** anspruchsvoll
- **Pause:** Meierei (Achtung: Di geschlossen)
- **Variante per Rad:** Ingesamt 24 km/rund 2½ Std. reine Fahrzeit plus 1,2 km/15 Min. zu Fuß am Strand (Fahrradparkplatz kurz vor dem Ostende); kürzere Tour bis zur Meierei 20 km/rund 2 Std. Hinfahrt auf der Strecke wie für Wanderer beschrieben, Rückweg ab Meierei immer nach Westen über den Plattenweg, der schließlich in die Willrath-Dreesen-Straße und die Barkhausenstraße übergeht. Der Wind sollte nicht unterschätzt werden. Kleinere Kinder sind deshalb in einem Anhänger gut aufgehoben.

Wir starten in der Barkhausenstraße ab Kreuzung Gartenstraße in nordöstlicher Richtung. Nach rund 550 m geht es links in die Straße Gerk-sin-Spoor, dieser immer geradeaus nach Norden folgen. Wir passieren den **Dünenfriedhof.** Rund 200 m hinter dem Eingang zum Friedhof nach rechts auf den gepflasterten Weg ins Pirolatal wenden (vorbei an der kleinen Snackbar **Dünen-Oase**). Nach 350 m führt rechts ein Weg hoch zum **Aussichtpunkt Tjard sin Utkiek** (hin und zurück rund 400 m). Weiter geht es durch das Pirolatal in östlicher Richtung, bis wir nach rund 1,8 km auf einen weiteren Weg stoßen. Diesen queren und dem kleineren Pfad folgen (dabei zunächst links und nach rund 100 m rechts halten). Im Schutz der Dünen auf der linken Seite laufen wir immer nach Osten, vorbei am Schloppsee (rechts) durch das Große Schlopp. Auf Höhe der Schutzhütte nach rund 1 km geht es weitere 50 m geradeaus und dann scharf nach rechts, wo nach 100 m der Aufstieg zur Melkhörndüne beginnt. Der Abstieg führt über die Treppe in westlicher Richtung. Am Fuß der Treppe scharf links halten und rund 400 m in südlicher Richtung auf den Plattenweg Richtung Meierei zulaufen. Dann links abbiegen und diesem Weg immer nach Osten folgen. An der Jugendherberge vorbei erreichen wir nach 2 km

lan_242sk

das Vogelwärterhaus. Nach weiteren 1,9 km kommen wir zur **Meierei**, wo sich eine wohlverdiente Pause anbietet – 12,5 km sind jetzt bereits zurückgelegt. Wem die kürzere Tour reicht, der kann ab hier auf direktem Weg rund 650 m durch die Dünen Richtung Norden an den Strand laufen. Von hier sind es, immer nach Westen, rund 8 km bis zum Gebäude des früheren **Panoramarestaurants Seekrug,** das gut vom Strand aus zu sehen ist. Der Strandübergang an dieser Stelle führt uns über den Hospizpad und die Straße Am Hospizplatz zurück auf die Barkhausenstraße zum Startpunkt.

Wer noch weitere Energie hat, besucht zunächst noch die **Seehundbeobachtungsplattform** am Osterhook. Auf gewundenem Weg in östlicher Richtung sind es bis dort noch gut 2,5 km, von denen die letzten 600 Meter direkt am Strand entlangführen. Der Rückweg startet am Lehrpfad Osterhook (der Einsteig am Strand ist mit einer blauen Boje gekennzeichnet). Am Ende dieses Lehrpfades rechts abbiegen und rund 600 m durch Salzwiesen auf den Strand zulaufen. Nun nach Westen wenden, bis zum Strandübergang ehemaliger Seekrug (s.o.) sind es von hier rund 10 km.

Noch einige Tipps

Es kann ziemlich ermüden, gegen den Wind und im weichen Sand zu laufen. Deshalb ist es kräfteschonender, die Strecke am Strand bei Niedrigwasser zu gehen, um feuchten und damit festeren Untergrund unter den Füßen zu haben. Je nach Wetter gehen manche die Tour gerne umgekehrt, starten also mit der Wanderung am Strand, um den Wind (der häufig aus Westen weht) bestenfalls im Rücken zu spüren und dann im etwas geschützteren Inselinneren zurückzulaufen. Die Dünenübergänge sind vom Strand aus gut am orangefarbenen Kreuz zu erkennen. Am Ostende weisen zudem Schilder darauf hin, wie weit Spaziergänger laufen dürfen. Wer nicht gerade im Sommer unterwegs ist, sollte **festes Schuhwerk** tragen und ein **Handtuch** und eventuell **trockene Socken** mitnehmen, falls die ein oder andere Stelle am Strand besser barfuß zu durchqueren ist. Die Wanderung eignet sich auch für **ältere Kinder,** wenn sie schon mal eine Tour dieser Länge gut gemeistert haben (Getränke, Snacks und den Sonnenschutz nicht vergessen). Mit Ausnahme der Abschnitte direkt am Strand sind die Wege auch für **Kinderwagen** oder **Fahrradanhänger** geeignet.

Wer sich die komplette Tour nicht zutraut, der kann eine Strecke auch mit der **Kutsche** zurücklegen – zahlt dann allerdings das gleiche wie für eine Hin- und Rückfahrt (→ Führungen, Rundfahrten und Rundflüge/Kutschfahrten, S. 153, Mitnahme auf jeden Fall vorher absprechen!).

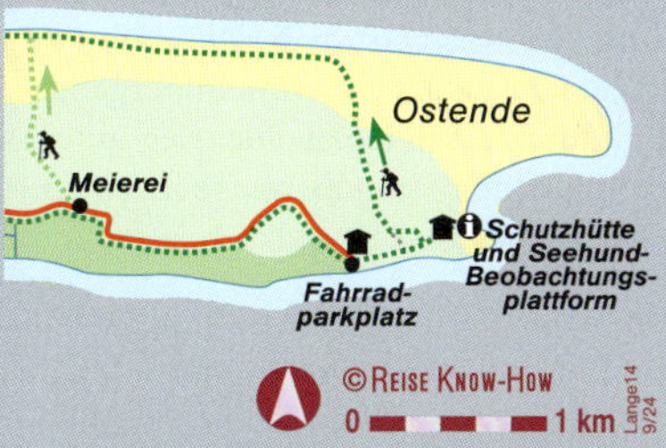

Strandweizen am Ostende

tene an und verleihen das notwendige Zubehör wie Surfbrett, Segel und Neoprenanzug. Auch Familien mit Kindern, die bereits sicher schwimmen können, sind willkommen.

- **Tidens Surfhuus**, Weststrand, Abschnitt zwischen den Dünenübergängen Hunpad und Kinderkur, feste Station von Mitte April bis Mitte Oktober, danach auf Anfrage, Schnupperkurse (90 Min.) ab 50 €, außerdem Lagermöglichkeit für Zubehör, Tel. 0160/99892384, www.tidens-surfhuus.de
- **Surfschule Petersen,** Anmeldung in der Saison von Juni bis September täglich um 20 Uhr im Polderweg 30 (mit *Hostel Surf'n'Sleep*), Surfrevier am Dünenübergang Norderpad östlich des Drachenstrandes, Einsteigerkurs (90 Min.) ab 39 € Tel. 0176/64313263, surfschulenlangeoog.de.

Yoga

Das **Veranstaltungshaus Neei Bauhoff** hat sich als beliebter Ort für **Yoga, Qi Gong und Klangmassagen** etabliert. Neben Yoga-Ferienwochen und -Workshops werden auch einzeln buchbare Yoga-Sessions angeboten (90 Minuten, für Anfänger und jedes Alter geeignet, 15 €, 5er-Karte 70 €), bei denen neben kleinen Meditationen und Atementspannung Übungen aus verschiedenen **Yoga-Stilen** auf dem Programm stehen (Ausstattung vorhanden, bequeme Kleidung und ein Handtuch sind mitzubringen).

- **Info und Anmeldung:** Veranstaltungshaus *Neei Bauhoff*, An den Bauhöfen 1, Tel. 9906677, www.neei-bauhoff.de. Einzeltermine auch über die Tourist-Info und www.langeoog.de buchbar.

Strände

Badestrand

14 Kilometer feinsandigen Strand bietet Langeoog vom West- bis zum Ostende – ohne störende Buhnen oder Strandmauern, denn die Insel wird allein durch ihren Dünengürtel geschützt. Der rund vier Kilometer lange **Badestrand** liegt halbkreisförmig um den Inselort und ist von West nach Ost in die Abschnitte A bis L aufgeteilt. Diese sind gut über zahlreiche **Dünenübergänge** zugänglich und am Strand durch einen Holzbohlenweg miteinander verbunden. Die allgemeinen Strandbereiche laden ein zum Sonnenbaden, Sandburg bauen, im Strandkorb lesen und

⊡ Die Surfschulen liegen am Ost- bzw. Weststrand

lan_246 sk

am Meer entlangwandern. Für **sportliche Aktivitäten** und den Aufenthalt mit **Hunden** sind eigene Abschnitte ausgewiesen. Im Inselwesten liegt der Kite- und Surfstrand, dem sich der Hundestrand West anschließt. Ein weiterer Hundestrand befindet sich im Osten (→ Mit Haustier unterwegs, S. 110), zudem gibt es zwei Bereiche eigens für **Nichtraucher,** den **Sportstrand** (→ Angebote des Sportteams, S. 130) sowie den **Drachenstrand** (→ Drachensteigen, S. 131). Der direkteste Weg zum Strandleben führt über die Hauptstraße vorbei am Wasserturm und dann rechts ins Dünental über die Bunten Buden zum Strandübergang am Hauptbad. Wenn die Winterstürme zu massiven Dünenabbrüchen geführt haben, ist im anschließenden Sommer Improvisation gefragt. Die Lage der Strandabschnitte kann sich dann leicht verschieben, ihre Abfolge bleibt aber in der Regel sehr ähnlich. Besonders hoch ist der **Sandverlust** meist vor dem Pirolatal, weshalb der Strandübergang an dieser Stelle mitunter gesperrt werden muss.

Strandkörbe

Rund **1500 Strandkörbe** stellen die Mitarbeiter des Tourismus-Service Langeoog jede Saison am Strand auf. Drei Service-Container (Lage → Umschlagkarte vorn) stehen bereit, in denen man die Körbe direkt am Strand mieten kann. Wer auf Nummer sicher gehen möchte, reserviert im Vorfeld. Das ist bis vier Wochen vor Reiseantritt in Verbindung mit einer Vorbestellung der LangeoogCard möglich (→ Anreise/LangeoogCard, S. 66).

Strandkorb-Preise

Mietpreise pro Tag

- **1–3 Tage:** 13,00 €
- **4–6 Tage:** 12,50 €
- **7–12 Tage:** 12,00 €
- **ab 13 Tagen:** 11,50 €

Amtliche Badesaison

In strahlendem Rot, Blau und Grün sind sie am Strand nicht zu übersehen: Die drei bunten **Strandwachttürme** am Hauptbad sowie am West- und Oststrand sind **von Mai bis September** mit ehrenamtlich tätigen **DLRG-Rettungsschwimmern** aus ganz Deutschland besetzt. Täglich werden dort die Badezeiten und aktuellen Temperaturen veröffentlicht. Rot-gelbe Begrenzungs-

lan_017 sk

flaggen kennzeichnen den Bereich, der von den Rettungsschwimmern überwacht wird – zumeist täglich von 10 bis 17 Uhr, je nach Gezeiten etwas früher oder später.

Bei den Rettungsschwimmern sind auch sogenannte **Kindersucharmbänder** erhältlich, Silikonarmbänder mit einer sechsstelligen Nummer, zu der die Mitarbeiter für die Dauer des Urlaubes die Handynummer der Eltern sowie den Namen des Kindes notieren. Die Rettungsschwimmer sind außerdem Ansprechpartner bei kleineren **Verletzungen** wie Schnittwunden durch Muscheln oder beim – zum Glück äußerst seltenen – Kontakt mit Feuerquallen. Zu ihrer Ausrüstung gehören u.a. ein Sanitätsrucksack und ein Defibrillator.

Signale am Strand

An den Strandwachtürmen wird mit unterschiedlichen Fahnen auf die jeweilige **Badesituation** hingewiesen. Eine gehisste rotgelbe **Flagge** bedeutet: Wasserrettung im Dienst, das Baden ist erlaubt. Wird diese ergänzt durch eine gelbe Flagge ist das Baden und Schwimmen nicht ungefährlich, kommt noch ein orangefarbener Windsack hinzu, sind wegen ablandigen Windes keine aufblasbaren Schwimmgeräte empfohlen (s.u., Baderegeln für die Nordsee). Eine alleinige rote Flagge signalisiert Badeverbot (→ Badezonenkennzeichnung, S. 127).

Wassertemperatur

Die durchschnittliche Temperatur der Nordsee liegt im Mai meist noch bei frischen 11 °C, im Juni werden dann bereits 15 °C erreicht, im Juli 17 °C und im August die Höchstwerte mit durchschnittlich 18 °C. In besonders heißen Sommern mit langanhaltend hohen **Temperaturen** sind jedoch auch bis zu 23 °C möglich. Auch in flacheren Bereichen am Strand und in Prielen ist es oft um einige Grad wärmer. Da die Nordsee im **Frühherbst** langsamer abkühlt als die Luft, sind auch im September noch durchschnittlich 17 °C und im Oktober 14 °C zu messen.

Ausgezeichnete Wasserqualität

Um die **Wasserqualität** zu überprüfen, werden in der Badesaison regelmäßig alle zwei Wochen auf Höhe der Strandwachtürme **Wasserproben** entnommen. Getestet wird auf bestimmte Bakterien (E. coli und intestinale Enterokokken). „Ausgezeichnet“ im Sinne der **Badegewässerverordnung** heißt es dann für das Meer vor Langeoog regelmäßig, denn alle Anforderungen werden erfüllt. Auch eine Massenentwicklung von Blaualgen,

◁ Feiner Sandstrand: (nicht nur) für Kinder perfekt

Makroalgen oder Phytoplankton schätzen die Mitarbeiter des zuständigen Gesundheitsamtes in Wittmund hier seit Jahren als „gering“ ein. Als erster Strand an der Nordsee wurde Langeoog im Mai 2020 erstmals mit der „Blauen Flagge“ der Deutschen Gesellschaft für Umwelterziehung ausgezeichnet, mit der neben der Wasserqualität auch das **Umweltmanagement** sowie der Service und die Sicherheit vor Ort honoriert werden. Auch in den Folgejahren hat die Insel dieses Gütesiegel erhalten.

FKK

Einen eigens ausgewiesenen **FKK-Strandbereich** gibt es auf Langeoog nicht. Freunde des textilfreien Badens treffen östlich des Drachenstrandes auf einen nahezu menschenleeren Strandbereich und Gleichgesinnte.

Nichtraucher-Strände

Die beiden **Strandabschnitte D** (Strandübergang Westerpad) **und J** (Gerk-sin-Spoor) sind eigens für **Nichtraucher** reserviert. Hier buchen viele Familien mit Kleinkindern ihre Strandkörbe, da sie keine Zigarettenstummel im Sand fürchten müssen (Lage → Karte Umschlag vorn). An allen anderen Strandabschnitten ist das Rauchen grundsätzlich erlaubt.

Kite- und Surfstrand

Im Inselwesten befindet sich zwischen den Dünenübergängen Hunpad und Kinderkur der zumeist menschenleere Kite- und Surfstrand Langeoogs. Hier ist von Mitte April bis Mitte Oktober der Standort der Kite- und Windsurfschule *Tidens Surfhuus*, warten Surferinnen und Surfer darauf, dass der Wind gut steht (was er meistens tut) und genießen beim klassischen Windsurfen mit Segel, beim Kiten und beim Stand-Up-Paddling das schöne Sommerrevier (→ Sport und Aktivitäten/Wind-, Kite- und Wingsurfen/Wellenreiten/SUP, S. 139). Das rund 130 Hektar große Gebiet ist mit weißen und roten Bojen abgegrenzt. Die Markierungen dienen dazu, die Vögel zu schützen und sind zwingend einzuhalten, um die Tiere nicht unnötig aufzuscheuchen.

Baderegeln für die Nordsee

Generell ist das Baden in der offenen Nordsee nur bei auflaufendem Wasser, also in der Zeit von **Niedrig- bis Hochwasser** zu empfehlen. Bei ablaufendem Wasser zieht der Ebbstrom selbst sehr gute Schwimmer hinaus aufs offene Meer, was **Lebensgefahr** bedeutet (→ Sicherheit/Strömungen, S. 128). Die jeweiligen **Badezeiten** sind an den Türmen der DLRG angezeigt. Nach einem längeren Sonnenbad sollte man nur langsam ins Wasser gehen und sich zunächst abkühlen, damit sich der Kreislauf an den

Temperaturunterschied gewöhnen kann. Da ein Aufenthalt im Salzwasser dem Körper Flüssigkeit entzieht, sollte man während eines Strandtages viel trinken – am besten Mineralwasser. Besondere **Vorsicht** gilt bei ablandigem Wind. Dann treiben nicht nur Schlauchboote, Schwimmreifen und Luftmatratzen schnell Richtung offenes Meer, sondern auch Badende. Man sollte sich deshalb einen Orientierungspunkt an Land suchen und im Auge behalten. Längere Strecken sollte man besser parallel zum Strand schwimmen als Richtung offenes Meer.

Denken Sie daran, Kinder nie allein ins Wasser oder unbeaufsichtigt zu lassen. Seepferdchen-Träger sind keine sicheren Schwimmer. Achten Sie bei kleinen Kindern auf TÜV-geprüfte Schwimmhilfen, besser noch Rettungswesten. An stürmischeren Tagen macht das **Wellenspringen** in der Brandung großen Spaß, ist jedoch nicht ungefährlich. Rettungsschwimmer empfehlen, dann nur knietief zu baden, um nicht weggerissen zu werden. Wer sich bei stärkerer Brandung ins Wasser traut, sollte zuvor einige Minuten andere Badegäste beobachten, um ein Gefühl für den Wellengang zu bekommen. Zieht ein **Gewitter** auf, ist Baden lebensgefährlich.

☑ Der Wellengang an der Nordsee sollte nicht unterschätzt werden

lan_247sk

Führungen, Rundfahrten und Rundflüge

Seehunde beobachten

„Alle Mann an Bord!“, heißt es, wenn die Inselschiffahrt zu **Ausflügen** und **Tagestouren** in See sticht. Zu den verschiedenen Fahrten, die von Frühjahr bis Herbst angeboten werden, gehören Törns zu den Seehundbänken ins **Baltrumer Wattenmeer** und zu den Seehunden am **Osterhook** (je nach Tour ab 18 € p.P., Kinder von 6 bis 15 Jahren zahlen ab 10,60 € pro Tour). Die Wahrscheinlichkeit die Tiere zu sehen, ist sehr hoch, da sich der **Seehundbestand** an der Nordseeküste gut entwickelt. Mit etwas Glück lassen sich die Robben sogar bereits bei der Ein- oder Ausfahrt in den Langeooger Hafen beobachten.

- **Infos und Tickets: Schiffahrt Langeoog,** Inselbahnhof, Tel. 693260 sowie in der Tourist-Info im Haus der Insel und auf www.langeoog.de.

Auf nach Helgoland

Seit 2022 bringt der Katamaran der *Reederei Cassen Eils* Langeoog-Gäste per Tagesfahrt nach Helgoland. Mit bis zu 28 Knoten geht es innerhalb von 90 Minuten auf „Deutschlands einzige Hochseeinsel“, wie sie oft bezeichnet wird. Rund 60 Kilometer vom niedersächsischen Festland entfernt, begeistern der Anblick der Langen Anna, des 47 Meter hohen freistehenden Felsens, ebenso wie die kleinen bunten Hummerbuden im Unterland und der spektakuläre Klippenrandweg.

- **Infos und Tickets: Reederei Cassen Eils,** 4 Std. Inselaufenthalt, zoll- und steuerfreie Einkaufsmöglichkeiten, Erw. 72,50 €, Kinder (4–14 J.) 42,50 €, Familie (2 Erw., 3 Kinder) 187 €, Tel. 04721 667600, www.cassen-eils.de/langeoog.

Regeln im Watt

- **Niemals allein ins Watt gehen,** sondern nur mit erfahrenen Wattführern. Das Meer kehrt erstaunlich schnell zurück und dann versperren vollgelaufene Priele den Rückweg. Priele und Schlickfelder bieten zudem keinen festen Untergrund. Wer bis zu den Oberschenkeln einsinkt, kann sich nicht selbst befreien.
- **Nur bei gutem Wetter und tagsüber eine Tour machen,** bei starkem Regen, Gewitter, Sturm oder Nebel werden Wanderungen aus gutem Grund abgesagt. Auch Seenebel ist im Watt gefährlich – innerhalb von Minuten beträgt die Sicht nur noch wenige Meter und es ist kaum möglich sich zu orientieren.
- Wenn jemand in Not geraten ist, **sofort den Rettungsdienst alarmieren.** Versuchen Sie nicht, zum Hilfesuchenden zu eilen, da Sie sich dann beide in Gefahr bringen.

Fahrt mit dem Fischkutter

„Fahrt ins Watt mit Schaufischfang" ist das Motto der Tour mit dem Originalfischkutter Möwe und Kapitän *Steffens* samt Crew. Sie stechen **mit Fanggeschirr** in See und erklären, was ihnen ins Netz gegangen ist. Egal ob Seesterne, Einsiedlerkrebse, Schollen oder Garnelen – die Beute wird nach ausführlicher Erklärung zurück ins Meer geworfen. Gefangene Krabben werden an Bord gekocht, und es gibt einen kleinen Lehrgang im Krabbenpulen. Die Fahrt dauert rund 2 Stunden. Erwachsene zahlen 25 €, Kinder (4–15 Jahre) 15 €, Familien 75 €; Termine, Abfahrtszeiten und Karten im Geschäft von 33 **Fisch-Klette,** An den Bauhöfen 2, Tel. 912960, www.klette.info.

Wattwanderungen

Eine Wattwanderung gehört zu einem Nordseeurlaub wie der Sand zwischen den Zehen. Ein **Spaziergang auf dem Meeresboden** sollte sich niemand entgehen lassen. Die ganze Saison über gibt es zahlreiche **Führungen** mit zertifizierten Wattführern, darunter auch Touren, die sich speziell an Familien richten. Ohne zertifizierten Wattführer darf man auf Langeoog das Watt und die Salzwiesen als Teil der Ruhezone des Nationalparks nicht betreten. Und auch für die eigene Sicherheit ist es dringend angeraten (siehe Exkurs). **Treffpunkt** ist immer das Deichschart an der Ecke Willrath-Dreesen-Straße/Seedeich, das gut mit dem Fahrrad zu erreichen ist. Von dort geht es gemeinsam über einen

Starker Regen ist ein Grund, eine Wattwanderung abzusagen, ein bisschen frischer Wind und Nieselregen allerdings nicht ...

lan_123sk

Sandweg ins Inselwatt. Während der Exkursion erläutern die Gästeführer Wissenswertes über das Ökosystem Wattenmeer, über Ebbe und Flut, den Lebensraum der Wattvögel und die Tücken von Senken, Prielen und Schlickfeldern. Besonders **Kinder** sind von den gefundenen Muscheln, kleinen Fischen, Garnelen, Schnecken, Strandkrabben und Wattwürmern fasziniert. Im **Sommer** sollte man an eine Kopfbedeckung und Sonnenschutz denken, da die Sonnenstrahlung im Watt sehr intensiv ist. Außerdem empfiehlt sich eine winddichte, regenabweisende Jacke und kurze Hosen sowie festsitzende Turnschuhe oder Socken mit festen Sohlen (Wattsocken oder Wattschuhe), die auch vor scharfkantigen Muscheln schützen. Bei sommerlichen Temperaturen (über 20 °C) ist auch **Barfußlaufen** ein besonderes Erlebnis. Vor allem bei den inselnahen Führungen für Familien ist die Gefahr, sich an einer Muschel zu schneiden nicht so groß.

Die Termine für Wattwanderungen finden sich auf **www.langeoog.de** und im **Utkieker** sowie bei der **Tourist-Info** im Haus der Insel, wo es auch die Tickets gibt (Touren ab 90 Min, Erwachsene ab 16 €, Kinder 8 €).

Zu Fuß nach Langeoog

Ein besonderes Abenteuer ist die **Wattquerung** „Zu Fuß nach Langeoog“, die als eine der **anspruchsvollsten Wanderungen** an der ostfriesischen Wattenmeerküste gilt. Sie wird im Sommer an besonderen Terminen vom früheren Langeooger *Joke Pouliart* angeboten. **Start** ist in Neuharlingersiel (für Inselurlauber gibt es von Langeoog aus eine passende Fähre sowie einen Bustransfer ab Bensersiel). Von dort geht es rund 3½ Stunden über zehn Kilometer auf dem alten **Schmugglerweg** zu Fuß durchs **UNESCO Weltnaturerbe,** durch Schlick, Priele und über Muschelriffe bis mit der Flut das Ostende Langeoogs erreicht ist. Nach einer Pause in der Meierei „laufen sich die 12 Kilometer bis ins Inseldorf fast wie von allein“, ist *Pouliart* fröhlich überzeugt. Sportliche Abenteuertour, die ab 12 Jahren empfohlen, ab 8 Jahren grundsätzlich möglich ist (41 € pro Person zzgl. Fährüberfahrt von Langeoog nach Bensersiel, www.wattwanderzentrum-ostfriesland.de, Tel. 0173/9978231, Termine ebenfalls auf www.langeoog.de und im Utkieker).

Mit der Kutsche die Insel bequem erkunden

Orts- und Naturführungen

Langeoogs Gästeführer geben auf unterschiedlichen Touren einen Einblick in die Vergangenheit und Gegenwart der Insel, in ihren Alltag und die beeindruckende Inselnatur im Weltnaturerbe Wattenmeer. Aktuelle Termine und Tickets bei der Tourist-Info im Haus der Insel und auf www.langeoog.de.

Gemeinsame Fahrradtour

Jeden Donnerstag um 10.30 Uhr bietet der Insulaner *Peer Agena* eine **zweistündige Fahrradtour** zu den schönsten Plätzen der Insel an (Änderungen möglich). Start ist am *Info-Café*, Wiesenweg 1. Fahrräder sind mitzubringen, Erwachsene zahlen 15 €, Kinder (6–15 Jahre) 8 €, Karten in der Tourist-Info im Haus der Insel.

Kutschfahrten

Einen guten **ersten Überblick** bietet eine Inselkutschfahrt, die rund eine Stunde dauert und für Erwachsene 12 € und für Kinder (ab 3 Jahren) 8 € kostet. Die Kutschfahrten finden zum Teil mehrmals täglich statt und starten am Inselbahnhof. Die dreistündige Kutschfahrt zur *Meierei* (Aufenthalt 1 Stunde) kostet 25 € für Erwachsene und Kinder ab 12 Jahren sowie 15 € für Kinder ab 3 Jahren. Sie startet je nach Kutschbetrieb täglich außer dienstags (Ruhetag der *Meierei*) gegen 13.30 oder 14 Uhr.

Buchung: In der Tourist-Info im Haus der Insel erhält man eine Übersicht aller Touren mit Preisen, Abfahrtszeiten und den Telefonnummern der anbietenden Kutschbetriebe, bei denen man sich direkt anmelden kann. Aktuell sind dies: *Uwes Pferdemobil*, Tel. 0179/7614788, *Langeooger Kutschfahrten*, Tel. 0175/4601045 und *Kutschfahrten Wilts*, Tel. 990777.

lan_248sk

Inselrundflug

Die Insel und das Wattenmeer aus der **Vogelperspektive** zu erleben, ist mit einem Rundflug über Langeoog möglich. Feste Termine gibt es für diese nicht. Sie können über die Inselflieger in Harle vereinbart werden (www.inselflieger.de, Tel. 04464/94810, 15 Minuten Rundflug für 1–2 Personen, 150 €, 30 Min./260 €).

Auch der Langeooger *Gert Kämper* nimmt Passagiere mit (Flüge auf Anfrage, 30 Min. für 2 Personen ab 200 €, Tel. 0152/53689344).

Unterhaltsames, Besinnliches, Kreatives

Viele Veranstaltungen

Die Auswahl an Unterhaltungsmöglichkeiten – Lesungen, Klassik, Kabarett, Comedy, Konzerte, Film- und Infoabende – auf Langeoog ist abwechslungsreich, vor allem in den Sommermonaten. Doch auch im Frühjahr und Herbst gibt es täglich einiges an Programm. Die genauen Termine stehen detailliert im Utkieker, auf www.langeoog.de und www.langeoognews.de sowie ortsweit in zahlreichen Aushängekästen.

Bücherei und Lese-Lounge

Mit fast 3000 Büchern (Krimis, Klassiker, Plattdeutsches & Heimatkundliches, Ratgeber, Lyrik, Kinder- und Jugendliteratur) bietet die Vertrauensbibliothek **im Gemeindehaus „Beiboot"** neben der evangelischen Kirche, Hauptstr. 15, ausreichend Lesestoff für den Inselaufenthalt (täglich durchgehend geöffnet, Ausleihe kostenfrei und ohne Ausweis möglich, auch Bücher-Flohmarkt mit aussortierten Bänden; viele spenden ausgelesene Urlaubslektüre). Im Haus der Insel gibt es eine Lese-Lounge, wo eine große Auswahl an Zeitungen und Magazinen (online über www.sharemagazines.de) zur Verfügung steht.

lan_249sk

Chöre

Auf Langeoog wird gern und viel gesungen. Schon frühere Inselpastoren halten fest, dass der Gemeindegesang im Gottesdienst „kräftig“ (1934) und „frisch und lebendig“ (1953) klingt. Und es wird nicht nur in der Kirche und beim Dünensingen (s.u.) gemeinsam mit den Inselgästen musiziert, sondern auch für sie. Bereits 1952 wurde der **Langeoog-Chor „De Likedeeler“** (damals noch unter dem Namen Gesangsverein Langeoog) gegründet (Likedeeler ist Plattdeutsch für Gleichteiler – eine Bezeichnung, die für die Vitalienbrüder von Seeräuber *Klaus Störtebeker* benutzt wurde). Der Chor präsentiert regelmäßig im Haus der Insel **Heimatlieder** und **Schlager** vom Meer sowie Unterhaltsames „op Platt“ mit Akkordeonbegleitung. Nie fehlen darf *Lale Andersens* „Lili Marleen“ und da die Liedtexte auf Leinwand projiziert werden, ist das Publikum zum Mitmachen eingeladen.

Weit über Langeoog hinaus bekannt sind **„De Flinthörners“** (www.flinthoerners.de), der etwas andere **Shantychor,** 1985 gegründet. Als Seemänner und Piraten gekleidet, zeigt die Besatzung vor dem Bühnenbild von Inselmaler *Anselm* und unter der Leitung von *Elisabeth „Puppa“ Peters* ihr Können und das ist beachtlich: Das Repertoire umfasst Seemannsballaden und klassische Shantys, also rhythmische Lieder, die die harte Arbeit an Bord von Segelschiffen erleichtern sollten, heiter und ernst, auf Deutsch, Plattdeutsch, Englisch, Französisch. Immer mitreißend und unterhaltsam moderiert und mit beeindruckenden Soloeinlagen. Stets dürfen die anwesenden Kinder nicht nur zuschauen, sondern für einen Song auch mit auf der Bühne stehen. Der Kartenvorverkauf ist u.a. in der Tourist-Info im Haus der Insel und in der *Buchhandlung Krebs* am Wasserturm. Konzerte während der Saison in der Regel alle zwei Wochen am Montagabend.

Beliebt sind zudem die Auftritte des jüngsten Ensembles, des 2006 gegründeten **Langeooger Gospelchores**, der mehrmals im Jahr in der evangelischen Inselkirche zu hören ist.

Dünensingen

Jeden Dienstag füllt sich im Sommer um 20 Uhr das Dünental zwischen Wasserturm und Hauptbad mit mehreren Hundert Menschen. Dann wird rund eine Stunde gemeinsam zur **Akkordeonbegleitung** von Mitgliedern des **Langeoog-Chores „De Likedeeler“** aus dem Langeooger Liederbuch gesungen (vor Ort sowie in der Tourist-Info für 3 € erhältlich). Chorsänger *Herbert Burmester*, stilecht mit Schiffermütze, Matrosenhemd und See-

Beim Dünensingen treffen sich alle

mannsbart, stimmt klassische **Volks- und Seemannslieder** wie „Das kann doch einen Seemann nicht erschüttern", „Dat du min Leevsten büst" und „Lili Marleen" an. Bei Regen findet die kostenfreie Kultveranstaltung unter dem Vordach der Apotheke, Am Wasserturm 8, statt. Im Frühjahr und Herbst beginnt das Dünensingen bereits eher (je nach Sonnenuntergang zwischen 17 und 19.30 Uhr), einfach die Aushänge beachten

Kino

Sechs Tage die Woche hat Langeoogs kleines Kino, das **Windlicht** (Am Hospizplatz 7), geöffnet (Ruhetag ist mittwochs). Gezeigt wird ein alle zwei Tage wechselndes Programm aus aktuellen Blockbustern und Arthouse-Produktionen sowie Kinderfilmen. Aktuelle Infos unter www.windlicht-langeoog.de, in den Aushängen am Kino sowie unter Tel. 92250.

Kreatives

Nicht nur Kinder, auch Erwachsene können auf Langeoog kreativ werden. Bei einem **Malkurs** im *Atelier am Meer* lässt sich zum Beispiel der Zauber einer Dünenlandschaft auf die Leinwand bannen (→ S. 28). Die Langeooger Künstlerin *Marlies Eggers* bietet regelmäßig die beiden 3- bis 4-stündigen Workshops „Abstrakte Malerei" und „Landschaftsmalerei" in der *Spöölstuv*

Langeooger Nachtleben – Die Düne 13

Wer auf Langeoog bis in die frühen Morgenstunden feiern und tanzen wollte, ging bis Sommer 2022 in die *Düne 13*. Die Musik- und Partykneipe direkt am Meer hatte in der Saison stets geöffnet, „bis der Letzte geht", was laut Inhaber *Ron Piekarski* meist irgendwann zwischen 5 und 8 Uhr morgens der Fall war. Momentan ist das komplette Inventar der schmerzlich vermissten **Kultkneipe** eingelagert. Das Gebäude direkt an der Höhenpromenade, in dem sich auch das *Panoramarestaurant Seekrug* befand, ist verkauft worden und wird komplett saniert. Das *Düne 13*-Team hat die Zusage, an gleicher Stelle wieder eröffnen zu können; momentan gehen sie von 2026 aus. Bis dahin sind *Ron* & Co im **25** **Lieblingscafé** in der Hauptstraße anzutreffen. Wenn sie nicht gerade die ein oder andere Party am Strand oder anderswo organisieren ...

(Kavalierpad 3) an, bei denen in kleinen Gruppen (ab 15 J.) das freie Experimentieren mit Farben, Bildkomposition, Techniken und Materialien im Vordergrund steht (Mo 17.30 und Mi 14.30 Uhr, 72 € inkl. Material, Termine im Utkieker und auf langeoog.de, Infos und Anmeldung bei *Marlies Eggers*, Tel. 0163/7374430, www.marlies-eggers.de). Das „Auge" für den richtigen Moment schult *Marlies Eggers* bei ihren Smartphone-Exkursionen bei denen es mit dem Rad durch die Inselnatur geht und auch am Strand Fotos jenseits der bekannten Stereotype entstehen (Di und Do, Treff am Inselbahnhof 9.30 Uhr, 50 €, Anmeld. s.o.).

Wer sich für selbstgestalteten Schmuck interessiert, ist beim **Bernsteinschleifen** in den 5 **Bunten Buden** (→ S. 31/262) oder bei einem **Goldschmiedeseminar** in der 35 **Hofgoldschmiede** (→ S. 81) richtig. Verschiedene Arten von **Handarbeitskursen** sind im 38 **Glückslädchen** möglich (→ S. 82).

Hier wird ab 2026 hoffentlich wieder bis früh morgens gefeiert

lan_250sk

Kirchen

Die drei Langeooger Kirchengemeinden sind sehr aktiv und arbeiten oft eng zusammen. Sie werden unterstützt von zahlreichen Kurseelsorgern, die für zwei bis vier Wochen vor Ort sind und bieten so ein umfassendes Programm an Gottesdiensten, Messen, Seelsorgeangeboten, besonderen Gebeten, Musikandachten, Vorträgen, Pilgerspaziergängen, Orgelmomenten und Kirchenführungen. Sehr viele Inselgäste nutzen die Möglichkeit, fernab ihres Alltags zur Ruhe zu kommen und über allgemeine Lebensthemen nachzudenken. Alle Veranstaltungen sind sehr ausführlich im aktuellen Utkieker beschrieben.

■ Die **Evangelisch-lutherische Inselkirche** mit ihrem interessanten Altarbild befindet sich in der Kirchstr. 3 (→ Kap. 1, Evangelische Inselkirche, S. 35). Rund die Hälfte der Inselbewohner gehören der evangelisch-lutherischen Kirche an. Neben Inselpastorin *Jeannette Schurig* predigen regelmäßig Kurpastoren, die auf der Insel ihre Ferien verbringen. Insulaner und Urlaubsgäste sind für die musikalische Begleitung besonderer Gottesdienste zur ProjektChor-Probe eingeladen. Die Inselkirche ist täglich von10 bis 17 Uhr geöffnet. Nebenan befindet sich das Haus der Kirchengemeinde „Beiboot". Im Beiboot laden der 24 **Eine-Welt-Laden** und die Vertrauensbibliothek zum Stöbern ein (→ Bücherei und Lese-Lounge, S. 154). Hier findet zudem jeden zweiten Samstag im Monat von Mai bis September (13–17 Uhr) der beliebte Regenbogenmarkt statt – mit einem bunten Angebot aus Flohmarktständen, Kunsthandwerk, Handarbeiten und Fairtrade-Artikeln. Kontakt: Pfarramt Tel. 922449, www.inselkark.de.

■ Die **Katholische Kirchengemeinde St. Nikolaus** am Strandjepad 1 gehört zum Bistum Osnabrück. Pastoralreferentin *Susanne Wübker* ist mit der Seelsorge und Gemeindeleitung betraut. Die priesterlichen Dienste nehmen übers Jahr zahlreiche Kurpastoren wahr. Gäste, die musikalisch die Gottesdienste mitgestalten möchten, sind herzlich willkommen. Der Grundstein für die Kirche im Inselwesten wurde im Januar 1961 gelegt (→ Kap. 1, Katholische Kirche St. Nikolaus, S. 44). Geöffnet ist täglich von 8 bis 20 Uhr. Kontakt: Tel. 430, www.st-nikolaus-langeoog.de.

■ Die **Freie evangelische Gemeinde** ist im christlich geführten 9 **Hotel Bethanien** (Diakonie Bethanien), Barkhausenstr. 31–33, zuhause. Gottesdienste und Morgenandachten durch Urlaubspastoren, Workshops und Gesprächsangebote. Kontakt: Tel. 6910, www.hotel-bethanien.de.

▷ Eine-Welt-Laden und Bibliothek:
All das findet sich im „Beiboot" der evangelischen Inselkirche

lan_251sk

Wellness und Entspannung

Thalasso-Nordseeheilbad

Der Begriff Thalasso-Therapie wurde erstmals 1867 von dem französischen Badearzt *La Bonnardière* benutzt, doch bereits im alten Ägyptern und in der Antike war die **Heilkraft des Wassers** bekannt. Thalasso-Therapie (abgeleitet vom altgriechischen „thálassa" für Meer) setzt auf die Kraft des Meeres als Heilmittel und ist heute **Wellness-, Präventions- und Behandlungsansatz** zugleich. Dazu zählen zum einen Aktivitäten an der frischen Nordseeluft, die besonders jod-, salz- und magnesiumhaltig ist und zudem pollenarm und abgasfrei. Egal ob beim Spaziergang am Meer, beim Bad in der Brandung oder während der Strandgymnastik – die in der Luft zirkulierenden Aerosole, mikroskopisch kleine Partikel, aktivieren das **Herz-Kreislauf-System,** stärken das **Immunsystem** und lindern **Migräne, Haut- und Atemwegserkrankungen.** Die Mineralstoffe, Vitamine und Spurenelemente kommen auch bei Anwendungen mit Salz, Algen, Sand und Schlick zum Tragen. Vor allem die Haut wird so gut mit Feuchtigkeit versorgt, aber auch bei Gelenk- und Rheumaerkrankungen ist eine positive Reaktion festzustellen.

Langeoog ist seit 2014 als **Thalasso-Nordseeheilbad** zertifiziert. Das **Kur- und Wellnesscenter** der Inselgemeinde (KWC) mit seinen zahlreichen Angeboten (s.u.) hat dabei mehrere Hotelpartner, die als **geprüfte Thalasso-Einrichtungen** ebenfalls eine besondere Expertise in diesem Bereich aufweisen. Hierzu zählen zum Beispiel das *Hotel Kolb*, das *Retro Design Hotel*, das

Hotel Norderriff, das *Logierhus* sowie das Hotel *Die Sandburg*. Zu den Thalasso-Therapiewegen → Sport und Aktivitäten, S. 138.

NordseeSPA im KWC

Das *NordseeSPA* im **Kur- und Wellness-Center** bietet verschiedene Meerwasserwohlfühlbäder (mit Meeresalgen oder Rosen-, Sanddorn- oder Bernsteinöl, 60 Min. mit Ganzkörpermassage und Getränk ab 79 €), eine Meeresschlickpackung (mit Massage, 60 Min./69 €) sowie verschiedene Massagen (etwa 60 Min. Hot Stone/Langeooger Flint-Massage mit Getränk 99 €; Fußreflexzonenmassage 30 Min. 43 €, ayurvedische Ganzkörpermassage 70 Min. 115 €). Buchung und Anmeldung: Kur- und Wellness-Center, Kurstr. 3, Tel. 693215, www.nordseespa.de (auch online buchbar).

Wellness im Hotel

Neben den Wellness- und Therapieangeboten des *NordseeSPA* im KWC und der kleinen Saunalandschaft im Meerwassererlebnisbad (→ Sport und Aktivitäten, S. 137) gibt es in einigen Hotels Sauna- und Spa-Bereiche, die nach vorheriger Anmeldung auch für externe Gäste zugänglich sind (→ Karte „Unterkunft", S. 164):

8 „Beauty Insel" im Hotel Kolb Lifestyle, Barkhausenstr. 30–32, Tel. 91040, www.hotel-kolb.de. Spa- und Wellnesslandschaft mit Pool, verschiedenen Saunen, Salz- und Felsengrotte, Lounge mit Kamin, Ruheraum mit Wasserbetten, Außenbereich. Auch Buchung von Massagen, kosmetischen Gesichtsbehandlungen und Anti-Aging-Programmen möglich. DaySpa nach Anmeldung 25 €.
20 Spa im Hotel Logierhus Langeoog, Mittelstr. 10, Tel. 911932, www.logierhus-langeoog.de. Wellnessmassagen sowie Kosmetikbehandlungen buchbar.
23 Upstalsboom Hotel Tom Brok, Friesenstr. 1–5, Tel. 990210, www.hotel-tombrok-langeoog.de. Großer Wellnessbereich für Massagen sowie Sauna und Pool. DaySpa-Ticket nach Anmeldung 18 €.

Kosmetikstudio

■ **Meermaid – Kosmetik am Meer,** Am Blumental 1d, Tel. 0175/3691011. *Stephani Arlinghaus,* staatl. geprüfte Kosmetikerin, bietet in ihrem Studio medizinische Kosmetik (Fruchtsäuren, Dermabrasion, Microchanneling, Nanoneedling), außerdem Waxing, Sugaring und Wimpern-Lifting. Sie arbeitet mit Produkten von *Fusion Meso* sowie der Bio-Kosmetik-Marke *Doctor Eckstein*.

Unterkunft

→ Camping, S. 73

Im Sommer ist die Insel ausgebucht

Rund 240.000 Gäste und 1,5 Mio. Übernachtungen zählt Langeoog jährlich – der Großteil von ihnen übernachtet in einer Ferienwohnung. Im Sommer ist die Insel ausgebucht, und die knapp **9000 Gästebetten** sind dann alle belegt. Spontan eine Herberge zu finden, ist dann äußerst unwahrscheinlich, frühzeitiges Buchen auf jeden Fall zu empfehlen. Da Langeoog bei Familien äußerst beliebt ist, sind neben den Sommerferien auch die Oster- und Herbstferien sehr gut besucht. Von Anfang November bis März geht es dann – mit Ausnahme der Weihnachts- und Silvestertage – deutlich ruhiger auf der Insel zu, auch die Insulaner machen dann Ferien und viele Hotels – wie auch einige Geschäfte und Restaurants – für einige Wochen zu.

Ein besonderer Tipp für Kurzentschlossene ist die Facebook-Gruppe „Wenn Du auf Langeoog mieten, vermieten oder werben möchtest". Hier kann man zum einen selbst eine Anfrage stellen, aber vor allem auch mitlesen, wenn aufgrund von kurzfristigen Stornierungen Unterkünfte frei werden oder Vermieter Lücken anbieten.

Tourismus-Service Langeoog

Eine erste Anlaufstelle bei der Unterkunftssuche ist der Tourismus-Service Langeoog. Einmal im Jahr gibt er das Langeooger **Gastgeberverzeichnis** heraus, das immer im Herbst neu erscheint. Es enthält einen umfassenden **Überblick über die Hotels, Pensionen und Ferienwohnungen** der Insel. Es kann auf www.langeoog.de kostenfrei bestellt werden. Dort findet sich auch das Buchungsportal des Tourismus-Service mit zahlreichen Möglichkeiten die eigene Suche zu konkretisieren. Auch die **Mitarbeiter des Urlaubsservice** im ersten Stock des Inselbahnhofs helfen bei der Zimmervermittlung und auch bei der Organisation von Gruppenreisen, Tel. 693-266, -267, -269 (urlaubsservice@langeoog.de).

Private Anbieter

Zahlreiche weitere (private) Vermittler bieten vor Ort sowie im Internet eine **große Auswahl an Apartments, Ferienwohnungen und -häusern** an. Auch hier kann die eigene Anfrage durch Angabe verschiedenster Suchkriterien präzisiert werden:

- **„Die Inselvermietung"**, Büro in den Bunten Buden am Hauptbad, Kavalierpad 12, Tel. 912923, www.langeoog-nordsee.de. Große Unterkunftsauswahl.

■ **„Seewohnen"**, Barkhausenstr. 24, Tel. 91000, www.seewohnen.de. Strandvillen, Ferienhäuser und -wohnungen. Angebote auch in einem jährlich aktualisierten Katalog.
■ **Vermietung am Meer**, Barkhausenstraße 24, Tel. 0441/30423970, www.vermietung-am-meer.de. Ferienwohnungen.

Preise

Das Preisniveau der Unterkünfte – insbesondere in den Schulferien – ist **höher als auf dem ostfriesischen Festland.** Für eine Ferienwohnung (4 Personen, 2 Schlafzimmer) muss man in der Hauptsaison mit rund 140 €/Nacht rechnen.

Wer eine günstige Wohnung sucht, muss sich sehr früh bemühen, denn gerade diese sind schnell vergeben (→ Geld/Langeoog preiswert, S. 107). In der Nebensaison sind die Preise manchmal deutlich niedriger. In den Hotels variieren die Preise zwischen Hoch- und Nebensaison etwas weniger. Mit besonderen Arrangements lässt sich hier zusätzlich Geld sparen.

Belegungszeit

Die Mindestbelegungszeiträume sind **von Vermieter zu Vermieter verschieden.** Für eine oder zwei Nächte kommt nur ein Hotel infrage. Bei Pensionen sollte man von minimal drei Tagen ausgehen, bei Ferienwohnungen und Apartments in der Hauptreisezeit von mindestens einer Woche, mitunter sind in den Oster- und Herbstferien sowie über Brückentage auch Buchungen

Gemütliche Atmosphäre im Restaurant des Hotel Bethanien

lan_252hb

für vier bis fünf Nächte möglich, außerhalb der Saison auch noch weniger – nachfragen lohnt sich, falls Vermieter gerne noch eine Buchungslücke füllen möchten.

Ausstattung

Die Ausstattung von Ferienwohnungen und Hotels auf der Insel ist **gut.** Hochstühle für Kleinkinder oder zusätzliche Babybetten sind in fast allen Unterkünften vorhanden – manchmal ist die Bereitstellung im Preis inbegriffen, mitunter kostet sie extra. Alle Hotels der Insel haben **WLAN.** Auch bei Ferienwohnungen ist kostenfreies WLAN mittlerweile zum großen Teil Standard, es wurden gerade in diesem Bereich in den vergangenen Jahren viele Unterkünfte renoviert, so dass modern-maritim gestaltete und gemütliche Ferienunterkünfte entstanden sind – was sich allerdings auch auf die Preise ausgewirkt hat.

Preiskategorien

Die Preisangaben in diesem Reiseführer gelten **pro Person bei einer Übernachtung im Doppelzimmer** bzw. in einer Suite **mit Frühstück** oder in einem 1-Zimmer-Apartment in der Hauptsaison. Die Reihenfolge der Hotels ist alphabetisch.

①	bis 95 €
②	95–110 €
③	110–130 €
④	über 130 €

Hotels

10 Apartmentvilla Anna See①-②
Barkhausenstr. 23, Buchungstelefon 04921/89973203, www.upstalsboom-ferienwohnungen.de/langeoog. 49 hochwertig ausgestattete, moderne Ferienapartments für bis zu 7 Personen (30 bis 103 Quadratmeter) mit Balkon oder Terrasse. Direkt am Kurviertel, nur 400 Meter bis zum Meer. Finnische Sauna und Sanarium im Haus, ebenso abschließbare Abstellmöglichkeit für Fahrräder und Ladestation für E-Bikes, Waschmaschine und Trockner (Münzgeräte).

MEIN TIPP: **9 Hotel Bethanien**①-②
Barkhausenstr. 31–33, Tel. 6910, www.hotel-bethanien.de. „Christlich. ostfriesisch. echt“: Von der *Diakonie Bethanien* geleitetes Hotel mit Einzel-, Doppel- und Familienzimmern, die sich auf drei Häuser verteilen. Direkt in der Ortsmitte am Kurpark gelegen überzeugt die skandinavisch-nordische und herzliche Atmosphäre. Barrierearmes Haus mit gutem Frühstücks- und abwechslungsreichen Mittags- und Abendbuffets. Als klimafreundlich zertifiziert. Die Küche setzt auf bio-regionale und fair gehandelte Produkte. Im Sommer auch Morgenimpulse, Gottesdienste und Vorträge. Mit Fitnessraum, Fernsehzimmer und Kinderspielecke. Besondere Bildungs- und Seminarangebote.

NORDSEE
Sportstrand
Strandkorb-vermietung
Sportpalast
Höhenpromenade
Hospiz-pad
Tischtennishalle
Warmbadweg
Atelier am Meer
DLRG-Turm Hauptbad
Strandkorb-vermietung
Höhenpromenade
Kavalierpad
Am Hospizplatz
Spöölstuv
Kino
Strandhalle
Kavalierpad
Kur- und Wellness-Center
Haus der Insel/ Schiffahrtsmuseum
Spielplatz
Hauptbad
Sport-zentrum
Erlebnis-bad
Die Insel-vermietung
Bunte Buden
Tennis- und Fußball-Billard-plätze
Kurstraße
Hotel Bethanien
Vermietung am Meer
Nichtraucher-strand
Museums-rettungsboot "Langeoog"
See-wohnen
Vogt-pad
Zum Hauptbad
Kapelle
Haus Meedland
DLRG-Turm Westbad
Treffpunkt Dünensingen
Barkhausenstr.
Kaapdünen
Westerpad
Praxisgemeinschaft Langeoog
Lütje Pad
Strandkorb-vermietung
Höhenpromenade
Wasserturm
Apotheke
Vormann-Otten-Weg
Hauptstraße
Rathaus
Polizei
An der Kaapdüne
Rud.-Eucken-Weg
Branddünenweg
Kirchpad
Beiboot
Haupt-
Heimatmuseum "Seemannshus"
Vangerowpad
Hundestrand West
Mittelstraße
Ev. Kirche
Leuß-Weg
Infohaus
Altes Wasserwerk
Kirchstraße
Körvpad
Kirchpad
Am Blumental
Zahnarztpraxis Dr. Hübener
Otto-
An
Surfschule Tidens Surfhuus
Kath. Kirche
Kosmetik Meermaid
Jakob-
Hunpad
Just-Scheu-Str.
Friesenstraße
Friesenstraße
Um Süd
Kite- und Surfstrand
Strandjepad
Abke-Jansen-Weg
Kirchstraße
Süderdünenring
Flinthörnweg
AWO Langeoogklinik Haus Westwind
Kinderkurstraße
Kiefernweg
Tongers-Pad
Seniorenhus "bliev hier"
Mutter-Kind-Klinik Haus Wittdün
Kinderkur
Süder-
Mutter-Kind-Klinik Langeoog
Rettungswache
Feuerwehr
Schrebergärten
Störtebekerstr.
Am Wald
Am Wald
Hafen
Wäldchen
1
2
3
7
8
9
10
11
13
14
15
16
17
18
19
20
21
22
23
24

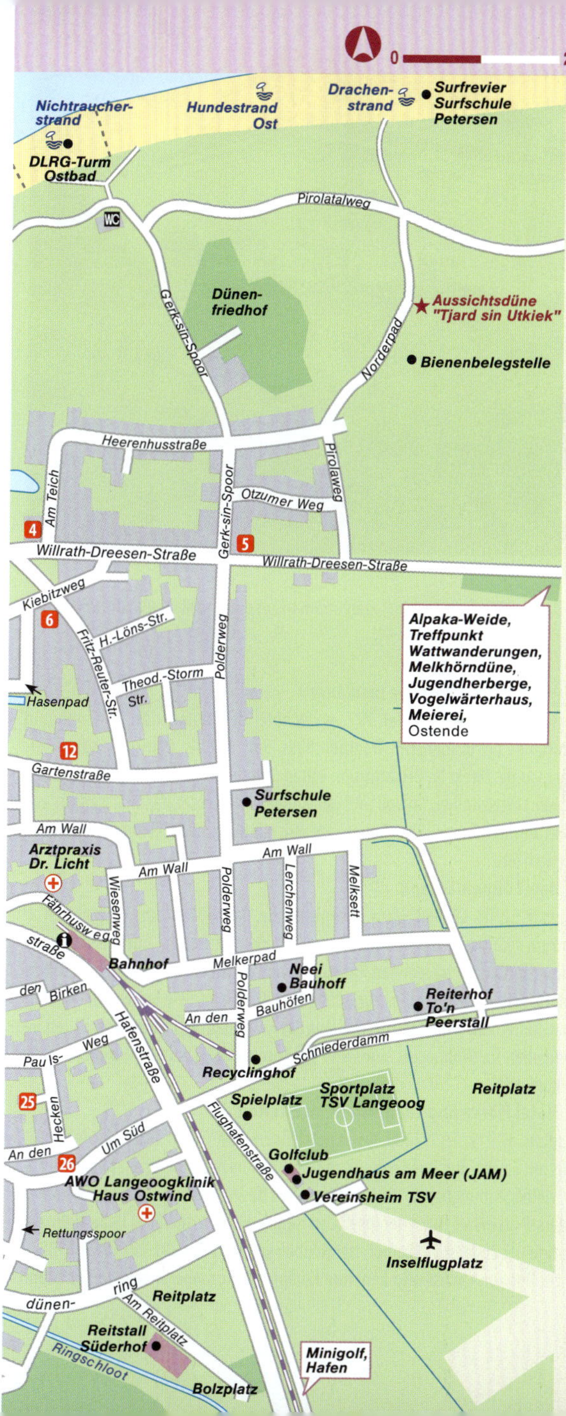

Übernachtung

1. Die Sandburg
2. Silt&Sand
3. Haus Kloster Loccum
4. Schullandheim des Ratsgymnasiums Bielefeld
5. Hotel Norderriff
6. Suiten-Hotel mare
7. Hotel Kolb Classic
8. Hotel Kolb Lifestyle
9. Hotel Bethanien
10. Apartmentvilla Anna See
11. Haus Meedland
12. Jugend- und Gästehaus Lemgo
13. Lüttjeod Apartmentvilla
14. Hotel De Insulåner
15. Inselhotel Langeoog
16. Hotel Nordwind
17. Nordseehotel Kröger
18. Hotel Dünenläufer
19. Hotel Flörke und Langeooger Inselzeiten
20. Logierhus Langeoog
21. Kajüte
22. Retro Design Hotel
23. Upstalsboom Hotel Tom Brok
24. Pension Villa Sperlingslust
25. Suitenhotel Idyll Heckenrose
26. Pension Ingeborg

lan_253sk

Das Hotel de Insulåner im Ortszentrum bietet einen schönen Rundumblick

MEIN TIPP: 14 **Hotel De Insulåner**①-②
Vormann-Otten-Weg 12, Tel. 777, www.hotel-de-insulaner.de. „Wohnen und Wohlfühlen bei Insulanern!" Traditionshaus, das 1912 als „Deutscher Kaiser" eröffnet wurde. Direkt im Ortszentrum. Suiten (mit separatem Wohnraum), Doppel- und ein Einzelzimmer. Stilvoll und individuell eingerichtet, familiär geführt von einem aufmerksamen Team. Sonnenterrasse mit Blick auf das Rathaus und seinen Rosengarten.

18 **Hotel Dünenläufer**②-③
Hauptstr. 31, Tel. 682980, www.dünenläufer.de. Das 1901 erbaute Haus mitten im Zentrum verbindet maritime Tradition mit modernem Beach-Look. Insgesamt 17 Zimmer in fünf verschiedenen Kategorien mit viel Holz und Akzenten in Silber-Grau für Gäste ab 14 Jahren. Auch Zimmer mit Balkon sowie Suiten mit Dachterrasse. Außerdem befinden sich im Haus das Restaurant 19 **Kombüse 31** mit einem Laden für Wohnaccessoires und 19 **Tom's Bar**. Gastgebergeführt. Hunde willkommen.

19 **Hotel Flörke und Langeooger Inselzeiten**①-②
Hauptstr. 17–19, Tel. 92200, www.hotel-floerke.de. Traditionsreiches 4-Sterne-Haus mit Einzel- und Doppelzimmern sowie Juniorsuiten, Suiten und Apartments, mit vielen Stammgästen. 1884 eröffnete hier das *Hotel Ahrenholtz* im klassischen Bäderstil als erstes Hotel der Insel. Den Namen Flörke erhielt das Haus 1906, das heutige Gebäude ist ein kompletter Neubau von Ende der 1970er- sowie 1980er-Jahre. Der zur Kirchstraße liegende Komplex *Langeooger Inselzeiten* entstand

2009. Wellnessbereich mit Pool, Kinderbecken, Saunen, Dampfbad und Ruheraum. Wintergarten, schöne Sonnenterrasse. Der blaue Kamin im Aufenthaltsbereich ist ein echter Hingucker. Ostfriesisches Frühstücksbuffet.

25 Suitenhotel Idyll Heckenrose②

An den Hecken 4, Tel. 91190, www.idyll-heckenrose.de. Zehn umweltfreundlich eingerichtete Suiten in modernem friesischen Landhaus. Liegt in einer kleinen Nebenstraße inmitten alter Bäume. Sauna mit Dampfbad. Spielzimmer für Kinder. Frühstücksbuffet.

15 Inselhotel Langeoog②-③

Barkhausenstr. 2, Tel. 91190, www.inselhotel-langeoog.de. Einzel-, Doppel-, Familienzimmer und Suiten direkt in der Ortsmitte, zum Teil mit Meerblick. Das Traditionshaus ist modern mit viel Weiß, Hellblau und Grau gestaltet. Spa-Bereich mit Sauna, Lounge mit Kamin. Frühstücksbuffet im zugehörigen *Restaurant Verklicker*.

7 Hotel Kolb Classic②-④

Barkhausenstr. 30–32, Tel. 91040, www.hotel-kolb.de. Schönes Haus in ruhiger Ortslage, wenige Gehminuten vom Ortskern und Strand entfernt. Helle Einzel- und Doppelzimmer in Rot- und Goldtönen mit viel Holz, teilweise mit Balkon oder

☐ Das Hotel Norderriff liegt auf einer kleinen Düne

lan_137sk

Terrasse. Frühstück und Abendmenüs werden im hoteleigenen *Feinschmecker-Restaurant Schiffchen* serviert, Cocktails & Co in der *Lounge Bar No. 9*. Beauty und Wellness im gegenüberliegenden *Hotel Lifestyle*. Zertifizierter Thalasso-Standort.

8 **Hotel Kolb Lifestyle**③-④

Barkhausenstr. 30–32, Tel. 91040, www.hotel-kolb.de. Nachhaltig gebautes Haus mit 16 modern eingerichteten Junior-Suiten in Beige und Grau. Mit Terrasse oder Balkon. Vielfältiges Spa- und Wellnessangebot sowie Massagen in der hoteleigenen „Beauty Insel". Frühstück und Abendmenüs im gegenüberliegenden *Feinschmecker-Restaurant Schiffchen*.

20 **Logierhus Langeoog**④

Mittelstr. 10, Tel. 91190, www.logierhus-langeoog.de. 4-Sterne-Superior-Haus. Ökologisch und nachhaltig errichtetes Hotel mit Blockheizkraftwerk und moderner Solartechnik. Die inseltypische Architektur mit traditioneller Backstein-Optik nimmt auf die Tatsache Bezug, dass hier früher das örtliche Schulhaus der Insel stand. Alle Zimmer und Suiten sind mit Zirbenholzmöbeln ausgestattet und elektrosmogarm. Gelungener Material-Mix mit warmen Holztönen und hellen Farben. Wellnessbereich mit Bio-Pflegeprodukten, Sauna, Pool, Fitnessraum. Spa-Angebote, auch für externe Gäste.

13 **Lüttjeod Apartmentvilla**①-②

Hauptstraße 9, Buchungstelefon 04921/89973203, www.upstalsboom-ferienwohnungen.de/langeoog. Das frühere *Galeriehotel Feuerschiff* in Sichtweite des Inselbahnhofs wurde seit 2021 komplett saniert und zu 34 m² bis 89 m² großen Ferienapartments für 2 bis 6 Personen umgebaut. Lüttjeod ist Plattdeutsch und bedeutet Kleinod. Im Erdgeschoss der historischen Backsteinvilla – mit dem Baujahr 1889 eines der ältesten Hotelgebäude der Insel – befindet sich das 25 **Lieblingscafé**.

Mein Tipp: 5 **Hotel Norderriff**①-③

Willrath-Dreesen-Str. 25, Tel. 96980, www.hotel-norderriff.de. 4-Sterne-*Boutique-Hotel garni*. Östlich des Ortszentrums gelegenes Haus mit geradlinig-hochwertigen Doppelzimmern, Suiten und Lofts für Gäste ab 16 Jahren. Kleiner Spa. Tolles Frühstück. Zuvorkommend-professioneller Service. Lobby mit wunderschönem Kamin. 300 Meter vom Strand entfernt.

Mein Tipp: 17 **Nordseehotel Kröger**①-③

Hauptstr. 38 (unterhalb des Wasserturms), Tel. 6860, www.nordseehotel-kroeger.de. Klassisch-elegante Einrichtung mit Holzfußböden, durchdachtem Licht- und Farbkonzept und gemütlichen Sofas. Einzel-, Doppel- und Familienzimmer, zum Teil mit Balkon oder Terrasse. Sauna und Spa für Hausgäste. Nah am Strand. Mit *Restaurant Blied* (Küche & Bar) und schöner Terrasse. Familiengeführtes 4-Sterne-Haus.

16 **Hotel Nordwind**①-③

Barkhausenstr. 3, Tel. 91150, www.hotel-nordwind-langeoog.de. Traditionsreiches, aber modernes Inselhotel mitten im Zentrum. Holzfußböden, Boxspringbet-

lan_254sk

Von der Rooftopbar des Hotels „Die Sandburg" (li.) genießt man – ebenso wie von der Strandhalle (re.) – eine schöne Aussicht aufs Meer

ten, kleiner Schreibtisch. Einzel- und Doppelzimmer, Suite, Junior-Suiten zum Teil mit Balkon, außerdem auch ein Apartment. Angeschlossen ist das *Restaurant Alte Post*.

22 Retro Design Hotel②-③
Abke-Jansen-Weg 6, Tel. 6829990, www.retrodesign-hotel.de. 21 Einzel- und Doppelzimmer, Suiten und Familienkombinationen. 2007 als knalliger, aber stilvoller Rückblick in die 1970er-Jahre eröffnet, besticht die Einrichtung nach einem Umbau 2017 durch etwas gedecktere Farben und skandinavisch-maritime Vintage-Möbel. Die Junior-Suiten sind mit einem freistehenden Whirlpool für zwei ausgestattet. Frühstücksbuffet vor Ort, schöne Außenterrasse und Kinderspielecke. Zudem Abendmenü im *Restaurant Schiffchen* und Wellness im *Hotel Kolb Lifestyle* möglich (beide rund 800 Meter entfernt). Hundefreundlich mit Nähe zum Hundestrand und zum Wäldchen. Zertifizierter Thalasso-Standort.

1 Die Sandburg④
Kavalierpad 10, Tel. 990880, www.die-sandburg.com. In unmittelbarer Nähe des Erlebnisbades im Kurviertel und nur durch eine Düne vom Meer getrennt, wurde das Hotel im Sommer 2019 eröffnet. Die Gäste haben die Wahl zwischen 45 modernen Zimmern und Suiten, teils mit Nordsee- und Dünenblick sowie mit Balkon oder Terrasse mit viel Holz und in dezenten Farben. Das Haus verfügt außerdem über zwei Saunen sowie einen Fitness- und Yogaraum. Ein Highlight ist der ganz-

lan_139sk

⌃ Pension Ingeborg: Der Garten ist eine Wohlfühloase

jährig geöffnete 16,5 Meter lange Salzwasserpool auf der Dachterrasse, der mit der Abwärme des hoteleigenen Blockheizkraftwerkes beheizt wird. In der Hauptsaison fünf Nächte Mindestbuchung. Restaurant und Rooftop-Bar (Ausprobieren: Northern Mojito mit Andalö, Sanddornbrause, Limette und Minze) stehen auch Nicht-Hotelgästen offen. Offizieller Thalasso-Partner.

2 Silt&Sand④

Warmbadweg 2, Tel. 0441/21213838, www.hiive.de/hotel/silt-and-sand. Am Standort des früheren *Hotels Aquantis* wird voraussichtlich Mitte Dezember 2024 ein modernes Beachhotel für alle, die „das Meer und den Strand lieben", für Sportbegeisterte und junge Familien eröffnet. Der geplante Stil ist „frisch, individuell, lässig", neben 60 Hotelzimmern und 13 Suiten und einem Restaurant wird es auch einen Spa-Bereich geben. Das geschwungene, begrünte Dach des Hauses in bester Lage und erster Reihe zum Strand soll die Form der Dünen aufnehmen.

6 Suiten-Hotel mare④

Kiebitzweg 8, Tel. 92260, www.suiten-hotel-mare.de. Hell eingerichtete Matrosen-, Captain- und Commodore-Suiten sowie eine Admiral-Suite (bis zu sechs Personen) mit zumeist separaten Schlafzimmern, gemütlicher Sitzecke, Kitchenette und Terrasse oder Balkon. Mit Whirlpool, Dampfbad, Sauna, Fitnesscenter sowie Wellnessgarten mit kleinem Naturschwimmbad. Kostenfreies Sky TV. *Navigator's Lounge Bar* und *Restaurant Bunte Kuh* im Haus. Gäste ab 12 J. willkommen.

23 Upstalsboom Hotel Tom Brok③
Friesenstr. 1–5, Tel. 990210, www.hotel-tombrok-langeoog.de. Moderne Apartmentanlage mit fünf unterirdisch miteinander verbundenen Häusern. Doppelzimmer, Apartments und Galerie-Zimmer mit Terrassen und Balkonen in Grau-, Türkis- und Lilatönen für 2 bis 6 Personen. Wellnessbereich für Massagen sowie Sauna und Pool, Billard- und Spieleraum, Bibliothek, Leselounge sowie Frühstücksrestaurant.

■ **Pensionen** gibt es auf Langeoog nur noch wenige. Empfehlenswert sind die **24 Villa Sperlingslust** (Um Süd 5a, Tel. 544, www.villa-sperlingslust.de, persönlich geführtes Langeooger Inselhaus von 1925 mit kleinen Erkern in ruhiger Lage mit zehn Zimmern, einer Ferienwohnung und gutem Frühstück, ab 55 € pro Person/DZ/Frühstück) sowie die auf einer kleinen Düne gelegene **26 Pension Ingeborg** (Um Süd 11, Tel. 912203, www.haus-ingeborg-langeoog.de, DZ/EZ und eine Ferienwohnung in schönem Insulanerhaus fünf Minuten vom Ortszentrum entfernt. Wildblumengarten mit Liegewiese und zwei Terrassen, Frühstück auf der friesischen Veranda, ab 51 € pro Person/DZ/Frühstück).

Familienferienstätten

Die evangelische Familienferienstätte **Haus Kloster Loccum** am Ortsrand von Langeoog besteht aus vier miteinander verbundenen Häusern. Sie bietet **33 Ferienwohnungen** mit bis zu drei Zimmern für bis zu acht Personen und 5 Doppel- bzw. Zweibettzimmer, außerdem einen großen Kinderspielraum, ein Krabbelzimmer, einen Wintergarten und einen TV- und Leseraum. Familien mit kleinem Einkommen können sich über Fördermöglichkeiten informieren. 2024 wird ein neuer Träger den Gästebetrieb übernehmen. Preise und weitere Informationen auf der Homepage.

3 Haus Kloster Loccum, Am Hospizplatz 8–14, Tel. 805, www.loccumerhaus.de.

Die **„Kajüte“** war bis Januar 2024 eine **gemeinnützige Familienerholungsstätte der AWO Ostwestfalen-Lippe.** Ein neuer Betreiber wird aktuell gesucht. Das Haus im Inselwesten liegt in unmittelbarer Strandnähe und bietet Einzel-, Doppel- und 2-Raum-Zimmer sowie drei Apartments (teilweise barrierearm). Unter Leitung der AWO bekamen Familien mit mittleren und geringeren Einkommen und besonders erholungsbedürftige sowie über 75 Jahre alte oder schwerbehinderte Menschen begünstigte Preise.

21 Kajüte, Strandjepad 6, Tel. 682530, www.kajuete-langeoog.de.

Jugendherberge mit Zeltplatz

Langeoogs Jugendherberge mit angeschlossenem Zeltplatz befindet sich auf halbem Weg zwischen Inselort und der Meierei am Ostende (Lage → Karte hintere Umschlagklappe). Zum Nordseestrand sind es durch ein kleines Dünental nur wenige Gehminuten. Die Herberge ist in der 1923 erbauten Domäne „Melkhörn" untergebracht und momentan wegen notwendiger Umbauarbeiten **geschlossen**. Auch der **Zeltplatz** kann deshalb nicht genutzt werden. Das Haus wird nicht vor Frühjahr 2025 wiedereröffnen.

■ **Jugendherberge Langeoog,** Domäne Melkhörn 1, Anfragen über Tel. 276 oder langeoog@jugendherberge.de. Allgemeine Infos auch unter www.langeoog.jugendherberge.de.

lan_140sk

lan_286sk

Freizeit- und Tagungsstätte

11 **Haus Meedland,** Gartenstr. 3–11, Tel. 92220, www.haus-meedland.de. Freizeit- und Tagungsstätte der Bremischen Evangelischen Landeskirche für Gruppen. Moderner, ökologisch ausgerichteter Komplex mit mehreren Gebäuden und einer Kapelle, die Gruppen für Freizeiten (Familien, Senioren, Klassenfahrten), Tagungen, Seminare und Fortbildungen offenstehen. Die Häuser sind bis auf ein Gebäude barrierefrei und damit ausdrücklich auch für Menschen mit Handicap geeignet. Während des Zweiten Weltkriegs gab es auf dem Gelände ein Lager für sowjetische Kriegsgefangene, von denen viele aufgrund der schlechten Unterbringung starben. An ihr Schicksal erinnert ein Buchstabenband („Todesursache Allgemeine Körperschwäche") auf dem Weg zur Kapelle, die auch ein Gedenkort ist (→ Kap. 1/Dünenfriedhof, S. 32).

Blick von der Melkhorndüne auf die – momentan leider geschlossene – Jugendherberge

Haus Meedland – eine ökologisch ausgerichtete Tagungsstätte. Die zugehörige Kapelle ist (auch) ein Gedenkort für sowjetische Kriegsgefangene

Jugend- und Gästehaus

12 Jugend- und Gästehaus Lemgo, Gartenstr. 21, Tel. 892, www.inselquartiere.de. Gästehaus des Kreises Lippe für Gruppen und Familien mit 2-, 4- und 6-Bett-Zimmern auf drei Etagen. Alle Zimmer mit eigener Dusche, WC und WLAN. Mindestaufenthalt zwei Übernachtungen. Mit Frühstück oder Vollpension möglich. Preise, Terminanfragen und Buchungen über Tel. 05231/624620.

Schullandheime

Es gibt zwei Schullandheime auf Langeoog, die einen festen Bezug zu Schulen auf dem Festland haben. Das **Schullandheim der Osningschule Bielefeld** (Inselhaus Langeoog, Lage → Karte hintere Umschlagklappe) liegt am Ostende in direkter Nachbarschaft zur *Meierei* und bietet auch für externe Interessierte Doppel- und Mehrbettzimmer mit eigenem Bad sowie Apartments an (ab 100 €, Frühstück 7,50 €, Halbpension 19,50 €, Tel. 0152 21529147, www.inselhauslangeoog.de).
Das **4 Schullandheim des Ratsgymnasiums Bielefeld** ist in der Willrath-Dreesen-Straße 9. Es wird in freien Zeiten ebenfalls an Externe vermietet, allerdings ausschließlich an Gruppen (25–55 Personen möglich, mit Vollpension, Tel. 0521/512394 (bis 14 Uhr), www.schullandheim-ratsgymnasium-bielefeld.de).

lan_255sk

Verhaltenstipps

→ **Fortbewegung/Verkehrsregeln sowie Fahrräder parken, S. 103**
→ **Nationalpark Niedersächsisches Wattenmeer, S. 283**

Im Nationalpark

Um die Vielfalt der **Tier- und Pflanzenarten** im Nationalpark zu schützen, gelten einige **Regeln,** deren Nichtbeachtung auch mit **Bußgeldern** geahndet werden kann. Rücksichtnahme ist also oberstes Gebot und Schilder und Hinweise vor Ort sind zu beachten. In der **Ruhezone** des Nationalparks gilt es, sich ganzjährig an die markierten Wege zu halten, in der **Zwischenzone** während der Brutzeit von April bis Juli.

Das Pflücken, Ausgraben und Mitnehmen von Pflanzen ist nicht erlaubt. Ein besonderer Schutz ist auch für die **Dünen** angezeigt. Intakte Dünenzüge sind für die Insulaner lebensnotwendig, schützen sie die Insel vor Sturmfluten und garantieren die Wasserversorgung der Insel. Das Betreten der Dünen – auch nicht für ein noch so gutes Foto – ist deshalb keine gute Idee, denn so wird zum einen der Sand in Bewegung gesetzt und zum

☒ Möwe auf Beobachtungsposten

Möwe im Anflug

Egal ob Pommes, Eiswaffel, Fischbrötchen oder Pizza – **Möwen schmeckt einfach alles.** Wer im Sommer derartige Leckereien draußen isst, sollte aufpassen. Insbesondere bei Eis kommt es vor, dass man innerhalb kürzester Zeit von wütend kreischenden Tieren umgeben ist, die einen solchen Radau veranstalten, dass man die Waffel lieber von sich wirft, als sie direkt aus der Hand gerissen zu bekommen – nicht nur für Kinder ein ziemliches Schreckerlebnis. Auch nähern sich Möwen potenziellen Opfern gerne unbemerkt von hinten. Der beste Schutz ist, sein Essen im Freien unter einem Sonnenschirm (= Sichtschutz) zu genießen. Am **Strand** sollte Proviant gut verschlossen aufbewahrt werden, denn leichte Plastiktüten hacken die Möwen ohne weiteres auf und durchwühlen, wenn sie unbeobachtet sind, schon mal die kompletten Vorräte.

lan_287sk

Schilder weisen darauf hin, dass man die Dünen nicht betreten darf

anderen das Dünengras geschädigt. Besondere Aufmerksamkeit gilt auch bei den Kammern zwischen Sandfangzäunen am Dünenfuß, die zwar vermeintlich zu einem windgeschützten Sonnenbad einladen, aber ebenfalls nicht betreten werden sollten. Nicht nur dem eigenen **Schutz,** sondern auch dem der Inselnatur dient es, Wattwanderungen nur mit kundiger Führung zu unternehmen (→ Sport und Aktivitäten/Führungen, Rundfahrten und Rundflüge/Wattwanderungen, S. 151).

Tiere nicht füttern

Wildlebende Tiere – allen voran Möwen oder Krähen – sollten nicht gefüttert werden. Zum einen ist Weißbrot und ähnliches für die Tiere **ungesund,** da es im Magen aufquillt und den Tieren das Gefühl gibt, satt zu sein ohne ihnen Nährstoffe zu bieten. Zum anderen verlernen sie so, sich selbst Nahrung zu suchen, was sie im Winter, wenn weniger Touristen auf der Insel sind, vor Probleme stellt. Nicht zuletzt führt das Füttern dazu, dass die Tiere sich daran gewöhnen und dreist und hartnäckig anfangen zu betteln oder sich selbst zu bedienen.

Das Gebot, Tiere nicht zu füttern, gilt außerdem für die **Ponys, Pferde** und **Alpakas** auf den Inselweiden. Diese werden von ihren Besitzern mit ausreichend und vor allem mit artgerechtem Futter versorgt. Zusätzliche Gaben an Obst, trockenem Brot oder Grasschnitt – und seien sie auch noch so gut gemeint – können **lebensgefährliche Koliken** bei den Tieren verursachen.

Auf Vögel achten

Viele **Vogelarten** nutzen die Wattenmeerregion als **Brut- und Aufzuchtgebiet** für ihren Nachwuchs. Ein Anzeichen für brütende Vögel können aufgeregte Rufe oder hysterisch wirkende Ablenkungsflüge von Vogeleltern sein. Hier sollte man sich als Fußgänger schnell zurückziehen. Auch **Vogelansammlungen** sollte man sich nicht nähern, sondern diese aus der Ferne (und mit Fernglas) beobachten.

Vor allem zum Schutz von Vögeln und ihrem Nachwuchs sind **Hunde** ganzjährig und auf der ganzen Insel (auch am Hundestrand, einzige Ausnahme ist der Ortskern außerhalb der Saison) an der Leine zu führen. Für Vögel sind Hunde Feinde, auf die sie mit Flucht reagieren. Lassen sie dabei jedoch ihre Eier oder Küken zu lang allein und ungeschützt zurück, kann dies den Bruterfolg nachhaltig stören. Scheuchen Hunde Rastvögel bei der Nahrungsaufnahme auf, verlieren diese Energie, die sie für ihren Weiterzug dringend benötigen. Aus denselben Gründen ist auch das **Drachensteigenlassen** und **Kitesurfen** auf gesonderte Strandabschnitte beschränkt und der Betrieb von **Drohnen** im Nationalparkgebiet verboten.

Langeoog ist eine Pferdeinsel – Tiere sollten nicht von Fremden gefüttert werden

lan_122sk

Seehunde schützen

Abstand halten – am besten 300 Meter, keinesfalls aber unter 100 Meter – und den Moment genießen, gilt auch beim Sichten eines Seehundes am Strand. Die Tiere benötigen am Strand vor allem **Ruhe** und die Begegnung mit Menschen bedeutet für sie das genaue Gegenteil, nämlich Stress. Das gilt vor allem für mutterlose **Jungtiere** („Heuler"), denen man von Ende Mai bis Mitte August begegnen kann. Sie dürfen nicht angefasst, geschweige denn fortgetragen oder ins Wasser gescheucht werden (wurde ein Heuler von Menschen berührt, wird er von seiner Mutter nicht mehr angenommen). Es ist dann empfehlenswert, den Fundort zu verlassen und auch andere Gäste auf diesen hinzuweisen, damit die Seehundmutter sich traut, zum Jungtier zurückzukehren. Nur wenn ein Tier eindeutig verletzt ist, sollte die Seehundstation in Norddeich informiert werden, Tel. 04931/973330.

Einem Trauerzug würdig begegnen

Stirbt auf Langeoog jemand, ist es Tradition, dass der Verstorbene von Familie, Nachbarn und Freunden auf seinem letzten Weg begleitet wird. Wer einem solchen Trauerzug, der einer schwarzen, von zwei Pferden gezogenen Kutsche folgt, begegnet, sollte selbst kurz innehalten und den Zug – vielleicht mit einem anteilnehmenden Nicken – passieren lassen. Der frühere Inselpastor *Christian Neumann* bittet um Rücksicht, Anteilnahme und Respekt aller und hofft, dass Angehörige auf ihrem schweren Gang nicht mehr erleben müssen, dass sie von Radfahrern, E-Karren oder Fußgängern hastig überholt oder sogar fotografiert werden: „Viele Insulanerinnen, Insulaner und Gäste schätzen sehr, dass auf der Insel ‚*die Uhren anders ticken*' als auf dem Festland. Das gilt in besonderer Weise für unser Abschiednehmen von Verstorbenen. *Helft mit, das zu bewahren*! Im Falle des Todes steht die Zeit einmal still."

Ruhezeiten

Langeoog ist ein zertifiziertes Nordseeheilbad mit Ruhezeiten, die täglich 20–8 Uhr sowie von Beginn der Osterferien bis Ende der Herbstferien 13–15 Uhr gelten. Laute Musik ist außerhalb geschlossener Räume, also auch am Strand, nicht erlaubt. Damit Gäste nicht durch Baulärm und -staub sowie Baustellenverkehr gestört werden, gilt auf Langeoogs Baustellen vom späten Frühjahr bis Anfang Herbst ein Baustopp (notwendige Reparaturen sind aber auch in dieser Zeit möglich).

lan_256sk

Tier- und Umweltschutz in einem: In den Strand-Müll-Boxen an vielen Strandaufgängen kann Müll ordnungsgemäß entsorgt werden

Müll sicher entsorgen

Ungewöhnlich ist der Anblick von **Spannbettlaken,** die auf Langeoog vielerorts im Vorgarten liegen. Diese leisten jedoch gute Dienste, wenn es darum geht, Müllsäcke am Tag der Abholung möwen- und krähensicher abzudecken. Für die Tiere sind Speisereste beliebte Beute und sind die Tüten erstmal aufgepickt, verteilt sich auch der übrige Müll schnell überall. Feriengäste, die Müll herausstellen, werden deshalb gebeten, diesen erst am Abfuhrtag vor die Tür zu bringen und entsprechend abzudecken. **Altpapier** und **Altglas** können am Recyclinghof entsorgt werden (Recyclinghof/Rohstoff-Sammelplatz: Polderweg/Ecke Schniederdamm. Container für Altglas und Altpapier, täglich geöffnet von 8 bis 19 Uhr, Ruhezeiten von 13 bis 15 Uhr).

lan_180sk

3
Land und Leute

» Was versteht man unter dem berühmten norddeutschen Charme? Welche besonderen Traditionen gibt es auf Langeoog und wie sieht eigentlich der Inselalltag aus? Was gehört zu einer ostfriesischen Teezeremonie? Und wer spricht Platt? Die Antworten auf diese Fragen finden sich in diesem Kapitel.

◁ Weiter Blick vom Vogelwärterhaus

Insulaner und Gäste

Norddeutscher Charme

Vielleicht etwas rau, aber dennoch herzlich ist der Umgang der Langeooger mit ihren Gästen. Sich anzubiedern, ist nicht ihre Sache. Klare Kante, frei heraus – eine gewisse **Schlagfertigkeit** seitens der Besucher ist also von Vorteil.

Gerne geben die Langeooger Auskunft über das Leben auf ihrer Insel. In zahlreichen Veranstaltungen bringen Gästeführerinnen und Gästeführer den Besuchern die Inselgeschichte und -natur näher, sensibilisieren für den Reichtum des Wattenmeeres, aber auch für die Gefahren durch den steigenden Meeresspiegel und die zunehmende Zahl an Sturmfluten. Dabei schaffen sie es, mit norddeutschem Charme zu vermitteln, an welch besonderem Ort sie leben. Ein Ort, an dem vieles noch beschaulicher ist als auf dem Festland, wie anreisende Gäste gleich bei der Wohnungsübergabe merken: „Der Schlüssel steckt" ist eine äußerst häufige Anreiseinformation.

Besonders ist der **Jahresverlauf** auf einer Urlaubsinsel. Während die Langeooger in den Wintermonaten – mit Ausnahme der Weihnachts- und Silvestertage – bis auf wenige Gäste unter sich sind, füllen sich die Ferienwohnungen und Hotels ab März kontinuierlich. Im Hochsommer halten die Insulaner dann (bei rund 1760 Einwohnern) mit Hilfe von Saisonkräften das Leben einer 12.000-Einwohner-Gemeinde am Laufen, arbeiten mit wenig Pausen in Fahrradverleihen, Restaurants, Geschäften, Hotels, als Gästeführer, Wohnungsvermieterinnen, Strandkorbverleiher, Sporttrainer, Kreativkursleiterinnen… Das dann im Sommertrubel die ein oder andere (immer ähnliche) Frage nicht mehr ganz so geduldig beantwortet wird, ist vielleicht kein Wunder.

Sich auf Augenhöhe zu begegnen und gegenseitig **Rücksicht** zu nehmen, ist wohl wie überall der Schlüssel zum Glück. Auch Inselgäste können viel dafür tun, indem sie sich ihr Verhalten in den Bereichen, die zum **Daueraufreger** taugen, vor Augen führen (→ siehe Kap. 2/Verhaltenstipps, S. 175). Einen Versuch wert

[>] Fachkundige Begleitung durch Langeoogs Natur:
Peter Wettstein ist einer von mehreren Inselführern

ist es, sich auf den **Inselrhythmus** einzulassen und sich in **Gelassenheit** zu üben. „Wenn die Ostfriesen für eines keine Zeit haben, dann für Stress", heißt es so schön von Seiten des Tourismus-Service.

Strandgut und echte Ostfriesen

Langeoog besitzt vor allem eines: **„Strandgut"**. So nennen die Insulaner alle, die es der Liebe oder der Arbeit wegen auf ihre Insel verschlagen hat. Für eine funktionierende Gemeinschaft ist das lebensnotwendig. Immer schon. So ist die heutige **Inselbevölkerung** also eine bunte Mischung aus alteingesessenen Familien, Patchwork-Paaren, Zugezogenen vom Festland (vor allem aus Niedersachsen und Nordrhein-Westfalen) und Arbeits- und Saisonkräften aus aller Welt.

Michael Wrana © Langeoog-Touristik

Und was macht nun den **waschechten Ostfriesen** aus? Als **wortkarg,** ja schweigsam wird er oft beschrieben – schließlich fuhr er einst einsam zur See – und in der Tat reicht zur Begrüßung auch heute ein typisch knappes „Moin" (→ Hochdeutsch und Plattdeutsch, S. 205) vollkommen aus. Auch im weiteren Gespräch kommen sie gern schnell zum Punkt, was – auch wenn es so nicht gemeint ist – auf manchen Gast etwas **ruppig** wirkt. Geprägt vom Leben mit Stürmen und Sturmfluten und dem jahrhundertelangen Kampf ums Überleben, den Verlust von Hab und Gut stets vor Augen, legen die Küstenbewohner einen gewissen Fatalismus, eine stoische **Gelassenheit** an den Tag. So berichtet der Philosoph *Rudolf Eucken,* einer der ersten Inselgäste (→ Exkurs „Rudolf Eucken – ein Inselgast der ersten Stunde", S. 227), folgende kleine Anekdote: „Als ein teilnehmender Kurgast einem Langeooger die Frage vorlegte, wie es den Einwohnern ginge, wenn ein plötzlicher Unfall oder eine schwere Krankheit sie träfe, da doch kein Arzt auf der Insel sei, so meinte jener wetterharte Mann: ‚Nun ja, dann müssen wir unseren eigenen Tod sterben.'"

Selbstbewusst und eigenständig

Über viele Jahrhunderte waren die Ostfriesen ein **selbstbestimmtes Volk,** unbeeindruckt von fremden Herrschaftsambitionen – seien sie dänischer, französischer oder preußischer Natur. „Lever dood as Slaav" („Lieber Tod als Sklave") ist ein Ausspruch, der die Überzeugung der im Mittelalter „freien Friesen" auf den Punkt bringt. Auch heute hat man sich an der Nordseeküste eine gewisse innere **Unabhängigkeit** bewahrt. Die Küstenbewohner sind hier tief verwurzelt und stolz auf die Geschichte, in deren Verlauf sie ihr Land mühsam dem Meer abgerungen haben. Insbesondere auf den einsamen Inseln waren sie mit vielem auf sich allein gestellt und mussten ihre Angelegenheiten allein regeln. Wer hier neu in die **Gemeinschaft** kommt, von dem wird erwartet, dass er sich engagiert. Langeoog hat nicht nur ein reges Chor- und Vereinsleben, sondern auch vier Service-Clubs (Rotary Club und Lions Club der Männer, Lions Club Gräfin Anna und Inner-Wheel-Club der Frauen), die viele (karitative) Aktionen auf der Insel organisieren.

Wo es nur wenige Einwohner, aber viele Aufgaben gibt, gilt es, **flexibel** zu sein und **improvisieren** zu können. Viele Langeooger sind deshalb im positiven Sinn umtriebig, probieren Neues aus und suchen sich weitere – oftmals ehrenamtliche – Aufgaben. So moderiert der Inhaber des Fahrradverleihs, einst Rettungsschwimmer und Besitzer eines Bioladens, die Konzerte der Flinthörners. Der Fischhändler ist zugleich Vormann der Seenotretter und die Stegwartin vom Yachthafen engagiert sich bei der Freiwilligen Feuerwehr.

Dorfidylle versus Inselenge

1762 Einwohner – das ist ja wie in einem Dorf. Ganz genau. Natürlich kennen sich auch auf Langeoog längst nicht alle persönlich, aber der **Zusammenhalt** und die gegenseitige **Unterstützung** untereinander sind grundsätzlich groß. Mal eben mit einem Werkzeug aushelfen, mit anfassen, für den Nachbarn eine Besorgung vom Festland mitbringen – kein Problem. Immerhin hat man in früheren Jahrhunderten gemeinsam so mancher Sturmflut getrotzt und ist im Notfall auch heute noch aufeinander angewiesen. Als etwa im Mai 2009 das leerstehende Inselinternat an der Kirchstraße restlos abbrannte (→ Kap. 4/Inselgeschichte, S. 208), waren die Mitglieder der Langeooger Feuerwehr über Stunden im Bemühen darum, dass das Feuer nicht auf die umliegenden Gebäude übergriff, auf sich allein gestellt.

Nichts für schwache Nerven:
Das Leben an der Nordsee ist von rauer Natur geprägt

lan_146sk

„Typisch Langeoog" oder: „Wie sieht eigentlich der Alltag auf einer Insel aus?"

„Wäre das nicht schön, immer hier zu leben...?" – früher oder später geht dieser Gedanke jedem Inselgast durch den Kopf. Für die meisten bleibt es bei der Träumerei. Einige versuchen ihr Glück. Und wieder andere kehren der Insel nach einiger Zeit den Rücken, weil ihr Leben dort doch anders aussieht als erhofft. Doch was genau ist am Leben auf einer Insel anders?

Da ist zunächst der vom Tourismus geprägte **Jahresrhythmus.** Während die Inselgäste entspannt am Strand spazieren, arbeiten viele Langeooger von März bis Oktober mit nur wenigen Pausen und freien Tagen in Hotels, Restaurants oder Geschäften. Wer selbstständig ist, muss in dieser Zeit einen Großteil seines Jahreseinkommens erwirtschaften und erst im November findet sich Zeit, in Ruhe durchzuatmen.

Da es im Sommer stets viel zu tun gibt, gilt für die Inselkinder eine besondere **Schulferienregelung.** Von Mitte Februar bis Anfang März haben sie drei Wochen frei, um mit ihren Eltern in den Urlaub fahren zu können, Oster- und Sommerferien fallen dafür kürzer aus. Weil die Wege auf der Insel kurz sind, werden Kinder hier früh **selbstständig.**

Das gilt auch für die Absolventen der Inselschule (einer Grund-, Haupt- und Realschule mit Förderschule), die nach der 10. Klasse Abitur machen möchten. Sie leben und lernen die Woche über im Niedersächsischen Internatsgymnasium in Esens (NIGE), wo sie auf Mitschüler von anderen Ostfriesischen Inseln treffen.

Wer auf Langeoog eine **Ausbildung** beginnen möchte, hat eine begrenzte Auswahl an Berufen: Neben jenen, die in Hotels und Restaurants zu erlernen sind (etwa Koch, Hotelfachfrau und Restaurantfachmann) und einigen Handwerksberufen (wie Tischler) auch jene, die die Inselgemeinde anbietet (z.B. Schiffsmechaniker, Fachkraft für Bäderbetriebe oder Kauffrau für Tourismus und Freizeit). Viele junge Menschen kehren der Insel deshalb für Ausbildung und Studium (zumindest vorerst) den Rücken. Dort fehlen sie in Vereinen, bei der Freiwilligen Feuerwehr, in der Fußballmannschaft ...

Auch wenn die **Grundbedürfnisse** auf der Insel problemlos in den Supermärkten und Geschäften zu decken sind, müssen Insulaner für vieles vorausschauender planen. **Größere Einkäufe** wie beispielsweise Möbel werden mit einem der beiden Frachtschiffe auf die Insel transportiert und dann mit den E-Karren durch eine der beiden Speditionen geliefert. Mal eben kurz einen Bau- oder Elektrofachmarkt, eine Bibliothek oder einen Optiker aufzusuchen, ist nicht möglich (auch wenn Bestellungen im Internet vieles vereinfacht haben). Auch **Arztbesuche** sind ein Grund, die Fähre Richtung Festland zu nehmen, gibt es auf der Insel weder Fachmediziner noch einen Tierarzt. Die meisten Langeooger haben für derartige Touren einen Pkw in Bensersiel stehen, um mobil zu sein. Trotzdem heißt es, den **Schiffsfahrplan** im Auge zu behalten – die letzte Fähre zurück startet um 17.30 bzw. 18.30 Uhr in Bensersiel. Wer

Die Pionier – eines der beiden Langeooger Frachtschiffe – beim Anlegen

sich verspätet oder abends auf dem Festland verabredet ist, braucht also eine Übernachtungsmöglichkeit.

Besonders ist auch die **Situation für Schwangere.** Seit 2013 die Geburtshilfe-Abteilung auf Norderney geschlossen wurde, gibt es auf den Ostfriesischen Inseln keine Möglichkeit mehr, in einer Klinik zu entbinden. Eine Hebamme, die die Geburtsvorbereitung und -nachsorge übernehmen und eine Hausgeburt begleiten könnte, gibt es auf Langeoog ebenfalls nicht. Fast alle Langeooger Inselkinder kommen daher in einer **Festland-Klinik** zur Welt, viele in Aurich. Bereits zwei Wochen vor dem errechneten Geburtstermin ziehen werdende Mütter deshalb aufs Festland, wo sie bei Verwandten, Freunden oder in einem Hotel unterkommen. Die werdenden Väter reisen hinterher, sobald sich ihre Kinder auf den Weg machen. Nur sehr selten hat es ein Baby so eilig, dass in der Geburtsurkunde tatsächlich „Langeoog" steht – zuletzt war dies 2018 der Fall, als eines von 15 in diesem Jahr geborenen Kindern das Licht der Welt auf der Insel selbst erblickte.

lan_257sk

lan_181sk

Auf der Insel gibt es zwei allgemeinmedizinische Praxen: Hier die Praxis Dr. Licht im Fährhusweg

Flammen und Rauch dieses Großbrandes, übrigens der bislang größte (und auch erfolgreiche) Einsatz in der Geschichte des Langeooger Löschteams, waren bis weit auf See zu sehen, was besorgte Nachfragen von Kutterkapitänen zur Folge hatte. Erst nach einigen Stunden traf Verstärkung durch die Kollegen der Feuerwehr aus Esens ein.

Gleichzeitig ist es kaum möglich, Menschen aus dem Weg zu gehen, die man nicht mag – egal ob beim Einkaufen, im Restaurant oder unterwegs auf der Straße – man begegnet sich ständig und wirklich privat, im Sinne von „nicht beobachtet“, ist man nie unterwegs. Möglicher **Klatsch und Tratsch** inklusive. Um auf einer kleinen Insel glücklich zu werden, sollte man also mit sich „im Reinen“ sein und sich mit anderen Menschen arrangieren können.

Bräuche und Traditionen

Boßeln

Von **Januar bis Anfang April** sieht man auf Langeoog kleinere und größere Gruppen beim **ostfriesischen Nationalsport No. 1,** dem **Boßeln** (Plattdeutsch für Kugeln). Was am Festland auch in Ligen gespielt wird, ist auf der Insel ein geselliger Spaßwettkampf auf offener Straße. Es treten zwei Mannschaften gegeneinander an, die ihre rund ein Kilogramm schweren Pockholz- oder Gummikugeln (mit rund 10–12 Zentimetern Durchmesser) abwechselnd über eine zuvor festgelegte Strecke werfen. Der Bewegungsablauf ähnelt dabei dem Kegeln. Es gewinnt das Team, das die Boßelstrecke mit möglichst wenigen (also weiten) Würfen zurückgelegt hat. Um vom Weg gerollte Kugeln gegebenenfalls aus dem Graben zu fischen, ist ein **Klootsoeker** (auch Kraber genannt) von Vorteil – eine lange Holzstange mit einem kleinen Auffangkorb. Dass das Bergen der Kugeln einfacher ist, wenn die Gräben zugefroren sind – sowohl Pockholz- als auch Gummikugeln gehen im Wasser unter – ist ein Grund dafür, dass die traditionelle Boßelsaison im Winter liegt. Für die notwendige Energie aller Mitspielenden sorgt nicht selten ein mit (hochprozentiger) Wegzehrung gefüllter Bollerwagen. Der viele Stunden dauernde Spaß endet meist mit einem gemeinsamen Grünkohl- und Pinkelessen.

Hervorgegangen ist das Boßeln **Ende des 19. Jahrhunderts** aus dem weitaus älteren und von der Wurftechnik her komplizierteren **Klootschießen** (Kloot = Klumpen, da anfangs wahrscheinlich Gegner mit Erdklumpen beworfen wurden, später gehörte eine mit Blei gefüllte Hartholzkugel zur Ausrüstung). Dieses wurde wahrscheinlich im 17. Jahrhundert von holländischen Deicharbeitern in Nord- und Ostfriesland etabliert. Zwar ist Boßeln in Ostfriesland besonders beliebt, **Varianten des Mannschaftsspiels** gibt es aber auch in den **Niederlanden, Irland, Italien und den USA,** wo **deutsche Auswanderer** es bekannt machten.

Strauchbesen schmeißen

Ein zweiter ostfriesischer Brauch, der auf der Insel gelebt wird, ist das **Struukbessensmieten,** das Strauchbesen schmeißen, am **Karnevalsdienstag** (und damit dem letzten Tag vor Beginn der Fastenzeit am Aschermittwoch). Auch hier werden zwei Teams gebildet, die – häufig kostümiert – ähnlich wie beim Boßeln abwechselnd über eine zuvor festgelegte Strecke werfen. Allerdings keine Kugel, sondern einen Reisigbesen ohne Stiel. Der Brauch bringt mit sich, dass die Gruppen in dem Wirtshaus einkehren müssen, vor dessen Tür der Besen aus Versehen landet.

Essen und Trinken

Landesküche früher

Möglichst **gehaltvoll,** aber nicht unbedingt abwechslungsreich sind treffende Beschreibungen der ostfriesischen Inselküche, wie sie sich viele Jahrhunderte zeigte. Da jede Familie nur einige wenige Kühe, Schafe und vielleicht ein Schwein besaß, sah der Speiseplan für die Inselbewohner nur selten Fleisch, Wurst und Speck vor. Mit Milch und Butter konnte man sich aber immerhin selbst versorgen. Getreide und Gemüse (etwa Schwarzwurzeln, Bohnen und Kohl, später auch Möhren, Zwiebeln, Erbsen, Gurken und Rote Bete) anzubauen, gestaltete sich aufgrund des allgegenwärtigen Flugsandes und der mageren Böden als äußerst mühsam.

Fisch, Krabben, Austern und **Miesmuscheln** wird es hingegen reichlich gegeben haben, schließlich hatten viele Familien durch die **Fischerei** ihr Auskommen und der Weg ins Watt war nicht weit. Für den Wintervorrat wurde der Fisch dann getrocknet oder gepökelt. Auch die Jagd auf Wildkaninchen und das Sammeln von Möweneiern (die man in Kalk einlegte, um sie haltbar zu machen) waren beliebt. Ende des 18. Jahrhunderts hielt – eingeführt von den Preußen – die **Kartoffel** als Grundnahrungsmittel Einzug in Ostfriesland, wenn sie auch anfangs nur bei der ärmeren Bevölkerung auf dem Teller landete, da das Bürgertum und reichere Landwirte die Knollen als Viehfutter verachteten.

Eintöpfe mit Bohnen, Erbsen, Steckrüben, Linsen, Kartoffeln, Speck und Pökelfleisch sind für die Region typische und nahrhafte Gerichte, die auf den offenen Feuerstellen gut zuzubereiten waren. Auch Hafergrütze, Buchweizenklöße, ein Gebäck aus Roggenmehl und Kleie sowie Käse wurden gegessen. Für Getreide, aber vor allem auch, um einen ausreichenden Wintervorrat anzulegen oder nach kargen Ernten, waren die Langeooger auf **Lieferungen vom Festland** angewiesen. So ließen sie Mehl,

Grütze, Kartoffeln, Rotkohl und Steckrüben sowie Bohnen und Brot kommen.

Vor dem Hintergrund der mühsamen Bevorratung wird deutlich, was für eine willkommene Abwechslung die Waren, die so manche Strandung ans Ufer spülte, darstellten – in den Büchern sind etwa Fässer mit Wein, Honig, Bier, Gerste, Sardellen, Pottasche und holländischen Heringen vermerkt (→ Kap. 4/Inselgeschichte, S. 208).

Landesküche heute

Eine deftige Landküche ist die **typisch ostfriesische Küche** auch heute noch und Fisch und Meeresfrüchte haben nach wie vor einen hohen Stellenwert. Das **Angebot** startet beim Fischbrötchen für unterwegs, wo etwa Matjesfilet, Bismarck- oder Brathering, Nordseekrabben, Räucherlachs und Backfisch mit Remoulade, Salat und Zwiebelringen zur Wahl stehen. Unter Matjes „Hausfrauenart" versteht man ein klassisches Hauptgericht, bei dem Matjes in Sahnesoße mit Zwiebeln, Gewürzgurken und Apfel zu Kartoffeln serviert wird.

In Butter gebratene Scholle mit Krabben oder Speck, Seelachs mit Remoulade, Krabbensahnesuppe oder eine klare Fischsuppe mit Gemüse und einem Schuss Pernod sind weitere traditionelle **Zubereitungsarten,** die von den Küchenchefs kreativ weiterentwickelt wurden. So lassen sich auf den Speisekarten im Norden heute auch Variationen wie Seelachs in Chili-Honigteig gebacken oder mit Zwiebel-Senfkruste, Kabeljau mit Aiolikruste und gebratenem Spinat, Steinbutt an Pfifferlingsoße oder Pasta mit Garnelen in Currykokosmilch finden. Als Beilage zu Fischgerichten werden **Kartoffeln** in jedweder Form serviert: als Salz- oder Bratkartoffel, als Kartoffelsalat, Püree, Pommes oder Kartoffelecken. Ein ebenfalls althergebrachtes Gericht an der gesamten Nordseeküste ist **Labskaus.** Dazu wird gepökeltes Rindfleisch mit gestampften Kartoffeln und Zwiebeln vermischt (weshalb auch stets versichert wird, dass die Spezialität deutlich besser schmeckt als sie aussieht) und mit eingelegter Rote Bete, Matjes, Gewürzgurken und Spiegelei angerichtet.

Fischkonsum – nachhaltig

In den niedersächsischen Häfen – etwa in Greetsiel und Norddeich – sind **Krabben**- und zum Teil auch **Muschelkutter** beheimatet. Die Trawler der Hochseefischer starten ab Bremerhaven und Cuxhaven, um in Nordsee und Nordatlantik Seelachs, Steinbutt, Kabeljau, Rotbarsch, Scholle, Seezunge, Makrele und Hering zu fangen. Verbraucher- und Tierschutzorganisationen, etwa der **WWF**, informieren regelmäßig, welche Fischarten vor dem Hintergrund eines **nachhaltigen Fischkonsums** zu empfehlen sind und geben aktuell grünes Licht für den Verzehr von Nordseehering und mit Einschränkung auch für Scholle und Nordseekrabben.

Nordseekrabben

Nordseekrabben werden in Ostfriesland ebenso wie Matjes gerne auf Schwarzbrot gegessen, außerdem verfeinern sie den Geschmack von Omelette und Rührei, Suppen, Salaten, Pasta oder Pizza. Dabei sind sie nicht nur sehr schmackhaft, sondern auch eiweiß- und vitaminreich sowie fettarm. Streng genommen handelt es sich bei Nordseekrabben um eine **Garnelenart,** die vor Ort auch unter dem Namen „Granat“ geläufig ist. Die zunächst gräulichen kleinen Tiere werden direkt nach dem Fang an Bord der Krabbenkutter in Seewasser gekocht, wodurch sie ihre rosa bis hellbraune Färbung erhalten. Krabben werden vorwiegend in den **Sommermonaten** gefangen. Von Ende November bis Februar ziehen sich die Tiere in tiefere Gewässer zurück und gehen entsprechend weniger ins Netz, was ihren ohnehin ansehnlichen Preis nochmals steigen lässt.

Krabben, frisch gepult

Das **Krabbenpulen** wurde in Ostfriesland bis in die 1960er-Jahre in Heimarbeit erledigt, was heute aus hygienischen Gründen nicht mehr erlaubt ist. Verzehrfertige Nordseekrabben haben deshalb meist einen Umweg über Marokko oder Polen genommen, ehe sie an der Nordseeküste verkauft werden. Noch schneiden die Ergebnisse von **Schälmaschinen** im Vergleich zu von Hand gepulten Tieren schlechter ab (ein Kilogramm Nordseekrabben ergeben rund 300 Gramm Krabbenfleisch), dennoch wird an Lösungen gearbeitet, die die weiten **Transportwege** überflüssig machen sollen – etwa in dem per Ultraschallgerät der Panzer der Tiere aufgebrochen wird. Wer es selbst einmal probieren möchte, hält den Kopf der Krabbe zwischen linkem Daumen und Zeigefinger und zieht mit einem leichten Drehen das Schwanzteil mit Zeigefinger und Daumen der rechten Hand ab. Im Anschluss die Schale am Kopfteil ebenfalls mit einer leichten Drehung lockern.

[>] Leckerer Nordsee-Snack: Fischbrötchen und Pommes in der Givtbude

Muschelsaison

Die **klassische Saison** für Miesmuscheln ist von September bis Februar, also in allen Monaten, die auf „r“ enden. Von April bis Juni ist im Wattenmeer **Schonzeit** für die kleinen Tiere mit der blauschwarzen Schale, da sie sich dann vermehren. Feinschmecker wählen zwischen der Zubereitung in Weißwein, Gemüsesud oder Tomatenschmelz. Auch als Eintopf mit Möhren, Por-

lan_182sk

Zwei ostfriesische Backrezepte

Friesentorte

Rezept für eine **Sahnetorte mit einem Durchmesser von 28 cm.**

Für die Böden

- 5 Eier
- 100 g Zucker
- 250 g Butter
- 300 g Mehl
- ½ Päckchen Backpulver
- 100 g gehobelte Mandeln
- 1 Päckchen Vanillezucker
- ½ TL Zimt
- 1 Prise Salz

Die Eier trennen. Zucker, Butter und Vanillezucker mit den Eigelben cremig aufschlagen. Das mit dem Backpulver vermengte Mehl untermischen und den Teig auf drei gefettete Backbleche verteilen und als runde Böden mit einem Durchmesser von 28 cm aufstreichen. Eiweiß und Salz steif schlagen und auf die drei Böden verteilen, glatt streichen. Die gehobelten Mandeln mit Zimt und Vanillezucker vermischen und auf die Böden streuen. Die Böden bei 175 °C ca. 20 Minuten backen.

Für die Füllung

- 500 ml Sahne
- 1 Päckchen Sahnesteif
- 1 Päckchen Vanillezucker
- 400 g Pflaumenmus

Sahne mit Sahnesteif und Vanillezucker locker aufschlagen. Den unteren Boden mit 200 g Pflaumenmus bestreichen und die Hälfte der Sahne aufbringen. Nun den zweiten Boden auflegen, mit dem Rest des Pflaumenmus und dann mit der restlichen Sahne bestreichen. Jetzt den dritten Boden auflegen und die Torte kühl stellen.

lan_031 sk

Langeooger Sanddorn-Mandel-Kekse

Für den Teig

- 125 g Zucker
- 250 g Butter
- 1 Ei
- 300 g Mehl
- 100 g gemahlene Mandeln
- ½ TL Backpulver
- 1 Päckchen Vanillezucker
- abgeriebene Schale einer Zitrone
- 1 Prise Salz

Aus den Zutaten einen Tag vor der Verarbeitung einen Mürbeteig zubereiten und kalt stellen. Die Hälfte des Teiges 3 mm dick ausrollen und runde Kekse ausstechen. Diese auf ein mit Backpapier ausgelegtes Backblech legen. Die andere Hälfte des Teiges 4,5 mm stark ausrollen und in gleicher Form ausstechen, zusätzlich aber mittig ein Loch ausstechen. Die „ungelochten" Kekse mit etwas Wasser bestreichen und darauf nun die „gelochten" Exemplare legen. Bei 180 °C 8–10 Minuten backen. Die ausgekühlten Kekse nun füllen.

Für die Füllung

- 200 ml Sanddornsaft
- Agar-Agar oder ein anderes Bindemittel

Sanddornsaft erhitzen und mit Agar-Agar oder einem anderen Bindemittel binden. Dann heiß mit einem Löffel in das Loch des Kekses füllen. Mit Puderzucker abstauben.

Rezepte mit freundlicher Genehmigung von *Astrid und Heiko Barenthin* von der *TeeRose Langeoog* (→ Kap. 2/Essen und Trinken/Cafés, S. 92)

Friesentorte

Sanddorn-Mandel-Kekse

lan_030 sk

Langeooger Heringsstipp

Zutaten (für 5 Personen)

- 750 g Bismarckheringe
- 100 g Gewürzgurken
- 100 g Zwiebeln
- 100 g Granny Smith
- 200 g Sahne
- 100 g Joghurt
- 100 g Mayonnaise 50 %
- 2 EL Zucker

Zubereitung

Sahne, Joghurt, Mayonnaise und Zucker schön glatt verrühren. Apfel, Gurken und Zwiebeln fein würfeln und unterheben. Von den Bismarckheringen die Haut abziehen, die Filets in 2 cm große Stücke schneiden und unterheben. Das Ganze eine Stunde ziehen lassen. Dazu passen frisches Baguette oder Pellkartoffeln.

Rezept mit freundlicher Genehmigung von *Fisch-Klette – Das Fischgeschäft* (→ Kap. 2, Einkaufen/ Frischer Fisch, S. 79)

Heringsstipp auf dem Schlemmerteller in der Fischkombüse

lan_032 sk

lan_183sk

ree, Erbsen und Krabben oder auf Pasta und Pizza sind Miesmuscheln beliebt.

Grünkohl mit Pinkel

Kein ostfriesischer Winter ohne Grünkohl! Das **Traditionsgericht** gehört zur kalten Jahreszeit wie das Boßeln (s.o.), dessen Abschluss es häufig bildet. Seinen Geschmack erhält das **Wintergemüse,** wenn es mindestens einen Tag Frost ausgesetzt war. Der Kohl schmeckt besonders würzig, da durchwachsener Speck und **Pinkel,** eine geräucherte Wurst mit Hafer- oder Gerstengrütze, oft mehrere Stunden mitgegart werden. Serviert wird Grünkohl dann mit diesen Würsten, Kassler, Salzkartoffeln und Senf.

Ein Krabbenkutter – im Hintergrund Bensersiel

Updrögt Bohnen

Ebenfalls ein klassisches ostfriesisches Wintergericht sind Updrögt Bohnen – **getrocknete Bohnen.** Dafür werden reife Buschbohnen nach dem Entfernen der Fäden mitsamt ihrer Hülse Schote für Schote mit einer dicken Nadel auf ein Band gezogen (das so genannte Bohntjeband). Auf dem Dachboden oder in der Küche hängend, trocknen diese Bänder dann mehrere Wochen gut durch. Für die Zubereitung eines deftigen Eintopfs werden die Schoten dann in kleine Stücke gebrochen oder mit der Schere geschnitten und über Nacht in Wasser quellen gelassen, bevor sie dann mit Speck, Mettwürsten, Gewürzen und Kartoffeln gekocht einen deftigen Eintopf ergeben.

Torten und Süßes

Blickt man heute in die Torten- und Kuchenvitrine eines ostfriesischen Cafés, so ist kaum vorstellbar, dass derlei Backwerk in der Region bis ins 20. Jahrhundert nahezu unbekannt war, da es an Weizenmehl lange mangelte. Über dem offenen Herdfeuer früherer Jahrhunderte ließ sich zudem nur **Gebäck** herstellen, das sich in Fett ausbacken ließ wie beispielsweise **Krapfen.** Heute darf ein Stück Kuchen nicht fehlen, die Ostfriesen lieben es süß. Eine klassische **Friesentorte** besteht aus mehreren, mit gehobelten Mandeln gebackenen Teigböden, die mit Sahne und Pflaumenmus gefüllt werden (→ Rezept S. 194). Eine Abwandlung ist die **Ostfriesentorte** bei der zwischen Biskuitböden eine Mischung aus Schlagsahne und in Rum oder Weinbrand eingelegten Rosinen gefüllt wird. Auch der inseltypische **Sanddorn** findet Eingang in die Kuchenbäckerei, etwa als Quarktorte, Käsekuchen oder Teegebäck.

Neujahrskuchen

Zwischen Weihnachten und Neujahr wird gerne **Neujahrskuchen,** auch Neejahrskoken oder Rullerkes genannt, gebacken. Besuch wird mit dem Gebäck, das Waffelhörnchen ähnelt, ein „Frohes neues Jahr“ gewünscht. Der **Teig** besteht aus Weizenmehl, Wasser, in dem zuvor Kandiszucker aufgelöst wurde, Kardamom, Anis, Vanillezucker, Butter und Eiern. Er wird in einem besonderen, oft mit einem schönen Muster oder Wappen versehenen **Waffeleisen** dünn ausgebacken und noch warm mit einem gedrechselten Holz, einem Glas oder von Hand zu Hörnchen oder Rollen gedreht, die dann mit Sahne gefüllt werden können.

[>] Mit leckerem, dünnen Gebäck wird das neue Jahr begrüßt

lan_258sk

Rote Grütze & Co

Um das **Obst aus dem eigenen Garten** – beispielsweise Birnen, Holunder, Äpfel, Kirschen, Rhabarber, Pflaumen, Johannisbeeren und Stachelbeeren – haltbar zu machen, wird an der norddeutschen Küste gerne **Grütze** und **Kompott** gekocht. Besonders bekannt ist **Rote Grütze,** die meist aus roten und schwarzen Johannisbeeren, Himbeeren und Erdbeeren sowie Kirschen, Johannisbeersaft, Zucker und Vanille besteht. Mit Sahne, Vanillesoße oder -eis ist sie ein klassisches Dessert, in Kombination mit Milchreis eine süße Mahlzeit. Neben süßen **Sanddorn-Spezialitäten**, die gerne mit Joghurt oder Dickmilch serviert werden, ist auch die klassische ostfriesische **Teecreme,** eine Eierspeise mit viel Sahne, etwas Rum oder auch Orangenlikör, Vanillezucker und Ostfriesentee, einen Versuch wert.

Hochprozentiges – von Bier, Korn und Grog

Über Jahrhunderte waren **Buttermilch** und **Bier** die Hauptgetränke der Ostfriesen. Im 16. Jahrhundert – ausgehend von Emden – gab es zudem die ersten **Schnapsbrennereien** in der Region. Aus Roggen und Rüben, später auch Kartoffeln, wurde hier Branntwein hergestellt und mit verschiedenen Aromen versehen. Schnell wurde daraus eine wichtige Industrie (1804 gab es in Ostfriesland 215 Brennereien), auch wenn die Qualität der

Produkte und der (meist sehr hohe) Alkoholgehalt starken Schwankungen unterlagen. Berichte (um nicht zu sagen Beschwerden) über den hohen **Alkoholkonsum** der Ostfriesen und die ungünstigen Auswirkungen der Trunksucht auf Arbeit, Familienleben und Dorffrieden gibt es zuhauf. Kirchen- und Regierungsvertreter riefen in der gesamten Region regelmäßig und mal mehr, mal weniger erfolgreich zur Mäßigung auf. Heute noch überregional bekannt ist der **Friesengeist,** ein Kräuter-Kornbrand, der brennend serviert wird, sowie **Doornkaat,** ein klarer Korn aus der Stadt Norden.

Auf Langeoog beliebt ist der **Langeooger Dünengeist,** ein klarer Kräuterlikör (der ebenfalls gern brennend serviert wird) sowie Sanddornliköre und -brände. Selbstgebrautes **Langeooger Inselbier** ist in der *Langeooger Kaffeerösterei* erhältlich (→ Kap. 2/Einkaufen/Tee, Kaffee & Gin, S. 75). An Herbst- und Wintertagen stehen auch Grog (heißes Wasser mit Zucker und Rum), Sanddorngrog, Pharisäer (sehr starker Kaffee mit etwas Rum, Zucker und Sahnehaube), Tote Tante (wie der Pharisäer nur mit heißem Kakao), Friesenkakao mit Eierlikör und Eiergrog (Weißwein mit schaumig geschlagenen Eiern mit Zucker, Orangensaft und Zitrone) auf den Karten der Cafés.

Unbedingt einmal probieren: heißen Sanddorngrog

lan_004sk

Bohntjesopp

Bei besonderen Ereignissen wie Hochzeiten, der Geburt eines Kindes oder einer Taufe, aber auch an Weihnachten und Neujahr werden gute Freunde, Nachbarn und Gäste zu **Bohntjesopp** eingeladen. Dabei handelt es sich jedoch nicht um eine Suppe, sondern um ein **hochprozentiges Getränk,** das aus dem Glas gelöffelt wird. Als Bohnen fungieren Rosinen, die zuvor mehrere Tage in einem großen, henkellosen Schraubglas in einer Mischung aus Branntwein und gelöstem Kandis eingelegt wurden. Bohntjesopp eignet sich auch, um Desserts wie Mousse au Chocolat oder Vanillecreme zu verfeinern.

Ostfriesentee

Kein Getränk steht so für die Region wie der Ostfriesentee und seine **traditionelle Zubereitung.** 300 Liter trinken die Ostfriesen im Jahr pro Kopf und überholen damit sogar bekannte Teenationen wie Großbritannien und China (und den Rest der Republik, wo lediglich 28 Liter pro Kopf zu nennen sind, erst recht). Bis zu fünf Mal am Tag – zum Frühstück, dem Elf-Ührtje, mittags, zur Teetied am Nachmittag und zum Feierabend – lässt man sich in Ostfriesland zu einer Teepause nieder. Und zelebriert so eine Zeremonie, die 2016 auf Betreiben des Ostfriesischen Teemuseums in Norden in die **UNESCO-Liste des immateriellen Kulturerbes** in Deutschland aufgenommen wurde. Ein unverzichtbares Ritual, „ein Teil der ostfriesischen Identität", urteilte die Jury und betonte, wie wichtig diese Pause im Tagesverlauf sei, um Innezuhalten und zur Ruhe zu kommen. Die kleine Auszeit um 11 Uhr wird dabei gerne mit dem Lesen der Tageszeitung verbunden, der Nachmittagstee mit Familie, Nachbarn oder Freunden zelebriert oder genutzt, um Gäste willkommen zu heißen.

Anfang des 17. Jahrhunderts brachten Schiffe der Niederländischen **Ostindien-Kompanie** erstmals Tee nach Amsterdam, von wo es nur noch ein kurzer Weg nach Ostfriesland war. Zunächst wurde das Getränk nur zu medizinischen Zwecken verabreicht und man betonte die anregende Wirkung, die vor allem bei harter körperlicher Arbeit geschätzt wurde. Rund 100 Jahre später ist Tee in Ostfriesland **fester Bestandteil** des Tages und hat das Bier als **Hauptgetränk** abgelöst. Dem preußischen König Friedrich II. war das „chinesische Drachengift" zwar ein Dorn im Auge, seine Versuche, das Teetrinken per Gesetz zu verbieten, wurden jedoch mit verstärktem **Teeschmuggel** beantwortet.

Als **„echte ostfriesische Mischung"** wird üblicherweise nur Tee bezeichnet, der auch in Ostfriesland zusammengestellt wurde, geschützt ist diese Bezeichnung allerdings nicht. Jede Melange hat ihre eigene Note, zu der gewöhnlich mehr als zehn verschiedene Schwarzteesorten, vor allem indische Assams, aber auch Java, Ceylon (Sri Lanka), Sumatra und Darjeeling, beitragen. Bekannte große **Teehandelshäuser** in Ostfriesland sind

Nationalgetränk Ostfriesentee mit aufsteigenden Sahnewölkchen

lan_203sk

Bünting in Leer, *Thiele* in Emden und *Onno Behrends* in Norden – jede ostfriesische Familie schwört auf ihre Sorte. Da das Wasser an der Küste besonders weich ist (auch Langeoogs Wasser liegt im Härtebereich 1), entfaltet sich das Teearoma besonders gut.

Serviert wird traditionell mit einem **Porzellanservice,** das aus Teekanne, Stövchen, zierlichen und sehr dünnwandigen Tassen (den Koppkes) und Untertassen sowie Zuckerdose (Kluntje Pott) oder -schale mit einer kleinen Zange und einem Sahnekännchen mit Sahnelöffel (Rohmlepel) besteht. Typische Dekore auf dem weißen Porzellan sind zwei bereits im 18. Jahrhundert entworfene Designs, die „Ostfriesische Rose“ und „Blau Dresmer“, ein blaues Strohblumenmuster.

Und so läuft sie ab, die **klassische Teezeremonie:** Die losen Teeblätter werden in einer vorgewärmten Kanne mit sprudelnd kochendem Wasser aufgegossen, bis diese ungefähr zur Hälfte gefüllt ist (pro Tasse wird ein Teelöffel gerechnet sowie ein zusätzlicher für die Kanne). Die Kanne wird aufs Stövchen gestellt. Im Anschluss an das Ziehen des Tees (nach zwei bis drei Minuten wirkt er anregend, nach fünf Minuten beruhigend) wird die Kanne komplett mit kochendem Wasser aufgefüllt. In jede Tasse wird mit der kleinen Zange ein Kluntje gelegt. Das Kandiszuckerstück ist dabei von der Größe her so bemessen, dass es für drei Tassen Tee reicht (sich also in 15 bis 20 Minuten auflöst), denn „dree is Oostfresenrecht“. Wird der kupferrote heiße Tee eingegossen, hört man beim Zerspringen des Zuckers ein wohlig-leises Knistern. Mit dem Sahnelöffel, der wie eine kleine Schöpfkelle aussieht, träufelt man nun entgegen des Uhrzeigersinnes (man will ja schließlich während des Teetrinkens die Zeit anhalten) Sahne in die Tasse. Die Sahne sinkt zunächst zu Boden um dann als Wulkje, als Sahnewölkchen, langsam wieder aufzusteigen. Umrühren ist verpönt, denn nur so kann beim Trinken der klassische Dreiklang entstehen: Auf die milde Sahne folgt ein leicht herber, aromatischer Geschmack, der dann von der Süße am Boden abgerundet wird.

Gäste sollten sich nicht wundern, dass sich Gastgeberin oder Gastgeber zuerst einschenken, vermeiden sie so, dass lose Teeblätter womöglich in der Tasse des Besuchs landen. Solange dieser den Löffel nicht in die Tasse stellt oder ihn umgedreht auf die Untertasse legt, wird unaufgefordert nachgeschenkt (eine andere Funktion als das Ende der Zeremonie zu signalisieren hat dieser Löffel auch nicht, denn zum Umrühren wird er ja nicht benötigt). Drei Tassen sollte man jedoch aus **Höflichkeit** mindestens trinken.

Teeliebhaber finden in der Region gleich zwei **Museen,** die sich mit der Geschichte des Tees, dem Anbau und seiner Verarbeitung beschäftigen: Das **Teemuseum in Norden** (www.teemuseum.de) sowie das **Bünting-Teemuseum in Leer** (www.buenting-teemuseum.de) sind auf der Hin- oder Rückfahrt zur Insel einen Abstecher wert. Dort kann man auch eine klassische **Teezeremonie** buchen. Diese ist manchmal auch auf Langeoog gemeinsam zu erleben, etwa zu besonderen Terminen im Heimatmuseum (→ Kap. 1/Seemannshus, S. 47). Und selbstverständlich haben alle Cafés der Insel Ostfriesentee auf der Karte. Für zuhause lohnt ein Abstecher in die beiden Teeläden, die *TeeRose* in der Kirchstraße oder *Tee & Tradition* in der Barkhausenstraße (→ Kap. 2/Einkaufen/Tee, Kaffee & Gin, S. 78).

Das Apartmenthaus „bi hüm un hör" hat das traditionelle Plattdeutsch im Namen

lan_73sk

Hochdeutsch und Plattdeutsch

„Bi uns heet dat Moin"

Neben **Hochdeutsch** wird auf Langeoog auch **Niederdeutsch** gesprochen oder **Plattdeutsch,** wie es umgangssprachlich genannt wird (von platt = klar, deutlich, jedermann verständlich). Das Plattdeutsche ist auf der Insel zwar nicht allgegenwärtig, aber dennoch fest im Alltag verankert. Wenn sich – vor allem ältere – Insulaner auf der Straße treffen, käme ihnen niemals in den Sinn, miteinander Hochdeutsch zu sprechen. Auch so mancher alteingesessene Ladeninhaber „snackt" gerne mit seinen Kunden ein paar Worte. Und wenn Langeooger bei Veranstaltungen zusammenkommen – sei es vom Heimatverein, bei Seniorennachmittagen oder auf Vereinssitzungen – wird die ein oder andere launige **Anekdote** („döntjes") oder ein **Gedicht** auf Plattdeutsch vorgetragen.

Auch im Repertoire der Langeooger Chöre und beim Dünensingen dürfen **plattdeutsche Lieder** nicht fehlen und bei der Benennung von Straßen, Hotels, Restaurants oder Häusern wird ebenfalls Tradition gepflegt: So gibt es ein Haus De Veermaster (Der Viermaster), In't Groen't (Im Grünen), ein Strandhotel *Achtert Diek* (Hinterm Deich) oder die *Spöölstuv* (Spielstube) für Kinder sowie den Kirch- und Strandjepad. Einer der beiden Langeooger Friseure nennt sich *De Hoorsnieder* und das Restaurant *In't Dörp* bietet im Internet seine Speisekarte auch auf Platt.

Plattdeutsch ist dabei grundsätzlich **kein Dialekt,** sondern eine von der Europäischen Charta für Regional- und Minderheitensprache anerkannte **Regionalsprache.** Das Nieder- oder auch Plattdeutsche löste etwa ab dem 15. Jahrhundert das im Mittelalter im Norden gesprochene **Friesisch** ab, das nah mit dem Niederländischen verwandt ist. Es wurde als **Handelssprache** der weitverzweigten Hanse nicht nur im Alltag, sondern auch für Urkunden und für Gesetzestexte benutzt. Ende des 17. Jahrhunderts verlor es jedoch an Einfluss. Akademische und städtische Kreise grenzten sich nun mit Hochdeutsch ab, was auch dadurch beschleunigt wurde, dass die Preußen, die nach dem Tod des letzten ostfriesischen Grafen die ostfriesische Verwaltung übernommen hatten, kein Plattdeutsch sprechen konnten. Plattdeutsch wurde damit zunehmend zur **Sprache der Handwerker, Bauern, Seeleute** sowie der älteren und **ländlichen Bevölke-**

rung. In Schulen und als Schrift- und Amtssprache etablierte sich das Hochdeutsche, während Platt zunehmend eine **gesprochene Sprache** wurde (auf Langeoog verbreitete sich das Hochdeutsche vergleichsweise spät, weshalb in den Anfängen des Fremdenverkehrs ab 1830 Bedenken geäußert wurden, ob man sich denn vor Ort verständigen könne ...).

Da es **keine allgemein verbindliche Schreibweise** gibt, weisen Begriffe und Aussprache von Ort zu Ort und Insel zu Insel kleinere Varianten auf. Gemein ist der Sprache, dass sie sehr direkt auf den Punkt und oft sehr anschaulich formuliert. Das beginnt schon beim **„Moin"**, mit dem man sich im Norden egal zu welcher Tageszeit begrüßt. Dieser **norddeutsche Gruß** schlechthin stammt vom mittelniederdeutschen „moi" ab, was so viel heißt wie „schön, angenehm, gut". Man wünscht sich im Grunde also „einen Guten", ohne die Begrüßung für Morgen, Mittag oder Abend anpassen zu müssen. Kurz und knapp also, denn: „Moin, moin wäre schon Gesabbel", wie es auf Langeoog heißt, wo man sich im Übrigen traditionell auch das Handgeben zur Begrüßung spart (eine Insel ist ja doch klein und so läuft man sich meist mehrmals am Tag über den Weg).

Wie das Englische und das Niederländische hat auch das Plattdeutsche die so genannte **zweite Lautverschiebung** um das 8. Jahrhundert nicht mitgemacht. Es heißt also weiter t, wo im Hochdeutschen ein z, s oder ss steht (etwa water/Wasser oder dat/das), p statt f oder pf (pad/Pfad, appel/Apfel), k statt ch (ik/ich, maken/machen) und d statt t (dag/Tag). Mit dem Niederländischen verwandt ist die häufige Nutzung des Diminutivs, also der **Verkleinerungsform,** in dem die Silbe -je, -tje oder -ke angehängt wird, etwa in kluntje (das Stück Kandiszucker im Tee), wulkje (das Wölkchen) oder auch bei (vor allem weiblichen) ostfriesischen Vornamen (Antje, Gretje – als Verniedlichung von Anna und Greta). Auch im Elfürtje, dem Elf-Uhr-Tee, ist der niederländische Einfluss zu spüren – so wurde im 18. Jahrhundert etwa in Emden auch viel Holländisch gesprochen. In „bi hüm un hör", so der Name eines Apartmenthauses, hört man hingegen die Nähe zum Englischen (him/her, „Bei ihm und ihr").

Das **Institut für niederdeutsche Sprache** in Bremen machte zuletzt 2016 eine Umfrage, bei der die Norddeutschen angeben sollten, wie gut sie nach eigener Einschätzung Platt sprechen und verstehen. Dabei gab rund ein Drittel der Niedersachsen an, es sehr gut, gut oder mäßig sprechen zu können (fast die Hälfte, nämlich 46 % jedoch gar nicht), der Anteil derjenigen, die es zumindest verstehen lag bei fast 75 %. Auffällig ist, dass es vor allem die älteren Befragten waren, die ihre Plattkenntnisse als gut bezeichnen, genauso wie Menschen mit Hauptschulabschluss und Personen, die aus kleinen Wohnorten (bis 20.000 Einwohner) kommen. Das Weitergeben in der Familie über Eltern und Großeltern hat dabei am meisten Gewicht. Das Land Niedersachsen versucht gegenzusteuern, und auch Jüngeren wieder mehr **Kenntnisse** zu ermöglichen, in dem es das Niederdeutsche teilweise in den Schulunterricht integriert. Auch Langeoogs Inselschule ist eine „Plattdüütsche School", die sich für den **Erhalt und eine nachhaltige Förderung des Plattdeutschen** einsetzt, etwa durch den Einsatz von Büchern auf Plattdeutsch.

Sprachführer

„Man to!" – los geht's: Wer sich mit Plattdeutsch noch intensiver beschäftigen möchte, der findet im **Kauderwelsch-Sprachführer „Plattdüütsch – das echte Norddeutsch"** aus dem Reise Know-How Verlag über 1000 Wörter und Redewendungen. Zudem gibt es mehrere **Asterix-Bände** „Op Platt" sowie plattdeutsche Nachrichten, Hörspiele, TV- und Radiobeiträge auf den Seiten des NDR (www.ndr.de). Ein plattdeutsches Wörterbuch ist unter www.platt-wb.de zu nutzen. Mit dem kostenfreien Angebot „PlattinO" (für: Plattdeutsch in Ostfriesland) hat das *Plattdüütskbüro der Ostfriesischen Landschaft* zudem eine Sprachlern-App entwickelt, die für Lernwillige rund 1400 Vokabeln bereithält, die in zahlreichen praxisnahen Kapiteln und Aufgaben angewandt werden können.

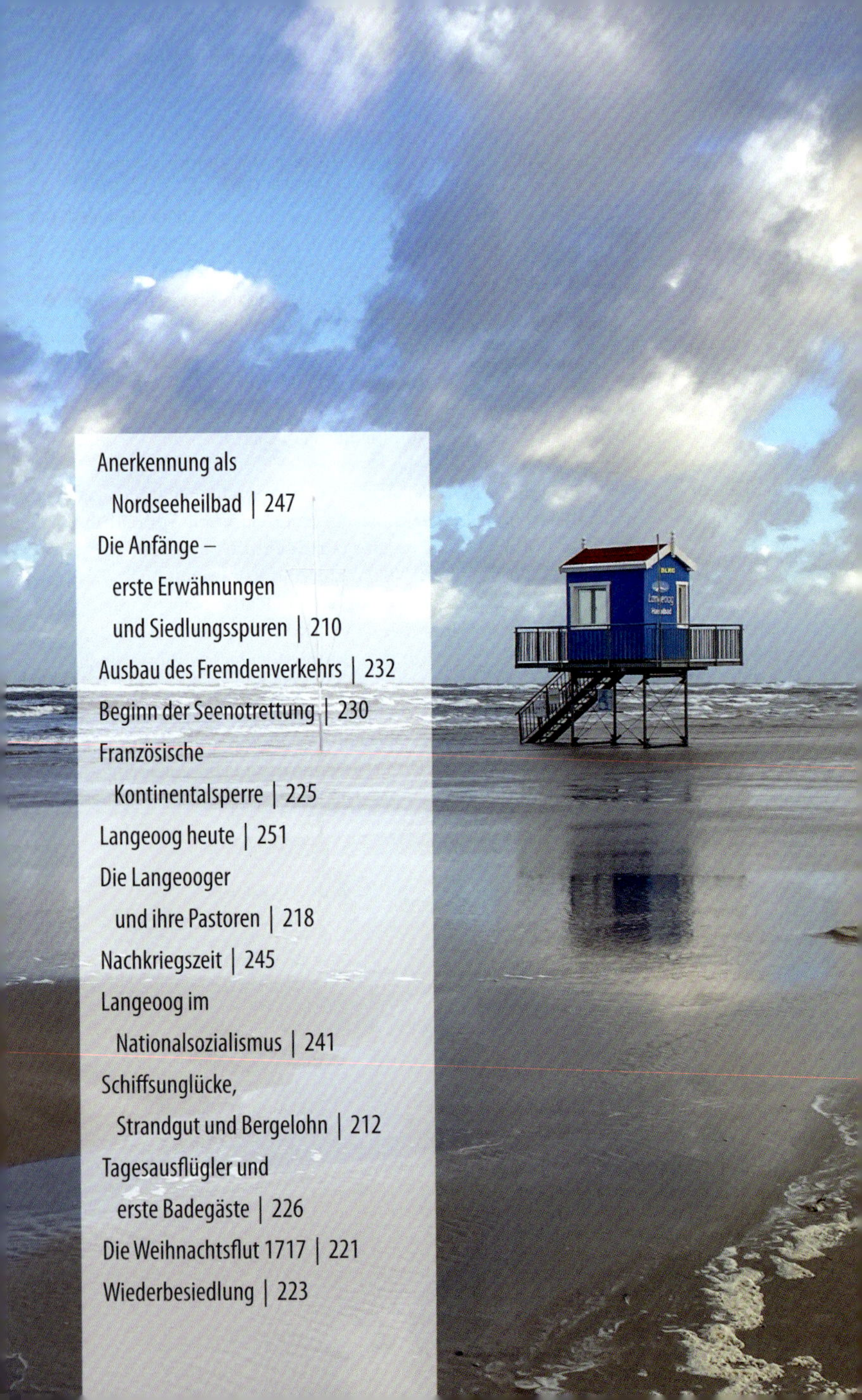

lan_259sk

4

Inselgeschichte

»Langeoog ist seit dem Mittelalter besiedelt. Doch wie lebt es sich in früheren Jahrhunderten mitten in der Nordsee? Welche Herausforderungen gilt es zu bestehen? Und wie wurde die Insel zu dem beliebten Reiseziel, das sie heute ist? Dieses Kapitel bietet einen Einblick in viele Jahrhunderte Inselgeschichte.

< Rettungsturm am Strand

Die Anfänge – erste Erwähnungen und Siedlungsspuren

Plinius der Ältere

Die **erste schriftliche Erwähnung** der ostfriesischen Küste findet sich bei *Plinius dem Älteren* (23-79 n. Chr.), der sich angesichts von Ebbe und Flut allerdings nicht sicher ist, ob das „ungeheure Gebiet" vor seinen Augen „zu Lande gehört oder ein Teil des Meeres ist". Bei der Beschreibung der **Lebensverhältnisse** ist das Urteil des römischen Gelehrten jedoch eindeutig: Sie sind beklagenswert. Die Menschen leben auf flutumtosten Erdhügeln, können kein Vieh halten und müssen mit den Händen den Schlamm formen, den sie dann an der Sonne trocknen lassen (gemeint ist Torf), um darauf Speisen zu kochen und ihre erstarrten Glieder zu wärmen.

Ackumhe

Für 1289 verzeichnet das **Ostfriesische Urkundenbuch** einen Mord im Hafen „Ackumhe". Aufgrund der Namensanalogie zur heutigen Accumer Ee, dem Seegatt zwischen Langeoog und Baltrum, geht man davon aus, dass hier ein sehr früher Inselhafen auf Langeoog gemeint ist. Außerdem halten Wissenschaftler eine **Besiedlung** um diese Zeit für möglich, da sich vor den Inseln damals Flotten ostfriesischer Kreuzfahrer sammeln.

Erste Siedlungsspuren

1921 hat man auf Langeoog rund 400 Meter nordwestlich des Hospizes **Spuren von Grundmauern** aus Lehmsoden sowie **Gruben** und **Brunnen** am Strand gefunden, ferner einen braun glasierten Krug, einen Penny, der unter der Regentschaft von König *Eduard I. von England* (1239–1307) geprägt wurde, sowie weitere Tongefäße, Eisenteile und Knochen von Rindern, Schafen oder Ziegen. Experten datieren diese Fundstücke auf das 13. bis 15. Jahrhundert. Anzunehmen ist, dass sich zu dieser Zeit **erste Dünen** auf Langeoog bilden, die den kleinen Hütten einen gewissen Schutz geboten haben. Dass aus dieser frühen Zeit nur wenige Siedlungsspuren erhalten sind, liegt vor allem daran, dass die frühen Inselbewohner kaum Baustoffe zur Verfügung hatten. Ihre Behausungen bestanden aus Mangel an Holz und Natursteinen über Jahrhunderte aus angeschwemmtem Strandgut und

Grassoden. Versetzten sie ihre Häuser – was aufgrund von Sandverwehungen, Dünendurchbrüchen und Überflutungen regelmäßig notwendig wurde – nahmen sie alles mit. Und die wenigen Spuren, die dennoch blieben, wurden alsbald vom Wind verweht oder von Sand überlagert.

Friesenhäuptling Tom Brok

Unter dem Namen „**Langoch**" taucht die Insel erstmals in einer **Lehensurkunde** vom 11. September 1398 auf, die in die friesische Häuptlingszeit (1350–1464) fällt. Die Region setzt sich aus autonomen Landgemeinden zusammen, deren jeweils gewählte Häuptlinge sich einmal im Jahr in der Nähe von Aurich auf dem Upstalsboom – einer mittelalterlichen Versammlungsstätte – treffen, um Fragen des Zusammenlebens, des Küstenschutzes und der Verteidigung gegen fremde Machthaber zu klären. Diese Zeit wird auch als **„Friesische Freiheit"** bezeichnet. Langeoog wird in besagter Urkunde mit anderen Inseln zum Herrschaftsgebiet von *Widzel(d) tom Brok,* einem mächtigen Friesenhäuptling, gezählt. *Tom Brok* nennt: Borkyn (Borkum), Just (Juist), Burse (mittlerweile untergegangen), Oesterende (heute Norderney), Balteringen (Baltrum), Langoch, Spiekeroch und Wangeroch. Die **heutige Bezeichnung** Langeoog, die auf die Form der Insel Bezug nimmt (für „lange Insel", „oog" steht im Ostfriesisch-Niederdeutschen für Insel), ist seit 1684 üblich.

Standen vielleicht auch hier früher Hütten aus Strandgut?
Im Mittelalter hinterließen Langeoogs Bewohner nur wenige Spuren

lan_185sk

Graf Ulrich I.

Im Laufe des 14. Jahrhunderts bauen einige der ursprünglich frei gewählten Häuptlinge ihre Macht aus und begründen **Dynastien.** Die friesischen Bauern verlieren ihre **Unabhängigkeit** und müssen nun Heerfolge leisten. Die **Expansionspolitik** des Greetsieler Geschlechts der Cirksena ist besonders erfolgreich. *Ulrich Cirksena* wird 1464 vom römisch-deutschen Kaiser in den erblichen Reichsgrafenstand erhoben. Als *Ulrich I.* ist er folglich auch **Herrscher über die Ostfriesischen Inseln.** An den nur spärlich bewohnten und politisch unbedeutenden Landflecken hat er ebenso wie seine Nachfolger nur mäßiges Interesse (der letzte ostfriesische Fürst, *Carl Edzard Cirksena,* stirbt 1744 und die Region fällt dann Preußen zu).

Früh erkennen die Fürsten jedoch die Wichtigkeit der Ostfriesischen Inseln als **Wellenbrecher** für die nahe Küste und die Bedeutung von Dünensicherung und -pflege für die Stabilität der Inseln. Aus diesem Grund ist auch die **Besiedlung** für sie von Belang. Von der Erlaubnis des Fürsten hängt es ab, wer sich auf den Inseln niederlassen, aber auch, wer sie wieder verlassen darf. Die Inselbewohner sind ihm unterstellte Erbpächter, Grundeigentum (an das auch politische Rechte gebunden wären) besitzen sie nicht. Neben der Pacht sichert sich der Fürst zugleich ein Drittel der oft einträglichen Strandbergungen, um seine Staatskasse aufzubessern.

Schiffsunglücke, Strandgut und Bergelohn

Regelwerke

Das Suchen, Bergen und Sichern von Strandgut ist über Jahrhunderte angestammtes **Recht der Küstenbewohner.** Alles, was an den Strand treibt, gehört dem jeweiligen Finder. Nicht selten führt dies angesichts der schwierigen Lebensverhältnisse vor Ort zu (gewaltsamen) Auseinandersetzungen, weshalb sowohl die Händlervereinigungen der Hanse als auch die ostfriesischen Fürsten auf Regeln und Gesetze drängen. Die **älteste Verordnung** für die Ostfriesischen Inseln wird 1574 für Borkum veröffentlicht und auch auf den Nachbarinseln angewandt.

Eine eigene, 25 Artikel umfassende **Strandordnung für Langeoog und Spiekeroog** erlässt Graf *Ulrich II.* im Mai 1636. Das Regelwerk beschreibt die Pflichten der Bergenden und legt auch fest, nach welchem Schlüssel das Gefundene gerecht zu verteilen ist (auch wenn sich Details im Laufe der Jahrhunderte ändern, stehen im Grunde dem Besitzer, dem jeweiligen Landesherren sowie den Insulanern je ein Drittel zu). Alle Häuser im Inseldorf sind mit einem **Anteil** berücksichtigt, wobei der Inselvogt, der Pastor sowie Bergende mit Fuhrwerken und Schiffen das Doppelte bekommen (heutzutage ist angespültes Strandgut, dessen Wert zehn Euro übersteigt, übrigens meldepflichtig, es zu behalten wäre nach § 246 des Strafgesetzbuches Unterschlagung). Allerdings sind die angeschwemmten Güter längst nicht mehr so begehrt und nützlich wie die vergangener Jahrhunderte; spektakuläre Anlandungen gab es etwa 1982 als eine Containerladung britischer Thermoskannen an Langeoogs Strand gespült wurde oder die Überraschungseierflut Anfang Januar 2017 als ein dänischer Frachter einen Teil seiner Ladung im Orkan verlor → Exkurs, S. 214).

Tückische Küste

Die Anwendung der Ordnungen kommt häufig zum Tragen, denn die Zahl der Strandungen an der Nordseeküste ist hoch. Direkt vor Langeoog sind in der Zeit von 1666 bis 1849 60 **Schiffsunglücke** verzeichnet. Tatsächlich werden es noch deutlich mehr gewesen sein, denn die Nordseeküste ist für Segelschiffe tückisch. Bei stürmischen Nordwestwinden treiben die Segler hilflos auf vorgelagerte Sandriffe und die Strände der Inseln zu.

Neben **Stürmen** und ungünstigen **Windverhältnissen** ist auch der Umstand, dass die Nordseeküste über viele Jahrhunderte nur spärlich befeuert ist, eine Herausforderung für die Seeleute, die sich auch an Landmarken und Seezeichen orientieren müssen (Langeoog erhielt zum Beispiel erst 1849 zwei Seezeichen – das Westkap an der Stelle, wo sich heute der Wasserturm befindet und das Nordkap, das bis 1929 auf einer Düne am Haus Bethanien stand).

Begehrte Kisten und Fässer

Angesichts der kargen Lebensumstände ist verständlich, dass der Ruf „Schipp up Strand" die Insulaner erwartungsvoll ans Meer lockt. Zu den begehrtesten **Fundsachen** gehört Holz, das dringend als Baustoff gebraucht wird. Auch Lebensmittel und allerlei andere praktische Waren werden in Fässern und Kisten angeschwemmt.

Für 1665 ist die Strandung eines Hamburger Schiffes, beladen mit Wein, Pfeffer und Spezereien (also Gewürzen) in den Langeooger Unterlagen verzeichnet, im Januar 1693 gibt ein holländischer Frachter vor dem Flinthörn Bier, Honig und Pottasche frei. 1694 findet man holländische Heringe und Bauholz aus Norwegen, im Sommer darauf Steinkohlen und Holzdielen, im September 1701 Gerste, 1705 Wolle, Linnen, Kupfer, Binsen und Schafsfelle – auch Sardellen, Petroleum, Teer, Pech und Schmalz sind notiert.

Gerechte Verteilung

Die Bergungen von Anfang bis Ende zu beaufsichtigen und für eine gerechte Verteilung des angeschwemmten Gutes zu sorgen, ist Aufgabe des vom Fürsten auf den jeweiligen Inseln eingesetzten **Inselvogtes.** Ein Amt, das meist mit Außenstehenden vom Festland besetzt ist, manchmal jedoch auch mit Insulanern. Der

Die kuriose Strandung der „Aurora"

Mit 40 Tonnen Ballast an Bord läuft die „Aurora" am 2. November 1895 von Bremerhaven Richtung England aus. Vier Tage später hat das 1875 für den Kohlentransport gebaute Segelschiff in schwerem Sturm Schlagseite. Die geladenen Steinbrocken, Lehm und Bauschutt sind verrutscht und liegen nun auf der Steuerbordseite. Der Kapitän ordnet die Rückkehr zur Weser an.

Am 8. November wird aus dem Sturm ein **Orkan.** Auf der Höhe von Norderney holen die Seeleute die Segel ein. Das flachbodige Schiff treibt nun gefährlich nah Richtung Küste. Direkt auf Langeoog zuzuhalten scheint nun die einzige Möglichkeit, mit dem Leben davon zu kommen. Mit gerefften Segeln bei Wind aus nordwestlicher Richtung hält die Besatzung auf die Insel zu und setzt gegen 16.30 Uhr mit einem harten Ruck am Badestrand auf. Vor der starken Brandung retten sich die Seeleute in die Wanten. Als der Havarist um 20.45 Uhr bei ablaufendem Wasser trockenfällt, kann die Mannschaft wohlbehalten von Bord gehen. Die Langeooger trauen indes ihren Augen nicht. Hier liegt ein **„Schipp up Strand"** im wahrsten Sinne des Wortes. Gänzlich unbeschädigt auf dem Trockenen.

Eine **weitere Sturmflut** einige Wochen darauf setzt die Aurora dann sogar noch näher an den Dünenfuß. Für 520 Mark kaufen geschäftstüchtige Insulaner und auswärtige Interessenten der Versicherung das Schiff ab und richten an Bord ein **Restaurant** ein, dessen Kombüse für die vorzüglichen Kartoffelpuffer bekannt wird. An lauen Sommerabenden wird zur **Blaskappelle** getanzt und bunte Lampions schmücken das Deck. „Stürme, die sonst nur Raub und Zerstörung kennen, haben unserm Strande ein originelles Geschenk dadurch gemacht, dass sie einen hübschen Zweimaster mit vollen Segeln hoch oben auf den Strand trieben, wo er einen neuen Anziehungspunkt bildet", heißt es dazu 1899 im Badezeitenkalender der Insel.

Bis Januar 1901 ist das Strandschiff ein **Besuchermagnet**. Am 27. Januar hält die Aurora aber einer weiteren **Sturmflut** nicht stand und zerschellt an den Dünen. Ihre Holzplanken werden rund 400 Meter weiter östlich geborgen und finden in so manchem Langeooger Haus als **Baumaterial** Verwendung.

Inselvogt ist auch für das **Eintreiben von Pacht und Steuern** zuständig und hat ferner die Erlaubnis eine **Schankwirtschaft** und eine **Warenhandlung** zu betreiben. Angesichts dieser zahlreichen Privilegien, Rechte und Pflichten also ein schwieriges Amt, das Charakterstärke und Umsicht erfordert, muss der Vogt schließlich gleichzeitig unter den Insulanern leben. Doch auch mit den festgelegten Regeln laufen Bergungen nicht immer reibungslos ab.

Die dokumentierten **Streitigkeiten** zwischen den Langeoogern, dem jeweiligen Vogt und ihrem Fürst, mit Schiffseignern und den Schiffern der benachbarten Inseln (die ebenfalls schnell zur Stelle eilen) belegen dies. Als 1693 ein niederländisches Handelsschiff am Flinthörn kentert, rügt die fürstlich Ostfr. Hofcantzley in Aurich, dass Insulaner und Vogt deren geladene Bierfässer „1 gantz und die übrigen zum Theil aufgezehret“. Ein Vermerk im Norderneyer Kirchenbuch zeigt, dass es nicht nur auf Langeoog die ein oder andere Unregelmäßigkeit zu beklagen gibt: „Wieviel Geld ein ertrunkener und vom Vogt geborgener Schiffskapitän bei sich hatte, das weiß nur Gott und der Vogt allein.“ Ebenso mag es angesichts der oft großen Not nicht wundern, dass die Langeooger manches Mal schneller am Strand sind als ihr Vogt und kleinere Funde ihren Weg unbeobachtet in so manches Insulanerhaus finden.

Inselvogt Garmers

Der **erste namentlich bekannte Inselvogt** auf Langeoog heißt *Melchior Edde(n) Garmers*. Er bekleidet das Amt mindestens ab 1627 und hatte wahrscheinlich einen Vorgänger. Ab jetzt wird die Akten- und Urkundenlage zu Langeoog umfangreicher, denn mit dem Inselvogt lebt mindestens ein Schriftkundiger vor Ort (die Insulaner selbst können wegen fehlender Beschulung anfangs selten schreiben, weshalb jede Familie ihre eigene Hausmarke hat, mit der Häuser, Schiffe, Arbeitsgeräte und auch Grabstelen gekennzeichnet sind, später wird der Anfangsbuchstabe des Namens benutzt).

Pacht für den Fürsten

1625 sind auf Langeoog **sieben Haushalte** mit 35 bis 40 Bewohnern vermerkt. Die Insulaner leben bescheiden von den Erträgen ihres eigenen Gartens und etwas Landwirtschaft auf der Wattseite der Insel. Sie besitzen kleine, flache Boote und sind verpflichtet, getrocknete Schollen, Muschelschill (der an Land für das Brennen von Kalk benutzt wird) und Kaninchenfelle als **Pacht** an das Fürstenhaus zu liefern. So beschwert sich etwa

Nis Randers
Ballade von Otto Ernst (1901)

Krachen und Heulen und berstende Nacht,
Dunkel und Flammen in rasender Jagd –
Ein Schrei durch die Brandung!

Und brennt der Himmel, so sieht man's gut.
Ein Wrack auf der Sandbank!
Noch wiegt es die Flut;
Gleich holt sich's der Abgrund.

Nis Randers lugt – und ohne Hast
Spricht er: „Da hängt noch ein Mann im Mast;
Wir müssen ihn holen."

Da fasst ihn die Mutter: „Du steigst mir nicht ein:
Dich will ich behalten, du bliebst mir allein,
Ich wills, deine Mutter!

Dein Vater ging unter und Momme, mein Sohn;
Drei Jahre verschollen ist Uwe schon,
Mein Uwe, mein Uwe!"

Nis tritt auf die Brücke. Die Mutter ihm nach!
Er weist nach dem Wrack und spricht gemach:
„Und seine Mutter?"

Nun springt er ins Boot und mit ihm noch sechs:
Hohes, hartes Friesengewächs;
Schon sausen die Ruder.

Boot oben, Boot unten, ein Höllentanz!
Nun muss es zerschmettern ...!
Nein, es blieb ganz ...!
Wie lange? Wie lange?

Mit feurigen Geißeln peitscht das Meer
Die menschenfressenden Rosse daher;
Sie schnauben und schäumen.

Wie hechelnde Hast sie zusammenzwingt!
Eins auf den Nacken des andern springt
Mit stampfenden Hufen!

Drei Wetter zusammen! Nun brennt die Welt!
Was da? – Ein Boot, das landwärts hält –
Sie sind es! Sie kommen! –

Und Auge und Ohr ins Dunkel gespannt ...
Still – ruft da nicht einer? –
Er schreits durch die Hand:
„Sagt Mutter, 's ist Uwe!"

DGzRS_Archiv

Fürstin *Caroline Charlotte* 1672 beim Amtmann in Esens über ausstehende Sendungen: Es befremde sie, „warum im Sommer von den Eiländern Langeoog und Spiekeroog keine Seefische, Kaninchen, Hummer, Krabben, Muscheln (Austern!) und was sie sonst zu liefern verpflichtet, … geliefert sei."

Haus unter Sand

Doch nicht nur die Begleichung ihrer Pacht sorgt die Langeooger. Auch die **Wohnverhältnisse** sind alles andere als komfortabel. Der beständig wehende Sand macht ihnen nicht nur auf den Feldern, Weiden und in den Gärten zu schaffen. Auch ihre Hütten werden von Sand begraben oder befinden sich über Nacht am Rande von tief ausgewehten Kuhlen. Mehrmals müssen die Inselbewohner in der Zeit von 1650 bis 1700 ihr Dorf verlagern. Sie pendeln zwischen Standorten im Inselwesten und der Melkhörngegend, da die unbewachsenen Dünenzüge weit stärker als heute wandern und deshalb keinen Schutz vor Sturmfluten bieten. **Dünenabbrüche** im Westen und **Sandanlagerungen** im Osten sind zu dieser Zeit besonders stark.

Der eigentlich für die Dünensicherung gepflanzte **Strandhafer** wird von den Insulanern mitunter lieber als Viehfutter verwendet oder für den Hausbau eingesetzt. Und auch wenn die Häuser zu dieser Zeit lediglich aus Strandholz, Grassoden und mit Lehm vermischten Strandhafer-Häckseln bestehen, ist dieser ständige Ab- und Wiederaufbau sowie die Sicherung der eigenen Häuser äußerst mühsam.

Als der Insulaner *Meent Eden* 1712 beim Fürsten in Aurich um die Erlaubnis bittet, sein Haus nach Bensersiel übersetzen zu dürfen, beschreibt er sehr eindrücklich: „Es ist mir unmöglich, auf der Insel länger zu wohnen. Mein Haus steckt beinahe ganz im Sande und es droht, davon niedergerissen zu werden. Ich und die meinen können nicht einmal ohne Inkommodierung des Sandes essen. Ingleichen können nunmehro weder Kühe noch Schafe noch Gänse auf der Insel gehalten werden, weshalber dann unmöglich ist, auf selbiger fernerhin zu subsistieren. Woher die Lebensmittel nehmen?" *Eden* ist mit seinem Antrag nicht allein. Immer wieder tun Familien – 1714 werden 75 Einwohner in 12 einfachen Behausungen gezählt – ihren Wunsch kund, die Insel verlassen zu dürfen, doch die zuständigen Stellen weigern sich. Als kleines **Entgegenkommen** werden die Langeooger 1714 immerhin von allen Steuern und Abgaben befreit.

[<] Das Langeooger Ruderrettungsboot Reichspost in stürmischer See

Die Langeooger und ihre Pastoren

Unattraktives Amt

Ostfriesland hat eine lange und reiche **Kirchengeschichte.** Bereits ab dem 9. Jahrhundert gibt es erste **Kapellen** und auch kleine Gemeinden leisten sich vergleichsweise prachtvolle **Backsteinkirchen** (die älteste noch erhaltene dieser Kirchen ist die um 1150 erbaute St.-Ägidien-Kirche in Stedesdorf/Esens). Auf den Inseln stellt sich die Situation jedoch gänzlich anders dar. Steinerne Prachtbauten gibt es hier nicht. Luxus ist es bereits, dass das Gebäude im Gegensatz zu den Häusern der Insulaner überhaupt aus Ziegeln gebaut ist. Vieles deutet darauf hin, dass die Langeooger Kirche von 1616, die sich westlich des Großen Schlopps befunden hat, zumindest einen Vorläuferbau hatte.

Die Lebensumstände und die vergleichsweise schlechte Bezahlung macht das **Amt als Inselpastor** über die Jahrhunderte alles andere als attraktiv. Die Bitten um Versetzung sind zahlreich, ihnen wird vom Fürstenhaus aber selten entsprochen. Gleichzeitig sind der Charakter und die Kenntnisse ihres Pastors für die Langeooger nicht unwichtig, denn die Pfarrer sind zugleich als **Lehrer für die Erziehung und Unterrichtung der Kinder** zuständig (bis Ende des 19. Jahrhunderts liegt das Schulzimmer im Pfarrhaus). Mitunter wird die Pfarrstelle von arg gewöhnungsbedürftigen Persönlichkeiten bekleidet. Ihr missiona-

lan_187sk

rischer Eifer, ihre eigenartigen Anschauungen und Bibelauslegungen führen dazu, dass die Haltung der Langeooger – nach dem Westfälischen Frieden 1648 hatte sich in Ostfriesland der Protestantismus durchgesetzt – gegenüber der Kirche und den Predigern mitunter recht reserviert ausfällt. Es handeln nicht wenige Briefe und Berichte der Pastoren an den jeweiligen Landesherren in Aurich davon, das **unfromme Verhalten** der Insulaner zu rügen, etwa den hohen Branntweinkonsum. Umgekehrt sind auch die Beschwerden der Langeooger über verschiedene Pastoren zahlreich.

Inselpastor Böttcher

1666 tritt als erster namentlich bekannter Pastor *Christophorus Höcker* aus Wittmund seinen Dienst auf der Insel an. Er bleibt 13 Jahre. Von 1683 bis 1695 ist der sehr beliebte und auch gut ausgebildete Pastor *Hillardus Immen* zuständig, auf den *Johann Husius,* ein Pietist, folgt. *Husius* wettert von der Kanzel, dass, wenn die Insulaner nicht eine frommere Lebensweise einschlagen würden und sich bekehrten, „keiner von ihnen zu retten sei" (es überrascht deshalb nicht, dass er lediglich zwei Jahre blieb und in Unfrieden ging).

Geradezu legendär ist die **Abneigung** der Insulaner gegenüber Inselpastor *Christian Böttcher.* Der Nachfolger von *Husius,* auch er Pietist, ist offiziell von 1697 bis 1719 als Geistlicher und Schulmeister auf der Insel angestellt, vor Ort jedoch eher selten anzutreffen. In einem Verhör mit seinen Vorgesetzten in Aurich, in welchem er seine häufige Abwesenheit erklären soll, gibt er an, die Wohnverhältnisse als unwürdig zu erachten. *Böttcher* beklagt zudem, dass sich die „Eyländer" ihm gegenüber „gantz widrig" verhalten und sie „in Feindschaft, Zorn, Neid, Ungerechtigkeit und anderen Sünden" leben.

Der Pfarrer stammt von der damals zu Dänemark gehörenden Insel Föhr und ist zuvor als gelernter Schneider beim Militär desertiert. In Ermangelung anderer Möglichkeiten tritt er die **Pastorenstelle auf Langeoog** an. Über seinen Schreibduktus heißt es, er sei „ungeübt und schülerhaft", die Bibelkenntnisse lassen zu wünschen übrig. In einem Protokoll der Kirchenvisitation von 1700 ist vermerkt, dass er als „Dähne gar schlecht, zerbrochen und gantz falsch deutsch" predige. Kein Wunder also, dass

[<] Beständig weht der Sand:
für frühere Generationen ein arges Problem

die Langeooger unzufrieden sind. Zum einen verstehen sie ihn schlichtweg nicht, zum anderen mögen sie seine anmaßende und bigotte Art nicht. *Böttcher* predigt vom nahenden Ende und verweigert den Insulanern die Teilnahme am Abendmahl, weil die Gemeinde „aus lauter Heiden bestehe". Die Langeooger wiederum betonen, dass er ihnen bei seinen raren Besuchen – die meiste Zeit lebte er mit seiner Familie in Dornum – „einen neuen Glauben aufdrängen wolle und sich auf der Kanzel in Fluchen, Schwören und in den gräulichsten Verdammungen gegen sie ergehe".

Die heutige evangelische Inselkirche –
ab 1888 gebaut, ist sie wahrscheinlich das fünfte Kirchengebäude Langeoogs

Erneute Umzüge

Als die elf **Langeooger Familien** 1699 abermals ihre Häuser abbauen müssen und vom Inselwesten zum Melkhörn ziehen, lassen sie die 1666 gebaute Kirche (von der es in der Kirchenvisitation von 1700 heißt, sie sei „gebrechlich") und die Pastorei zum Ärger *Böttchers* zurück. Dieser begibt sich derweil auf **Kollektenreise** für eine neue Kirche und ward erneut zwei Jahre kaum auf der Insel gesehen.

Die kleine **Kirche,** die dann von 1702 bis 1706 in der Nähe der Melkhörndünen errichtet wird, wird eine gewisse Ähnlichkeit mit der 1696 auf Spiekeroog gebauten Inselkirche gehabt haben (diese ist noch heute erhalten und die älteste Inselkirche der Ostfriesischen Inseln). Mit ihrer Höhe von vier Metern und einer Grundfläche von 10 x 7 Metern hat sie vergleichbare Maße und auch die Ausstattung mit einem kleinen Giebeldach und Glockenturm birgt einige Ähnlichkeit. Trotz des neuen Kirchengebäudes werden die Gottesdienstbesuche als spärlich beschrieben.

Nur wenig später, 1711, kommt eine amtliche Inselinspektion zu dem Schluss, dass die Melkhörndünen sich in einem katastrophalen Zustand befinden, während sich der Inselwesten erholt. Um abzuwarten, ob sich die Lage im Westen dauerhaft stabilisiert, sollen die Insulaner an Ort und Stelle bleiben. Das tun sie auch bis zum Sommer 1717. Dann kehren sie zum breiteren Westend der Insel zurück – ob dies mit oder ohne Genehmigung geschieht, ist nicht überliefert, aber ein großes Glück, wie sich wenige Monate später zeigen wird. Zurück lassen die Insulaner – ein weiteres Mal – die Kirche und das zugehörige Pfarrhaus.

Die Weihnachtsflut 1717

Unzählige Opfer

In der Nacht vom 24. auf den 25. Dezember 1717 erreicht eine **Sturmflut** die ostfriesische Küste, die so verheerend ist, dass sie die Region für Jahrzehnte in ihrer Entwicklung zurückwirft. Bis in die frühen Morgenstunden tobt ein Orkan und drückt das Wasser aus Nordwesten in die Deutsche Bucht. Bereits drei Stunden vor Hochwasser überspült die als **Weihnachtsflut 1717** in die Geschichte eingegangene Katastrophe die Deiche. Der Pegel der Nordsee erreicht in dieser Nacht mehr als 4,50 m über Normalnull. An der gesamten Nordseeküste sterben rund 20.000 Menschen – mancherorts bis zu einem Drittel der Bevölkerung –, unzählige Pferde, Kühe und Schafe ertrinken. Das Wasser zerstört Deiche und Häuser, versetzt Schiffe kilometerweit ins Landesinnere. Chaos, Hunger, Durst und bittere Armut sind die Folge. Auch auf **Langeoog** weisen die Häuser Schäden auf – was dazu führt, dass acht Familien die Insel kurz darauf verlassen –, aber zumindest sind **keine Todesopfer** zu beklagen.

Die Insel selbst ist schwer gezeichnet: Die Dünenzüge auf Höhe des Großen Schlopps sind weggerissen, das Meer strömt ungehindert hindurch. Kirche und Pfarrhaus in der Inselmitte hat es deshalb schwer getroffen: „Die Kirche gantz heruntergefallen, auch mein Pastorenhaus totaliter ruiniret", beklagt sich Inselpastor *Böttcher* bei Fürst *Georg Albrecht* in Aurich im Anschluss. Und bittet zugleich um den **Aufbau einer neuen Kirche** im Inselwesten – für lediglich drei Familien, die außer seiner Frau und seinen Kindern nun noch hier leben. Geld stellt der Fürst nicht zur Verfügung, aber er erlaubt *Böttcher,* eine weitere Kollektenreise, um selbiges zu sammeln. Im Oktober 1718 bricht der Inselpastor auf – ein skurril anmutendes Unterfangen vor dem Hintergrund einer völlig verwüsteten Küstenlandschaft, in der andere Geistliche unterwegs sind, um die Hungernden ihrer Gemeinde zu versorgen. Böttchers Tun ist dann auch nicht erfolgreich: Am 3. August 1719 stirbt er verarmt, verlaust, krank und dem Branntwein verfallen in Hamburg.

Sturmfluten und Dünenschutz

Für die Zeit von 1300 bis 1721 sind mehr als 200 **außergewöhnliche Sturmfluten** für die südliche Nordsee dokumentiert. Viele gehen deutlich glimpflicher aus, als die Weihnachtsflut 1717 und die Neujahrsflut 1721, die auch die ersten Bemühungen für systematisch betriebenen Dünen- und Inselschutz zunichtemachen.

Anweisungen für den **Inselschutz** enthalten bereits die Strandordnungen und ab 1700 wird mit der Expertise von so genannten Dünenmeyern aus Holland der **Dünenschutz** planmäßig vorangetrieben. Die Fürsten ordnen an, Strandhafer zu setzen, um so junge, noch unbewachsene Dünen zu sichern. Sandfangzäume aus Buschfaschinen sorgen dafür, dass Dünen schneller wachsen. Ihr Betreten steht nun unter **Strafe.** Als kontraproduktiv erweist sich jedoch das **Jagdverbot** für Kaninchen – entweder ist man sich über die Schädigung des Inseluntergrundes durch den Höhlenbau der Tiere nicht im Klaren oder der Fürst gönnt den Insulanern das Fleisch schlicht nicht (erst 1874 werden Kaninchen auf Langeoog ausgerottet und ab 1880 durch Hasen ersetzt).

Im Vergleich zu den anderen Ostfriesischen Inseln, die ihr Westende zumeist mit Schutzwerken wie Buhnen sichern, hat sich Langeoogs Lage und Größe über die Jahrhunderte am wenigsten verändert. Ein Grund dafür könnte sein, dass die Position in der Mitte der Inselkette **Schutz** bietet.

Nur drei Jahre nach der verheerenden Weihnachtsflut verwüstet die noch höhere **Neujahrsflut 1721** die angegriffene Insel erneut. Langeoog besteht nun im Grunde aus drei Teilen. Zwar ist der Inselsockel intakt, aber bei jeder außergewöhnlicheren Flut strömt das Wasser ungehindert durch die Dünenlücken und trennt den Inselwesten, das Melkhörn und das Ostende voneinander. Die noch verbliebenen Familien geben auf und verlassen mit ihrem wenigen Hab und Gut die Insel, die nun für zwei Jahre gänzlich unbewohnt ist.

Wiederbesiedlung

Einwohner dringend gesucht

Dass die Insel nun menschenleer ist, beunruhigt Fürst *Georg Albrecht.* Ihm sei „viel daran gelegen, dass dieses Eiland sobald wie möglich mit guten Einwohnern besetzt wird …, vornehmlich, weil besagte Insel meinem festen Land gleichsam zu einer Vormauer gegen die Gewalt der See dient“, schreibt er 1723 an den Dänenkönig *Frederik IV.,* um für eine Übersiedlung von Helgoländer Familien zu werben. Acht untereinander verwandte Fischerfamilien der zu Dänemark gehörenden Insel zeigen Interes-

Adobe_Stock©bevisphoto

se und wagen den Neuanfang. Berichtet wird jedoch von einem derart herrischen Gebahren des offiziell als Inselvogt eingesetzten Clan-Oberhauptes *Jacob Jacobsen*, dass dieser bereits 1736, also 13 Jahre später, der einzige Verbliebene auf der Insel ist (und diese dann verlässt). Alle anderen hatten bereits zuvor (unerlaubt) ihr Hab und Gut gepackt und waren auf die Nachbarinseln oder ans Festland gezogen.

Überregional wird fortan in Zeitungen nach Neusiedlern gesucht. Wer Interesse hat, sich auf „besagter Insul" häuslich niederzulassen, soll sich in Aurich melden. Doch die Anzeigen bleiben ohne Resonanz. Stattdessen wagen Familien aus der unmittelbaren Nachbarschaft (Bensersiel und den nahegelegenen Marschen) im gleichen Jahr einen Versuch, auf Langeoog heimisch zu werden. Seitdem ist die Insel ununterbrochen, hauptsächlich im Westen, bewohnt.

Mühsamer Alltag

Die Umstände jedoch bleiben widrig, auch wenn die neuen Siedler **keine Steuern** zahlen müssen. Abgeschieden und ständig von Naturgewalten bedroht, leben sie wie ihre Vorgänger vom Fisch- und Krabbenfang und verkaufen Schill ans Festland, auch fahren Familienväter zur See, was für Frauen und Kinder mehr Arbeit in Haus und Garten und beim Pflanzen von Helm bedeutet. 1740 baut der Inselvogt *Hayung Taken* das **erste Haus im Osten** der Insel (unerlaubterweise, was ihn sein Amt kostet), da er hier besseres Weideland vorfindet und die Dünen zudem in guter Verfassung sind. Sein großzügiges Heim und sein milchverarbeitender Betrieb firmieren fortan als Domäne Ostende. Neben dem Haus am Ostende zählt die Insel 1749 vier einfache Gehöfte im Inselwesten, die verstreut auf kleineren Sandanhöhen liegen, wo sie besser vor Hochwasser geschützt sind (die ersten Deiche werden erst im Laufe des 19. Jahrhundert aufgeschüttet).

Systematische Dünenpflege führt nach und nach zu einer Sicherung des Dorfes im Westen. 1777 leben 39 Einwohner auf der Insel, die Schafe, Kühe, Kälber und Pferde besitzen. Angenehm ist das Leben jedoch nach wie vor nicht, wie der Brief eines Insulaners von 1790 zeigt: „Öfter steigt das Wasser bis an unsere Häuser, zerstört jede Frucht und Anpflanzung. Alle Lebensbedürfnisse müssen wir unter schwierigen Bedingungen vom festen Land holen. Bei anhaltendem strengen Frost ist die Fährverbindung unterbrochen, wir laufen Gefahr zu verhungern."

Wenn überhaupt, geht die Entwicklung in kleinen Schritten voran. 1794 bittet der Vogt *Leuss* (Leiß) bei der Regierung in Aurich um eine **Schulanstalt,** da es weder einen Pastor noch einen

Lehrer gibt, damit die Jugend – mittlerweile gibt es immerhin 14 Familien mit insgesamt 20 Kindern unter zehn Jahren – nicht weiter aufwachse, „wie das wilde Vieh". Über den von den Insulanern selbst eingesetzten Mann notiert die Regierung in Aurich später, „dass er gar nichts taugt, doch aus Mangel eines Beßern daselbst zu laßen ist." Als neue, lukrative **Verdienstmöglichkeit** entdecken die Insulaner ab 1797 den **Verkauf von Möweneiern** an das im selben Jahr gegründete Nordseebad auf Norderney. Dort werden diese von den Inselgästen als Delikatesse zum Frühstück geschätzt. Das Fazit von Inselchronist *Johann Tongers* (1881–1969) für diese Zeit lautet dennoch, dass Langeoog bis zur Jahrhundertwende die am schwächsten besiedelte und ärmste Insel bleibt.

Französische Kontinentalsperre

Soldaten am Ostende

Und schon nahen weitere entbehrungsreiche Zeiten. Im Anschluss an Preußens Niederlage gegen *Napoleon I.* 1806 schlägt dieser die Ostfriesischen Inseln den ebenfalls unter französischer Herrschaft stehenden Niederlanden zu. Die Langeooger befinden sich nun mitten in den **Streitigkeiten** zwischen Frankreich und England und dem Seehandelsverbot für die Engländer

Seit Jahrhunderten bewährt: Sandfangzäune und Strandhafer halten den Sand

lan_189sk

durch die französische Kontinentalsperre (1806–1813), die die legale Seefahrt so gut wie zum Erliegen bringt.

Rund 200 **französische Soldaten** besetzen Langeoog und bewachen unter anderem mit Kanonenbooten vom Ostende aus das Seegatt zu Spiekeroog, um Schmuggel zu unterbinden (bei Erdarbeiten an der *Meierei* am Ostende hat man 1963 ein Dutzend Kanonenkugeln, zwei Münzen und Reste eines Teeservices aus dieser Zeit gefunden, → Kap. 2/Essen und Trinken/Cafés, S. 91). Die Langeooger, vor allem die Seeleute, die zuvor auf Handelsschiffen unterwegs waren und nun arbeitslos sind, kennen sich bestens im Wattenmeer und mit den Gezeiten aus. So segeln sie unbeobachtet nach **Helgoland,** das als riesiges **Warenlager** fungiert, und machen in dieser Zeit gute Geschäfte mit dem Festland.

Von der Insel berichtet ein napoleonischer Offizier 1810, dass sie Weideplätze von schlechter Qualität besitze und ein Dorf mit 15 Häusern, in denen 68 Menschen leben – neben dem Bürgermeister elf Schiffer, ein Zimmermann sowie ein Schuster mit Familien. Die Zeit der französischen Besatzung endet 1813. Nach der Niederlage Napoleons wird Langeoog erneut den **Preußen** zugesprochen, die Ostfriesland 1814 dem neu gegründeten Königreich Hannover überlassen.

Tagesausflügler und erste Badegäste

Startschwierigkeiten

In den 1820er-Jahren machen zunehmend **Tagesgäste** von den Nachbarinseln und vom Festland mit dem Boot am Ostende fest, wo sich nicht nur die Kaninchenjagd, sondern auch die Schankwirtschaft in der Domäne lebhaften Zuspruchs erfreut (eine erste Erlaubnis, hier eine Krugwirtschaft zu führen, stammt von 1768). Die **Februarflut von 1825** beschädigt die Insel jedoch schwer, denn abermals dringt die Nordsee durch die beiden bekannten Schwachstellen im Dünengürtel (dauerhaft geschlossen sind diese erst ab 1906), die Äcker versanden und Gebäude werden beschädigt.

Die **erneute Verwüstung** der Insel ist ein Grund, warum der Fremdenverkehr auf der Insel im Vergleich zu den ostfriesischen Schwestern erst spät beginnt. Denn anderswo ist die **Entwick-**

lung von Seebädern bereits in vollem Gange: Die Neuordnung Europas nach dem Wiener Kongress 1815 bringt gesellschaftliche Veränderungen mit sich. Nun reisen nicht mehr nur Adelige, sondern in zunehmendem Maße auch betuchte Bürger.

Bereits 1793 plädiert *Georg Christoph Lichtenberg* dafür, in Deutschland nach englischem Vorbild **moderne Seebäder** einzurichten. Der englische Arzt *Richard Russell,* der als ein Vertreter der **Thalasso-Therapie** gilt, beobachtet, dass Küstenbewohner deutlich weniger krank sind und verweist auf die schon bei Griechen und Römern bekannte Heilkraft des Meeres. Heiligendamm ist seit 1793 das erste deutsche Seebad, Norderney seit 1797, Wangerooge folgt 1804. Die Ostfriesischen Inseln können im Vergleich zum Festland mit natürlichen Sandstränden und dem leicht erreichbaren Meer werben. Die Aussicht auf Sommerfrischler bietet ihnen zudem neue Einkommensmöglichkeiten. Auf Langeoog ist von alldem noch wenig zu spüren.

Rudolf Eucken – ein Inselgast der ersten Stunde

Der deutsche Philosoph und Literaturnobelpreisträger *Rudolf Eucken* (1846–1926) besuchte die Insel mehrmals zwischen 1850 und 1860. In seiner 1912 erschienenen **Biografie** erinnert er sich sehr gerne an diese Inselaufenthalte als Kind und Jugendlicher, bei denen er und seine Familie die Anfänge des Badelebens auf Langeoog miterlebten.

„Höchst eigentümlich war damals eine derartige Badereise. Schon die Beförderung war recht primitiv. Ein kleines Fährschiff, das gegen ungünstige Winde sehr langsam aufkam, nahm uns auf. Bei etwaigem Wenden der Segel mussten die Reisenden sich auf den Boden legen und diese Prozedur wiederholt auf sich nehmen. In der Kajüte zu bleiben war bei der Enge des Raumes nur beim schlechtesten Wetter möglich. Kam man nach stundenlanger Reise endlich ans Ziel, so fuhr ein Wagen, eigentlich mehr eine Karre mit dem bezeichnenden Namen ‚Wüppe' ins Meer an das Schiff heran und führte die Passagiere in die Wohnung, welche man sich schon vorher bei irgend einem Fischer oder Seemann gesichert hatte.

Der Haushalt war schwierig, da die Damen den größten Teil der Lebensmittel, darunter auch Fleisch und Gemüse, vom Festland beziehen mussten. Nur wenn das Fährschiff kam, erhielt die Insel Hefe, so dass dann Brot und Kuchen gebacken werden konnte. Diese erfreuliche Tatsache wurde durch das Hissen einer Flagge verkündet, die wenigen Kurgäste versammelten sich schleunigst, um die ungewohnten Sachen zu genießen.

Die schönste körperliche und geistige Erfrischung erhielt man durch die Spaziergänge an dem vorzüglichen Strande sowie durch die hier recht kräftigen Bäder. Nachmittags versammelte man sich gern auf dem sogenannten Nordstern unter einem Zeltdach, um dort seinen Tee einzunehmen."

Rudolf Eucken – „Lebenserinnerungen. Ein Stück deutschen Lebens" (1921)

Von Vangerow

Als **erster Badegast Langeoogs** und damit Begründer des Fremdenverkehrs auf der Insel gilt *Albert Wilhelm von Vangerow.* Der spätere Amtsrichter in Esens besucht die Insel als junger Mann erstmals im Sommer 1830. Er will sich vom Stadtleben erholen und sucht eine angemessene Unterkunft, um ein paar kalte Bäder in der Nordsee zu nehmen. Dass der Komfort auf der Insel begrenzt ist, ist ihm bewusst, denn Gästehäuser gibt es zu dieser Zeit ebenso wenig wie Badeeinrichtungen. 22 Familien leben auf der Insel in einfachen Häusern, deren Grundform den küstennahen friesischen Landarbeiterhäusern gleicht und dessen **Bauweise** bis 1885 typisch auf Langeoog bleibt (→ Exkurs).

Ab 1843 existiert einmal die Woche eine **Fährverbindung** nach Bensersiel, in der Sommersaison zwei (und neben Bensersiel wird auch Westaccumersiel angefahren). Dennoch nimmt der **Tourismus** nur relativ langsam Fahrt auf. 1851 besuchen 100 Badegäste die Insel. In diesen ersten Jahren wohnen die Reisenden ausnahmslos in den Häusern der Insulaner.

Neue Inselkirche, neue Pastoren

Am 19. September 1859 wird eine **neue Inselkirche** eingeweiht. 142 Jahre, nachdem die Weihnachtsflut von 1717 den Vorgängerbau zerstört hat, haben die Langeooger nun wieder ein eigenes Gotteshaus. *Peter Friedrich Ludwig Hoffmann,* der die Pastorenstelle bekommt, ist noch relativ jung und entsprechend unerfahren. *Hoffmann* steht zudem vor der **Herausforderung,** sich um eine Gemeinde zu kümmern, die viele Generationen lediglich vom Festland aus versorgt wurde und sich recht gut ohne den Beistand aber auch ohne die Aufsicht eines Seelsorgers vor Ort arrangiert hat. Kurz bevor er nach nur vier Dienstjahren der Insel 1863 den Rücken kehrt, beschwert er sich in einem viele Seiten umfassenden Schreiben an das Amt Esens über die tiefe Verkommenheit der Insulaner: „Der Hauptzug der Langeooger ist rohe Sinnlichkeit, die sich kundtut in Trunksucht, Putzsucht, Leichtsinn, Not, Armut und Unfrieden. Der Bäcker backt sein Brot so gut oder so schlecht, so leicht oder so schwer wie es ihm gefällt. Der Kaufmann setzt für seine Waren einen beliebigen Preis ein, der gewöhnlich den des Festlandes um die Hälfte übersteigt. Der Fährmann verlegt seinen Fährtag nach Belieben. Das Vieh wird oft schlecht gehütet … Von Kindtaufen und sonstigen Amtshandlungen, die meine Gegenwart erfordern, habe ich den Genuss der geistigen Getränke verbannt. … Wie will man die Gebäude und das ganze Inventar der Kirche und der Schule ferner unterhalten? Mit Ausnahme von vier Einwohnern sind alle-

Typische Bauweise bis 1885

Die Wohnverhältnisse auf Langeoog sind bis Ende des 19. Jahrhunderts als sehr einfach zu bezeichnen. Die Häuser stehen auf festgelagertem Sandboden und in einigem Abstand zueinander auf warftähnlichen Aufschüttungen. Sie sind in Ost-West-Richtung gebaut, wobei die Giebelseite zum Watt und das tief herabgezogene Dach Richtung Dünen zeigt. Die Spitze des Giebels schmückt einer **alten ostfriesischen Tradition** folgend ein Maljan. Die **typische Verzierung** – in ihrer einfachsten Form ein senkrecht aufragender Stab, der aber auch mit Ornamenten verziert sein kann – soll die Bewohner gegen böse Mächte und Unglück schützen.

Die **Hauswände** bestehen aus den in der Region typischen, hart gebrannten Backsteinen. Dach und Decke werden von einem im Innenraum aufgestellten Holzständerwerk gestützt. Die Bauweise verdeutlicht zweierlei: Zum einen existiert an der ostfriesischen Küste in Ermangelung von Wäldern keine Fachwerktradition. Holz wird sehr sparsam und nur für das Tragwerk eingesetzt, wobei nicht selten auch Fundholz vom Strand Verwendung findet. Zum anderen gibt es auch keine nennenswerten Natursteinvorkommen, weshalb die Ostfriesen kleine **Ziegelsteine** benutzen. Die erweisen sich nicht nur bei Wind, Wetter und hoher Salzbelastung als robust, sondern bieten auch den Vorteil, dass sie sich im Wattenmeer von Hand von großen Frachtern auf kleinere Kähne umladen lassen.

Unter dem fast bis zum Boden reichenden Dach liegt der **Stallteil** des Hauses mit Heu- und Strohvorräten und Platz für jeweils ein bis zwei Kühe, Schafe oder Schweine. Der **Wohnteil** besteht aus einer oder mehreren Kammern mit kleinen Fenstern. Die Wohnküche ist zugleich Standort der Wandbetten (Butzen), die tagsüber wie ein Schrank geschlossen werden können. Die Feuerstelle mit offenem Herdfeuer ist an der Giebelwand des Hauses. Einige noch heute erhaltene Gebäude spiegeln diesen typischen Grundtyp wider, etwa das älteste Haus der Insel, das auf einer kleinen Düne liegende Wohnhaus im Otto-Leuß-Weg 3. Im Seemannshus ist zudem ein Schrankbett zu besichtigen.

lan_190hg

samt so arm, dass sie im Winter weder Brot noch Torf haben, alle sind verschuldet."

Die **zuständige Obrigkeit** legt daraufhin die „Acta betr. die moralische Verdorbenheit der Bewohner von Langeoog" an und schickt im November 1866 zwei **Landgendarmen** auf die Insel, die die **sittliche Ordnung** wiederherstellen und vor allen Dingen Zech- und Trinkgelage in Privathäusern unterbinden sollen – aus Unterlagen geht hervor, dass nach Langeoog zu dieser Zeit mehr Genever (Wacholderschnaps) geliefert wird als nach Spiekeroog (das damals mehr Einwohner hat).

Landgendarm *Wilke* kommt zu dem Schluss, **keine Gesetzwidrigkeiten** oder moralischen Vergehen beobachtet zu haben. Sein Urteil erlaubt zweierlei Lesarten: Zum einen hatte Pastor *Hoffmann,* der aus einer vermögenden Familie stammte und ein Leben in Sorge und Armut nicht kannte, vielleicht etwas übertrieben. Alkohol bietet angesichts der Not und Geldprobleme in den Familien Trost. Denn kehren die Männer nach mehrmonatiger, entbehrungsreicher Seereise zurück, wird nicht nur ausgiebig gefeiert, ihre Heuer wandert zu großen Teilen in die Kasse des Krämers, wo ihre Frauen angeschrieben haben. Und für einen ausreichenden Wintervorrat reicht das Geld dann meist nicht. Zum anderen zeigt es, dass die Insulaner – trotz möglicher Querelen untereinander – zusammenhalten, wenn es darauf ankommt (auch ein Nachfolger *Hoffmanns,* Pastor *Otto Harms,* stellt 1898 fest, dass es in der Gemeinde leider drei notorische Trunkenbolde gäbe, fügt jedoch hinzu, dass ihre Zahl damit gegen früher geringer geworden sei).

Beginn der Seenotrettung

Erstes Ruderrettungsboot

Bereits 1861 und damit vier Jahre vor der Gründung der Deutschen Gesellschaft zur Rettung Schiffbrüchiger wird im Westteil von Langeoog eine **Rettungsstation** eingerichtet. Mit den Freiwilligen auf Juist gehören die Langeooger damit zu den ersten Seenotrettern an der deutschen Nordseeküste. Erster Vormann ist der Schiffer *Johann Adam Leiß,* dessen Familie sich über Generationen der Hilfe für Menschen in Seenot verschreibt. Die Langeooger hatten sich um den Bau einer Station intensiv bemüht, denn ohne passende Ausrüstung können sie nur tatenlos zusehen, wenn wieder ein Schiff vor ihrer Küste havariert.

1862 bekommen die Langeooger ihr erstes **Ruderrettungsboot.** Die 8,5 Meter lange „Reichspost" lagert auf einem Langwagen, der für den Transport an den Strand mit sechs Pferden bespannt werden muss. Der Straßenname Rettungsspoor zwischen Süderdünenring und Um Süd erinnert auch heute noch an die damalige Route der Retter. Der Besitz eines Rettungsbootes (später kommt ein zweites im Inselosten hinzu) ist ein wichtiger Schritt. Da jedoch viele Männer auf Handelsschiffen unterwegs sind, müssen anfangs auch **Frauen** einen der zwölf Riemen beim Rudern übernehmen. Weil die Kleidung der Seenotretter aus langen Mänteln aus Öltuch, hohen Wasserstiefeln und Korkwesten besteht, ist das entsprechend anstrengend (zu den Rettungen → Exkurs „Rausfahren, wenn andere reinkommen", S. 50; eine eindrückliche Schilderung einer Rettung ist auch die Ballade „Nis Randers" von *Otto Ernst*, die in ganz Norddeutschland bekannt ist, → gleichnamigen Exkurs, S. 216).

Die Langeooger Seenotretter mit Jacken und Hosen aus Öltuch und Korkwesten

DGzRS_Archiv

Ausbau des Fremdenverkehrs

Badekarren am Strand

1863 bildet sich der erste **Badeausschuss** der Insel, dem neben *Johann Adam Leiß* auch Inselvogt *Gerjet L. Kuper* sowie Bademeister *Kaspar Döring* angehören. Als Fährhafen hat man sich nach langen Debatten auf Bensersiel geeinigt. Nach Norderneyer Muster stehen nun Badekarren auf Rädern am Strand (zuvor mussten sich die Gäste in alten Schiffswracks umziehen).

Nach wie vor ist die Unterbringung der Inselgäste – 123 sind für das Jahr verzeichnet – spartanisch. Für die wenigen Sommerwochen, die die Saison dauert, stellen die Insulaner ihre eigenen Wohnräume und Betten zur Verfügung und ziehen selbst in die Ställe (das Vieh ist derweil auf den Sommerweiden), auf Dachböden oder in angrenzende Schuppen. Im selben Jahr eröffnet *Leiß* das **erste Gästehaus,** das später den Namen „Zum Fürsten Schaumburg-Lippe" erhält (der Fürst besucht die Insel im Juli 1864, um dem König von Hannover, der samt Gefolge im quirligen Norderney weilt, aus dem Weg zu gehen. Das wenig mondäne Ambiente Langeoogs scheint seinen Hofstaat jedoch gelangweilt zu haben, denn auch der Fürst wechselt zurück ins gesellschaftlich interessantere Norderney).

Aufnahme eines gut besuchten Strandabschnitts mit Badekarren

lan262c_hg

1872 empfängt die **Gaststätte** „Zum Deutschen Kaiser“ im Inselwesten ihre ersten Gäste. Ein damaliger Inselgast schwärmt – trotz aller Einfachheit – vor allem von der **Ruhe** und der **Inselnatur:** Die reine Luft sei nicht „mit jenen ammoniakalischen und schwefelwasserstoffgasigen Ingredienzen vermengt“, die in den Nebenstraßen der Stadt aufsteigen (gemeint ist der Geruch von Dünger) und zu hören seien nur Lerchengesang, Möwenrufe sowie das Meeresrauschen – und eben keine Menschenschritte auf hartem, halsbrechendem Straßenpflaster, kein unverschämtes Peitschengeknall städtischer Fuhrleute.

Bau des Inselhospiz

Mit *Friedrich Wilhelm D. Barkhausen,* Kurator des evangelischen Klosters Loccum in der Nähe des Steinhuder Meeres, nimmt der Tourismus auf Langeoog Fahrt auf. Im Auftrag des Klosters baut Barkhausen auf der Insel die christlich geführte **Herberge** „Inselhospiz Kloster Loccum“, die 1885 – im selben Jahr, in dem Langeoog als Nordseebad anerkannt wird – eröffnet, um den gebildeten Schichten Preußens, also Pastoren, Lehrern, Beamten und Offizieren mit ihren Familien, eine Heilkur zu ermöglichen.

Das langgestreckte, mehrgliedrige Gebäudeensemble, das später erweitert wird (und auch heute noch eine Familienferienstätte ist), bietet anfangs 60 einfache Schlafplätze, eine große Küche und einen Andachtsraum und wird bereits in der ersten Saison von 290 Gästen besucht (von etwas über 700 Gästen auf der Insel

Das erste Gästehaus der Insel, eröffnet von Johann Adam Leiß, Mitglied des damaligen Badeausschusses, im Fährhusweg

lan_263sk

insgesamt). Das Kloster übernimmt zusätzlich die Regie über sämtliche **Badeeinrichtungen** auf der Insel, auch ist ab jetzt während der Sommersaison ein **Arzt** vor Ort. Der gute Ruf der Einrichtung sorgt die kommenden Jahre für einen hohen Bekanntheitsgrad Langeoogs. Um die Gäste mit Milch und Butter, Käse, Getreide, Eiern und Gemüse sowie Fleisch zu versorgen wird zeitweise die *Meierei*, wie die Domäne am Ostende ab 1895 genannt wird, gepachtet. Ein Jahr zuvor, 1884, hat mit dem „Ahrenholtz" auch das **erste Hotel der Insel** eröffnet (heute *Hotel Flörke*). Fünf Jahre später, 1889, kommt das „Hotel Leiß" hinzu (Hauptstraße 9, heute *Apartmentvilla Lüttjeod*).

Neue Berufe gefragt

Die Professionalisierung der Unterbringung der Inselgäste fällt mit dem Ende der Segelschifffahrt zusammen, die dazu führt, dass immer mehr Seeleute abmustern und folglich auch die Langeooger Familienväter an Land bleiben. Neue Verdienst- und **Berufsmöglichkeiten** – neben Hoteliers werden zum Beispiel Bademeister und Badefrauen mit Wärtern und Wärterinnen benötigt – entstehen. Die Langeooger erweitern ihre Häuser nun um Gästezimmer, die bisherigen Ställe werden zu Wohnraum umgebaut. Holzlauben und Veranden bieten den Gästen Wind- und Sonnenschutz und einen gemütlichen Platz, wo sie ihre Mahlzeiten einnehmen. Die Beherbergung von Gästen ist eine willkommene **Einnahmequelle,** allerdings beschränkt sich die Saison – auch da die Häuser keine Heizungen besitzen – nach wie vor auf wenige Sommerwochen.

Bäderarchitektur

Die Gebäude, die um die Jahrhundertwende entstehen, sind großzügiger geplant, denn auch die Transportmöglichkeiten für Material haben sich verbessert. Neben höheren Räumen bieten Neubauten vor allem auch mehrere Stockwerke. Manch kleineres Haus muss nun weichen. Für die Arbeiten kommen Handwerker mit neuen Ideen vom Festland auf die Insel, von denen einige sesshaft werden – neben einem Zimmermann gibt es einen Schuster und einen Bäcker, im Sommer auch einen Fleischer und es machen zunehmend weitere Geschäfte auf. Einige Pensionen im Stil der **Bäderarchitektur** der Jahrhundertwende existieren auch heute noch, etwa das **Böttcher Huus** von 1890/91 im Rudolf-Eucken-Weg 7, **Haus Taletta** von 1902 in der Mittelstraße 17 sowie das **Gästehaus Bohlen** in der Mittelstraße 1.

Badevergnügen

Auch der **Bau eines Aussichtszeltes** in Strandnähe fällt in diese Zeit. Ab 1885 kehren in der sogenannten „Abtei" (als ein Vorläufer der späteren Strandhallen, von denen die erste 1905 gebaut wird, allerdings bereits 1916 Opfer der Nordsee wird) Gäste ein. Hier können sie auch Karten erwerben, die zu einem Bad in der Nordsee oder im 1890 in den Dünen entstandenen Warmbad der Inselgemeinde – wo sie in Badewannen mit erwärmtem Seewasser steigen können – berechtigt. Ein zweites, privat betriebenes **Warmbad** errichtet *Johann Adam Leiß* 1892 in der Nähe des heutigen Inselbahnhofs.

Bei allem Vergnügen am Strand gilt jedoch eine strenge **Moral- und Kleiderordnung.** Fotos und Postkarten aus dieser Zeit zeigen, wie Jungen im Matrosenanzug im Sand spielen und Damen mit großen Hüten und bodenlangen Röcken, von Herren im Sommeranzug begleitet, am Strand flanieren. Ihre Knöchel zu zeigen, ist einer „anständigen Frau" untersagt, folglich sind die Damen selbst beim Bad im Meer von Kopf bis Fuß bekleidet. Die **Strandverordnungen** von 1882 und 1885 sehen separate Damen- und Herrenbäder vor, zwischen denen ein neutraler Strandbereich liegt. Bis diese Trennung, auf die Badewärterinnen und -wärter ein strenges Auge haben, aufgehoben wird und ein Familienbad wie auf Sylt oder Norderney erlaubt ist, dauert es auf Langeoog bis 1920.

Gästehaus Bohlen – Bäderarchitektur mit einem reich verzierten Maljan am Giebel

lan_191sk

Das Bad im Meer wird aus heutiger Sicht ungewöhnlich kurz zelebriert. Die Nordsee gilt als Arznei, die vorsichtig zu dosieren ist. Mit dem **Wellengang** haben die Gäste zudem wenig Übung und schwimmen können bis in die 1930er-Jahre die wenigsten. In einem **Langeooger Reiseprospekt** von 1902 sind die Anweisungen deutlich: „Personen von geringer Widerstandskraft baden nur jeden zweiten oder dritten Tag. … Das einzelne Bad werde bei starkem Wellenschlag nicht über 6 Wellen ausgedehnt."

Die **Badezeit** wird durch das **Hissen einer Flagge** angezeigt. Wer seine Badekarte beim Strandwärter gelöst hat, wartet, bis er an der Reihe ist und betritt trockenen Fußes eines der freien Badehäuschen auf Rädern, in dem er sich umziehen kann. Auf ein Zeichen wird das Häuschen in die Wellen geschoben, wo man aussteigt und nach ein paar Wellen „tüchtigen Sprützbades" zurück in den Badekarren klettert. Strandkörbe, zunächst Einsitzer aus Korb- oder Weidengeflecht, gibt es am Langeooger Strand seit der zweiten Hälfte des 19. Jahrhunderts. Ausgelassene **Unterhaltung** in Form von Tanzveranstaltungen, Konzerten oder andere Vergnügungen, die ein „aufprunken" seitens der Gäste ermöglichen würden, sind jedoch nicht erwünscht – auch das unterscheidet Langeoog von den Nordseebädern Norderney und Borkum deutlich.

lan_192hg

Anreise per Schiff und Pferdebahn

Um die **zunehmende Gästeschar** auf die Insel zu bringen, wird kontinuierlich an der Erreichbarkeit der Insel gearbeitet. Einen **Hafen** anzulegen, ist an den ostfriesischen Düneninseln jedoch nicht ganz einfach. Die Inselstrände im Norden kommen wegen der ständigen Brandung und wandernder Sandbänke nicht infrage. An den Südrändern gehen die Inseln jedoch in nicht schiffbare Wattflächen über, die sich beständig durch Sandablagerungen und Verschlickung verändern. Von einem Hafen im klassischen Sinn kann auf Langeoog deshalb lange nicht gesprochen werden. Bis Ende des 19. Jahrhunderts gibt es weder einen Anleger, noch eine Landungsbrücke oder sonstige Uferbefestigungen. Größere Boote ankern auf offener Reede. Kleinere Ruderboote können je nach Tiefgang näher an die Insel heranfahren. Güter, Gäste und Gepäck werden bis 1892 auf offenen, hochrädrigen Wattwagen, von Pferden gezogen, an Land gebracht.

Ab 1885 befördert Kapitän *Leiß* im Sommer in seinem neu gebauten Segelschiff „Curator" täglich bis zu 45 Passagiere. 1888 gründet sich die **Reederei Esens-Bensersiel-Langeoog,** die anfangs den kleinen holländischen Dampfer „Piet Hein" chartert und 1889 bis 1895 den Schaufelraddampfer „Stadt Esens" einsetzt, der immerhin schon 100 Passagiere transportieren kann. Am 9. Mai 1896 läuft der **Dampfer „Kaiserin Auguste Victoria"** vom Stapel, der bis 1951 im Liniendienst nach Langeoog im Einsatz ist. Parallel verbessert sich auch die Erreichbarkeit von Esens und Bensersiel durch weitere Straßen- und Zugverbindungen.

Um die **Anreise** für die Gäste komfortabler zu gestalten, entsteht 1892 eine erste **Landungsbrücke** von zunächst 150 Metern Länge – im Grunde das erste Hafenbauwerk der Insel. An dieser können die Dampfer anlegen und die Gäste aussteigen. Um an Land zu gelangen, ist jedoch trotzdem weiterhin eine Kutschfahrt durchs Wasser vom Ende der Brücke an Land notwendig. Die Landungsbrücke wird im Laufe der Zeit mehrmals erneuert sowie verlängert, letztmalig 1924 auf insgesamt 300 Meter. Im Juni 1901 lösen die Wagen der **Langeooger Pferdebahn** die hochrädrigen Pferdewagen ab. Die Gäste fahren nun von Pferden gezogen auf Schienen von der Landungsbrücke durch das Inseldorf. Über die Hospizstraße (heute Barkhausenstraße) geht es bis zum Inselhospiz Kloster Loccum.

[<] Flanieren im Sonntagsstaat

lan_193hg

Neubauten und technischer Fortschritt

Auf Betreiben von *Barkhausen* wird die **heutige evangelische Inselkirche** gebaut, die 1890 fertig ist. Das Gotteshaus im neugotischen Backsteinstil bietet deutlich mehr Menschen Platz, als ihr Vorgängerbau von 1859. Zwei Jahre später, im April 1892, feiern die Langeooger zudem die **Eröffnung eines neuen Schulgebäudes** auf der Südwestseite der Kirche (heute befindet sich an dieser Stelle das Hotel Logierhus Langeoog). Dass mit den Inselgästen auch der **Wohlstand der Inselbewohner** zunimmt, zeigt beispielsweise der Eiswinter 1890/91. Vom 12. Dezember 1890 bis zum 23. Januar 1891 ist das Watt komplett zugefroren, eine Schiffsverbindung nicht möglich. Sieben Wochen lang müssen die Langeooger ohne Warenlieferungen, ohne Zeitungen und Post auskommen. Doch ihre Winterbevorratung reicht. Zwar gehen Salz und Schwarzbrot aus, aber zum einen ist Meerwasser (und damit Salz) ja reichlich vorhanden und zum anderen sorgt ein Strandungsfall für eine Ladung Weizenmehl, so dass sich die Kinder über frisch gebackenen Stuten freuen. In derartigen Zeiten ist aufeinander Verlass; Familien, Nachbarn und Freunde rücken zusammen.

In Bezug auf den **technischen Fortschritt** kann Langeoog trotz merklicher Verbesserungen mit den anderen Inseln nicht mithalten. Norderney, das vom allgemeinen Aufschwung des Bäderverkehrs um die Jahrhundertwende besonders profitiert, bekommt bereits 1888/89 neben einer Kanalisation auch elektrisches Licht. Noch zehn Jahre später, 1898, berichtet der königli-

Die Langeooger Pferdebahn

che Kreisphysikus des Kreises Wittmund, dass sich zwar auf Langeoog statt der früheren niedrigen Häuser überall geräumige, gemauerte Häuser befänden, gepflasterte Straßen oder Rinnsteine jedoch fehlten: „Die Abwässer werden entweder direkt dem Erdboden übergeben, oder gelangen in gemauerte Gruben ohne Boden, sogenannte Schwindgruben, aus welchen ein Versickern der Flüssigkeit stattfindet." Erst 1909 wird gleichzeitig mit der **Errichtung des Wasserturms,** der die bisherige Trinkwasserversorgung über Hausbrunnen ersetzt, auch die **Kanalisation** auf Langeoog fertiggestellt. Mit der Verlegung von Kupferkabeln entlang der Fahrrinne durch das Watt ist 1923 dann auch die Versorgung mit Elektrizität gesichert.

Erster Weltkrieg und die 1920er-Jahre

Anfang der 1910er-Jahre steigen die **Gästezahlen** mit 5000 Besuchern pro Jahr in bis dahin nicht gekannte Höhen, doch im **Ersten Weltkrieg** (1914–1918) kommt der Badebetrieb vollständig zum Erliegen; Fremde dürfen die Insel nicht betreten. Im Anschluss an den Krieg startet der Fremdenverkehr zunächst verhalten, zahlreiche Pensionen und Hotels stehen zudem zum Verkauf oder suchen neue Pächter. Was die Bandbreite an Zerstreuungsmöglichkeiten angeht, baut die Inselgemeinde das Angebot stetig aus. Im Sommerprospekt von 1925 ist von einem täglichen Konzert, von Tanzvergnügen sowie Vorträgen und Vorlesungen durch Badegäste die Rede. Es gibt fachkundige Führungen durchs Watt und die Inselnatur sowie Sportwettkämpfe am Strand. Während die Hotels vor Ort beispielsweise mit ihrem Komfort, Lesezimmer, Billard- und Speisesaal werben, ist Langeoog gleichzeitig weiterhin eine **Familieninsel** mit einfachen Unterkünften.

Helga Stecher-Brandt erinnert sich an die Besuche mit ihrer Familie im Hospiz von 1924 bis 1931: „Wir wohnten unter dem Dach, vier bis sechs Personen gemeinsam in einem Raum. Schränke gab es nicht, die Kleidung hing an Nägeln, die in die Balken eingeschlagen waren. Eine kleine Waschschüssel auf einem Eisenständer musste ausreichen." Wie sich bei Familie *Lüken* im Otto-Leuß-Weg 8 (das Gebäude gibt es auch heute noch) das Wohnhaus im Juli und August in einen Bienenstock verwandelt, erzählt der 1943 geborene Maler und Langeoog-Liebhaber *Eg Witt* in seinem Buch „Jedes Jahr Langeoog. Inselgeschichten" (2009): Bis zu 24 Gäste werden hier im Sommer in den 1930er-Jahren beherbergt, weshalb alle Familienmitglieder in Keller und Stall ausweichen, wo sie auf Lagern aus Stroh, Heu oder Matratzen schlafen. Im Haus gibt es nur einen Wasserhahn und zwar in der Küche. In den Gästezimmern stehen jeweils große Waschschüsseln, die beiden Toiletten befinden sich auf dem Flur. Die Tochter, *Hertha Lüken*, erinnert sich, wie ihre Mutter bereits ab drei Uhr morgens auf dem Herdfeuer in der Küche die Kochwäsche der Gäste macht. Lotti, die einzige Kuh, garantiert Milch und Butter und die Gäste – Anwälte, Handwerker, Ärzte und Inhaber kleinerer und größerer Firmen und ihre Familien – lieben vor allem Dickmilch mit Schwarzbrot und Zucker. Da täglich gemeinsam drei Mahlzeiten eingenommen werden, ist die Bindung zwischen Gastgebern und Gästen – die zum Teil etwa beim Bohnenputzen in der Küche helfen – sehr eng.

Gründung der Inselschiffahrt

1927 gründet sich unter dem engagierten Gemeindevorsteher *Dr. Willrath Dreesen* die **„Schiffahrt der Inselgemeinde Langeoog“.** Die Gemeinde kauft von der Reederei Esens-Bensersiel-Langeoog die „Kaiserin Auguste Victoria“ sowie ein Motorboot (die „Langeoog“) und bestellt zusätzlich zwei moderne Motorschiffe, die im Sommer 1927 vom Stapel laufen. Inselschifffahrt und der Betrieb der **Pferdebahn** liegen somit in einer Hand, zu-

☑ Langeoog Anfang der 1930er-Jahre. Den Hafen und das Wäldchen gibt es noch nicht, von der Reede führt die Landungsbrücke geradewegs Richtung Ort

lan_165sk

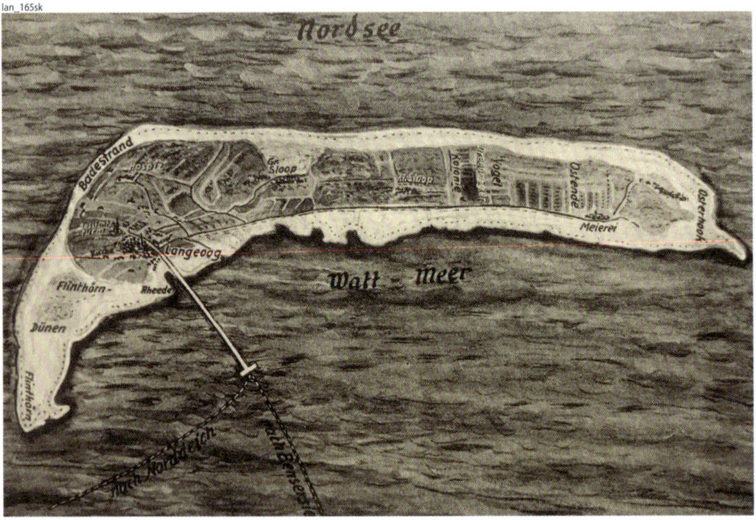

sätzlich übernimmt die Gemeinde auch den Badebetrieb vom Kloster Loccum.

Lufthansa-Linienflüge

„Wer Nordsee sagt, meint Langeoog" – mit diesem Spruch setzt sich das Nordseebad 1931 in Szene: „Sehr billige Preise bei berühmt guter Verpflegung und Wohnung. Das einfache, vornehme Familienbad der Nordsee." Gleichzeitig wirbt die Lufthansa mit dem Slogan „Fliegt in die Bäder" um zahlungskräftige Kunden, denen sie Verbindungen zwischen Rheinland, Hamburg und den Inseln anbietet. „Am 29. Juni eröffnet die Deutsche Lufthansa den planmäßigen Flugdienst auf der Strecke 113 Hannover-Bremen-Wangerooge-Langeoog-Norderney-Borkum ... Gute Anschlüsse sichern schnellste Verbindungen zwischen Langeoog und fast sämtlichen deutschen Städten", heißt es dazu in der Langeooger Kurzeitung Anfang Juli 1935. Für Starts und Landungen dient ein Gras-Flugplatz hinter den Bahngleisen der Pferdebahn.

Langeoog im Nationalsozialismus

Enorme Bautätigkeit

Weit verbreitet ist ab Ende des 19. Jahrhunderts der sogenannte **Bäder-Antisemitismus** in deutschen Seebädern und Kurorten. Gerne bezeichnen sich Badeorte und Hotels als „judenfrei", um antisemitisch eingestellte Feriengäste anzusprechen, jüdische Zeitungen warnen im Gegenzug mit langen Listen vor Orten, an denen ihre Leser nicht willkommen sind. Neben Borkum, Juist und Spiekeroog weist auch Langeoog explizit darauf hin, dass der Besuch von Juden bei ihnen unerwünscht ist. Im Zuge der **Machtergreifung der Nationalsozialisten** am 30. Januar 1933 beginnt die deutsche Wehrmacht ab 1934 mit einem systematischen **Ausbau der militärischen Anlagen** an der nordwestdeutschen Küste, wozu auch der Ausbau von Flughäfen, die Stationierung von Jagdverbänden und das Aufstellen von Flakgeschützen gehört. Die Ostfriesischen Inseln sollen einen Schutzwall gegen die Luftangriffe aus England bilden.

Anfang der 1930er-Jahre hat Langeoog rund 700 Einwohner. Die nun unter den Nationalsozialisten einsetzende **Bautätigkeit** prägt und verändert das Inselbild deutlich. Südlich des Inselortes, der seit 1932 durch den Schniederdamm eingedeicht ist, und angrenzend an die Flinthörndünen wird ein rund 150 Hektar großes Gebiet befestigt, um einen **Militärflugplatz** anzulegen. Wo sich im September 1937 noch Watt und Salzwiesen befinden, wird nun Sand aufgetragen, der den Dünen sowie dem Wattenmeer (per Saugbagger) im Südosten entnommen wird. Das so entstehende **Baggerloch** bildet den Anfang für das große Becken des Langeooger Hafens, der 1941 als Militärhafen mit seinem ringförmigen Schutzwall und zwei betonierten Molenköpfen eingeweiht wird und den hölzernen Schiffsanleger ersetzt. Am 2. Juli 1937 wird der Betrieb der Pferdebahn eingestellt und eine **dieselbetriebene Schmalspurbahn** pendelt ab sofort zwischen Anleger und dem neuen Inselbahnhof am Dorfeingang. Mittlerweile befördern die Langeooger Schiffe 75.000 Passagiere im Jahr.

Neben dem **Bau der Luftwaffenbasis** und des **Hafens** werden Flakstellungen, zwei Radarstationen (sogenannte Würzburg-Riesen) und Bunker in den Randdünen positioniert. Bis zu 2000 Arbeiter und Soldaten vom Festland sind auf Langeoog eingesetzt. Sie kommen zum Teil in Privathäusern und Pensionen der Insel unter, wohnen aber auch in **Militärbaracken,** die ab Ende 1937 errichtet werden. Zwischen 1939 und 1941 entstehen mit der Blumental- und der Heerenhussiedlung Unterkünfte für Offiziere und ihre Familien, auch der Ausbau des Straßen- und Telefonnetzes, der Bau eines großen Gebäudes als Sitz der Luftwaffenkommandantur an der Kirchstraße (das spätere Inselinternat), des Inselbahnhofs und des Rathauses fallen in diese Zeit.

Neues Heim für Offiziersfamilien:
ein Haus in der von den Nationalsozialisten gebauten Heerenhussiedlung

lan_78sk

Hitlerjugend und Aktion KLAUS

In den 1930er-Jahren gibt es wiederholt große sommerliche **Zeltlager der Hitlerjugend** mit Tausenden von Kindern auf der Insel, auch haben zahlreiche „Kraft durch Freude"-Reisen Langeoog als Ziel. Jüdische Mitbürger werden zunehmend drangsaliert und enteignet. Zeitgleich und unbemerkt kümmern sich die **Schwestern von Haus Bethanien,** einem im Mai 1920 auf der Insel eröffneten Erholungsheim für Diakonissen und Predigerfamilien, im Rahmen der Aktion KLAUS („Kinder lieber außer Sichtweite") 1938/39 um jüdische Kinder aus Halberstadt im Harz. Mit dem Wissen von *Meierei*-Pächter *Erich Falke* erholen sich die Kinder mehrere Wochen in einer Scheune auf dem Gelände der *Meierei* am Ostende, während ihre Eltern die gemeinsame Auswanderung ins europäische Ausland vorbereiten.

Luftangriffe

Mit **Kriegsbeginn** im September 1939 ist Langeoog militärisches Sperrgebiet, das ohne Passierschein nicht betreten werden darf. Der **Fremdenverkehr** kommt abermals vollständig zum Erliegen. Mit Unterbrechungen sind ab Sommer 1940 verschiedene Jagdstaffeln auf der Insel stationiert, später kommen Spezialflugzeuge zum Aufspüren von Magnetminen hinzu. Die Stationierung von Kampfflugzeugen und Flakgeschützen hat zahlreiche **Luftangriffe** vor allem britischer Bomber zur Folge. Auch überfliegen die britischen Bomberverbände die Insel in Richtung Festland, sodass regelmäßiger Fliegeralarm und die ständige Angst vor Bombardierungen und Luftangriffen zum Alltag der Inselbevölkerung gehören. Dennoch kommt Langeoog relativ glimpflich davon. Brand- und Sprengbomben treffen vor allem den Militärflughafen sowie einen – ebenfalls von der Wehrmacht errichteten – Scheinflughafen im Großen Schlopp. Der schwerste Angriff ereignet sich am 1. Juli 1940 als drei Bomben das Café Dünenschlösschen sowie die hölzernen Verkaufspavillons neben dem Wasserturm zerstören und einige Nachbargebäude beschädigen. Zwei Insulaner sowie ein Polizist kommen ums Leben.

Kriegsgefangene und Flüchtlinge

Erste Kriegsgefangene, rund 250 junge Franzosen, erreichen die Insel im August 1940. Sie werden in Baracken an der heutigen Gartenstraße untergebracht und müssen bei Reinigungs- und Reparaturarbeiten helfen. Ihre Behandlung ist vergleichsweise gut, auch dürfen sie sich auf Langeoog frei bewegen. Im krassen Gegensatz dazu steht das Verhalten der Wachmannschaften gegenüber den 300 bis 450 sowjetischen Soldaten (die Zahl schwankt je nach Quellenlage), die im August 1941 als Zwangsarbeiter auf die Insel gebracht werden und bis Mai 1942 bleiben. Bereits bei ihrer Ankunft sind die jungen Männer unterernährt, entkräftet und vollkommen unzureichend gekleidet. Sie werden in direkter Nachbarschaft zu den Franzosen im sogenannten **Russenlager** (heute Freizeitheim Haus Meedland der Bremischen Evangelischen Landeskirche) untergebracht. Streng bewacht, drangsaliert, ständig hungrig und unter zweifelhaften hygienischen Zuständen hausend, dürfen sie nur zu ihren Arbeitseinsätzen das mit Stacheldraht gesicherte Gelände verlassen. Eingesetzt werden sie bei der **Dünensicherung** und dem **Bau von Bunkern und Straßen.** Die heute noch bestehende Hochkantpflasterung der Willrath-Dreesen-Straße zeugt von ihrem Einsatz. An die 113 sowjetischen Zwangsarbeiter, die an Entkräftung und Unterernährung vor Ort sterben, erinnert seit 1952 eine **Gedenkstätte** auf dem Langeooger Dünenfriedhof (→ Kap. 1/Dünenfriedhof, S. 32).

Im März 1945 kommen gut 300 ältere, deutschbaltische **Flüchtlinge** auf die Insel. Sie werden in Notunterkünften, Hotels, Pensionen und in Langeooger Privathäusern untergebracht, wo sich die Familien später gerne an so manch ältere Damen von baltischem Adel erinnern, die den Kindern beim Kartoffelschälen Geschichten erzählt oder sie eine Handarbeit gelehrt hat (weitere Infos → Kap. 1/Dünenfriedhof, S. 32).

lan_79sk

Nachkriegszeit

Britische Besatzungszone und Entmilitarisierung

Am 4. Mai 1945 ist der Krieg auf Langeoog zu Ende – die norddeutschen Truppen kapitulieren in Lüneburg. Keine zwei Wochen zuvor, am 25. April 1945, gehen beim letzten Großeinsatz der Royal Air Force rund 6000 Bomben auf die Insel Wangerooge nieder. Bei diesem Angriff, der das Eiland beinahe dem Erdboden gleichmacht, sterben 300 Menschen. Der im Dezember 2022 verstorbene Langeooger Inselhistoriker *Hendrik Tongers* ging davon aus, dass Langeoog Mitte Mai 1945 ein ähnliches Schicksal ereilt hätte.

Langeoog ist nun **Teil der britischen Besatzungszone** und gehört ab 1. November 1946 zum neu geschaffenen **Bundesland Niedersachsen.** Die gegen Ende des Krieges in Hotels, etwa im „Deutschen Haus“ (heute Inselhotel Langeoog) eingerichteten Insellazarette nehmen nun weitere Flüchtlinge auf. Durch die immensen Bautätigkeiten der Jahre zuvor sind auf der Insel zwar ausreichend Unterbringungsmöglichkeiten vorhanden, die Versorgung mit Lebensmitteln ist nach Kriegsende allerdings schwierig und wer Verwandte mit Bauernhof am Festland hat, kann sich glücklich schätzen.

Oberstes Ziel der Besatzungsmächte ist die **Entmilitarisierung Deutschlands.** Folglich ordnen die Briten an, militärische Anlagen zu zerstören. Bunker, Flakstellungen und die den Militärflugplatz umgebende Betonstraße werden gesprengt. Das Rollfeld des Flughafens wird 1947 und 1948 mit Spezialgerät umgepflügt (heute befindet sich auf dem ehemaligen Flughafenareal das Anfang der 1950er-Jahre gepflanzte Wäldchen sowie die Schrebergärten der Insel, → Kap. 1/Wäldchen, S. 55).

Kinderkuren erlaubt

Gesuche der Inselgemeinde, Fremdenverkehr zuzulassen und den Langeoogern somit eine **Verdienstmöglichkeit** zu eröffnen, stoßen bei den britischen Befehlshabern auf wenig Verständnis. Die Deutschen sollen arbeiten und nicht in den Urlaub fahren. Der Gemeindedirektor *Dr. Gerhard Wagner* hat schließlich mit der Idee Erfolg, wenigstens „sommerliche Kindererholungsku-

[<] Die Willrath-Dreesen-Straße wurde zum Teil von sowjetischen Kriegsgefangenen gepflastert

ren“ anbieten zu dürfen. In der Folgezeit organisieren AWO, Diakonie, Caritas und Rotes Kreuz Reisen für Jungen und Mädchen, die sich so von ihrem tristen Alltag in den zerbombten Städten erholen und zudem „etwas auf die Rippen bekommen“ sollen. Von Mai 1946 bis 1948 ist Langeoog eine reine **Kinderinsel.** Untergebracht werden die monatlich bis zu 1000 Jungen und Mädchen und ihre Betreuerinnen und Betreuer in Pensionen, Hotels und im Hospiz. Die Aufenthalte dauern jeweils vier bis sechs Wochen. Gegessen wird gemeinsam in den ehemaligen Militärbaracken, die man nach und nach zu Freizeitheimen für die Kinder ausbaut. **Kinderkuren** haben auf der Insel seitdem Tradition, bis 1956 haben 40.000 Kurkinder Langeoog besucht und auch heute gibt es zwei Kliniken mit jeweils mehreren Häusern, die Mutter-Kind- oder Familien-Kuren anbieten.

Eg Witt (s.o.) erinnert sich an einen Aufenthalt im Kindererholungsheim „Möwennest“ der AWO folgendermaßen: „Man päppelte uns u.a. mit Stullen, die wirklich mit fingerdicken Butterstücken belegt waren, mit dicksten Haferbreisuppen … Wir tanzten mit den Mädchen, machten Ballspiele … Wir, die während des Krieges in schwersten Bombenangriffen Geborenen und deshalb etwas schwächliche Kandidaten, gewannen auf der Insel ganz großartige Eindrücke fürs Leben: Muscheln wie gesät … Sonnenuntergänge, tosender Brandungsanprall; weites, leeres Watt mit hohen Himmeln…“ So wie *Eg Witt* es beschreibt, wünscht man es allen Kindern, die damals zur Kur geschickt wurden. Für viele hat die Realität in Deutschland und auch auf Langeoog jedoch leider ganz anders ausgesehen, wie seit Ende 2019 zunehmend bekannt wird. Seitdem geht vor allem die Publizistin *Anja Röhl* mit Berichten von Betroffenen an die breite Öffentlichkeit, in denen deutlich wird, dass Jungen und Mädchen im Rahmen von Kuraufenthalten bis in die 1990er-Jahre äußerst entwürdigende und zum Teil traumatisierende Erziehungsmethoden erleben mussten (→ Exkurs „Die Langeooger Verschickungskinder“, S. 248).

Anerkennung als Nordseeheilbad

Tourismusneustart

Nach und nach kommt nun der Badebetrieb wieder in Gang. 1949 erhält die Insel die **staatliche Anerkennung als Nordseeheilbad** mit der die Verpflichtung einhergeht, den Gästen neben einem gepflegten Strand auch **Kureinrichtungen** anzubieten. Kommen 1950 9000 Urlauber auf die Insel, so sind es zehn Jahre später bereits 35.000 (wobei der Anteil von Kindern und Jugendlichen mit 40 % nach wie vor sehr hoch ist), 1962 sind es dann 40.000 Kurgäste. Das deutsche Wirtschaftswunder, die steigende Mobilität, der Anspruch auf bezahlten Urlaub sowie die Möglichkeit, eine Kur auf Kosten der Krankenkasse wahrzunehmen, geben dem Reisen einen Schub. Die Kurverwaltung erweitert das touristische Angebot auf Langeoog in diesen Jahren deutlich: Eingeweiht werden die Höhenpromenade (1963), die am gesamten Badestrand entlangführt, das Meerwasser-Erlebnisbad (1969, seitdem mehrmals erweitert) und das Haus der Insel (1973). Ein Lesesaal, das Dünensingen, Konzerte und Kulturveranstaltungen, Ausstellungen, Strandsport und Führungen komplettieren die Zerstreuungsmöglichkeiten. Die Langeooger freuen sich über den Bau der Inselschule (1960/61) und der katholischen St.-Nikolaus-Kirche (1963). 1971 eröffnet der Kindergarten „Wichtelnüst" im Kurzentrum. Ab Anfang der 1960er-Jahre ziehen Männer und Frauen aus Italien, Portugal, Jugoslawien und vereinzelt auch der Türkei auf die Insel, auf der in den Bereichen Gastronomie, Bauwirtschaft, Handwerk und Einzelhandel dringend Arbeitskräfte gesucht werden (ab der Jahrtausendwende sind die Herkunftsländer für neue Mitarbeiterinnen und Mitarbeiter vor allem Polen, Rumänien, Bulgarien, Ukraine, Moldau und Albanien).

Es entstehen zudem mehr und mehr **Ferienhäuser** und **Ferienwohnungen.** Statt wie zuvor in einer Pension oder bei Langeooger Familien zu wohnen, entscheiden sich die Gäste zunehmend für die Unabhängigkeit in einer Ferienwohnung, weshalb sich jetzt auch **Supermarktketten** auf der Insel etablieren. Die Inselbahn erhält neue Trieb- und Beiwagen, der Inselbahnhof und die Betriebswerkstatt werden erweitert und modernisiert. Die Inselgemeinde vergrößert die Schiffsflotte 1968 um eine neue Langeoog I (heute noch im Einsatz). Dennoch möchte man

Die Langeooger Verschickungskinder

Es ist ein stürmisches Wochenende im Februar 2022 als erstmals eine Gruppe von ehemaligen Langeooger Verschickungskindern gemeinsam die Insel besucht. Kennengelernt haben sich die 13 Männer und Frauen über den Austausch in einem Onlineforum: Ende 2019 rief die Publizistin *Anja Röhl* die Webseite www.verschickungsheime.de ins Leben und die dort geschilderten Erfahrungen machen seitdem die **Tragweite des Themas** deutlich. Etliche tausend ehemalige Verschickungskinder aus ganz Deutschland haben hier bislang – öffentlich und in geschützten Foren – beschrieben, was sie in Kurheimen im Namen von staatlicher Gesundheitsfürsorge in der **Zeit von 1945 bis 1990** erlitten haben. Rund zehn Millionen Jungen und Mädchen im Alter von zwei bis vierzehn Jahren reisten in dieser Zeit auf Anraten von Kinderärzten und Fürsorgestellen in die Heime der freien Wohlfahrtsverbände wie Arbeiterwohlfahrt (AWO), Caritas, Diakonisches Werk und Deutsches Rotes Kreuz (DRK). Beispielsweise in den Schwarzwald oder an die Nordsee, wo sie vier bis sechs Wochen – wegen Asthmabeschwerden, Lungen- und Hautproblemen, aber auch weil sie zu- oder abnehmen sollten – blieben.

Was auf dieser Website über die Erlebnisse in Langeooger Heimen zu lesen ist, ist ebenso schwer zu ertragen, wie es typisch für die Erinnerungen und das Leid vieler Kinder ist: Die heute Erwachsenen erinnern sich an unsägliches Heimweh, an die Demütigungen seitens der Betreuerinnen, an Lieblosigkeit und Gewalt, strenge Regeln und einen scharfen Befehlston. Wer es nicht schafft, morgens ein Glas Salzwasser auf leeren Magen zu trinken, darf nicht zum Frühstück gehen. Wer bei den Mahlzeiten nicht aufisst, muss stundenlang vor seinem Teller sitzenbleiben. „Ja, auch bei uns musste Erbrochenes aufgegessen werden", schreibt beispielsweise *Gertrud* (1980 war sie zwölf Jahre alt). Während der Mittags- und Nachtruhe haben die Kinder regungslos in ihren Betten auf dem Rücken zu liegen, die Arme auf der Decke: „Wer sich im Schlaf umdrehte, wurde aufgeweckt und zurechtgewiesen" (*Reinhold*, 1962 war er sieben Jahre alt). Es ist verboten, nachts auf die Toilette zu gehen. Wer deshalb einnässt, wird vor den anderen bloßgestellt und bestraft. Statt unbeschwerter Nachmittage am Strand stehen anstrengende Märsche in Zweierreihen auf dem Programm. Gemeinsam anreisende Geschwister oder Freunde isoliert man voneinander. Briefe und Päckchen von zuhause werden den Kindern vorenthalten. *Jürgen* (1971/72 war er neun Jahre alt): „Wir haben schon recht kurz nach der Ankunft auf Langeoog den Eltern diese Situation im Brief geschildert, allein die Post ist nie bei ihnen angekommen – sie wurde von den Betreuerinnen gelesen und aussortiert. Post wurde diktiert und an die Eltern gesendet." Deutlich wird auch, wie nachhaltig die erlebte Angst, das Gefühl des Verlassenseins und der Hilflosigkeit das Leben vieler Betroffener geprägt hat. Mit ein Grund, warum sich die Langeooger Gruppe bei der **emotionalen Spurensuche** von einer Psychologin begleiten lässt. Neben einem Besuch im Rathaus und der heute noch existierenden Kurheime von Caritas und AWO sind auch Gebäude ehemaliger Wohlfahrtseinrichtungen und das Heimatmuseum Seemannshus ihr Ziel. Im Heimatmuseum besteht mit der digitalen Medienstation die Möglichkeit, historische Pläne und Fotos der Insel einzusehen und so ehemalige Kureinrichtungen und -gebäude besser zuordnen zu können.

In einer gemeinsamen Erklärung haben die Langeooger Verschickungskinder ihre Position formuliert: „Es geht uns nicht um juristische Aufarbeitung, ganz abgesehen davon, dass viele geschehene Übergriffe verjährt sind. Wir wollen **Aufklärung,** vornehmlich für uns selbst, aber wir wollen auch der Öffentlichkeit deutlich machen, was im Namen der Gesundheitsförderung für Kinder passieren konnte."

Unter dem Druck der Öffentlichkeit beginnen die Wohlfahrtsverbände – wenn zum Teil auch zögerlich –, sich mit der bislang verdrängten Geschichte auseinanderzusetzen und ihre Archive zu öffnen. *Achim Eng*, Direktor des Caritasverbandes der für Langeoog zuständigen Diözese Hildesheim, bat als einer der ersten Vertreter eines Verbandes die Langeooger Verschickungskinder im Namen der Caritas um Verzeihung für das Geschehene und sicherte weitere Aufarbeitung zu.

Wo bereits eine Auseinandersetzung begonnen hat, wird das Zusammenspiel des langen Nachwirkens von nationalsozialistischen Erziehungsprinzipien und einem gesellschaftlichen Klima, in dem körperliche Züchtigungen von Kindern noch bis Ende der 1970er-Jahre weitestgehend gesellschaftlich akzeptiert waren und in dem das Wohl von Kindern dem Wirtschaftsinteresse – etwa von Heimbetreibern – untergeordnet wurde, deutlich. Vom Kinderkurheim „Flinthörnhaus" auf Langeoog heißt es, dass die Betreuungssituation vom Jugendamt selbst als „prekär" eingestuft wurde (ohne dass jedoch für Abhilfe gesorgt worden wäre). Bei einem Besuch vor Ort war das Haus im Mai 1965 bei 120 Plätzen mit 135 Kindern deutlich überbelegt und gleichzeitig mit pädagogischem Fachpersonal (vier Mitarbeiterinnen inklusive der Heimleitung, die von fünf Hilfskräften ohne Ausbildung unterstützt wurden) chronisch unterbesetzt.

Ein ausführliches Protokoll des Inselbesuchs findet sich auf der Internetseite der Hamburger Journalistin *Marina Friedt* (www.marinafriedt.de, Rubrik „Textarbeit"), die die Reise der Langeooger Verschickungskinder als ebenfalls Betroffene organisiert hat. Der Langeoog-Koordinator der bundesweiten **Verschickungskinder-Initiative**, *Manfred Gräber*, ist über langeoog@verschickungsheime.de zu erreichen.

⊻ Auch das Haus Kloster Loccum – heute eine Familienferienstätte – beherbergte in früheren Jahrzehnten Kurkinder

lan_264sk

weiterhin bodenständig bleiben: Schifffahrtsdirektor *Eduard Alt* betont bei der Einweihung der neuen Inselbahn 1961, dass man trotz des technischen Fortschritts kein Mode- und Amüsierbad werden wolle: „Der Charakter der Insel als gehobenes Familien-Seebad mit der heiter-sportlichen Note und der Ruhe in natürlicher Ursprünglichkeit muss erhalten bleiben!"

Ausbau von Erreichbarkeit und Angeboten

Eine weitere starke Zunahme in der Beliebtheit bei Feriengästen bringt die **Ausbaggerung der Fahrrinne** zwischen Bensersiel und Langeoog 1976 mit sich. Nun ist Langeoog **tideunabhängig** zu erreichen, die Inselschiffahrt kann Abfahrten nach einem festen Fahrplan anbieten. Das sich steigernde **Besucheraufkommen** und der zunehmende Bau von Zweitwohnsitzen führt zum Kauf der beiden großen Fähren Langeoog III und IV (Baujahr 1979, jeweils für 800 Personen zugelassen). Gleichzeitig werden auf Langeoog und in Bensersiel hydraulische Hubbrücken montiert. Das Gepäck wird nun per Elektrokarren in Rollcontainern an Bord der großen Fähren geschoben und muss nicht mehr wie zuvor per Kran an Deck gehoben oder von Hafenarbeitern aufs Schiff getragen werden.

In den 1980er-Jahre werden mit dem **Museumsrettungsboot** und dem **Schiffahrtsmuseum** im Kurzentrum sowie dem **Heimatmuseum** drei neue Sehenswürdigkeiten eröffnet (alle drei → Kap. 1, S. 22). 1988 entstehen im Kurzentrum zudem zwei **Spielhäuser** für kleinere (*Spöölhus*) und größere Kinder (*Spööl-stuv*). Seit 1986 ist Langeoog Teil des **Nationalparks Niedersächsisches Wattenmeer.** Ende Juni 2009 wird das Wattenmeer in die **Liste des UNESCO-Weltnaturerbes** aufgenommen.

Am 13. Mai 2009 entscheidet sich – unfreiwillig – die Zukunft des bereits jahrelang leerstehenden und verfallenden Gebäudes des 1988 geschlossenen Inselinternats. Das Haus an der Kirchstraße – von den Nationalsozialisten als Kommandanturgebäude der Luftwaffe gebaut – brennt beim größten Feuer der Inselgeschichte restlos aus und wird dann vollständig abgerissen. Zwei junge Saisonkräfte gestehen später, im Ostflügel gezündelt zu haben (heute baut auf diesem Areal die Wohngenossenschaft „Uns Oog" s.u.).

Langeoog heute

Geliebte Insel

Urlaub auf Langeoog ist beliebt. Die Zahl der Gäste ist in den vergangenen Jahren – mit kleineren Schwankungen, vor allem für 2020 und 2021 wegen der Corona-Beschränkungen – kontinuierlich gestiegen. Rund 240.000 Übernachtungsgäste besuchen jedes Jahr die Insel. Der Rekord für Tagesgäste liegt bislang bei 180.000 Besucherinnen und Besuchern, die 2018 aufgrund des ungewöhnlich langen und heißen Sommers kamen. Besonders gern kommen **Familien** und **ältere Reisende.** Während die Zahl der Pensionen mittlerweile nur noch klein ist, bilden **Ferienwohnungen** das Gros der Unterkünfte. Die Zahl der Stammgäste ist – ähnlich wie auf den anderen Ostfriesischen Inseln und an der Nordsee generell – hoch. Über die Jahrzehnte sind zwischen vielen alteingesessenen Vermieterfamilien und ihren Stammgästen Freundschaften entstanden. Rund 70 % der Langeoog-Reisenden waren bereits mehrmals hier.

Auf Langeoog finden sie eine ansprechende **Balance** zwischen Unterhaltung, sportlichen Aktivitäten, Shopping- und Ausgehmöglichkeiten, Ruhe und Erholung. Dabei ist der Inselort nicht so mondän und trubelig wie Norderney, aber eben auch nicht so beschaulich wie Baltrum und Spiekeroog (ein bekannter Spruch, mit dem man sich die Reihenfolge der Ostfriesischen Inseln von Ost nach West merken kann, lautet übrigens: „Welcher Seemann liegt bei Nanni im Bett?", für Wangerooge, Spiekeroog, Langeoog, Baltrum, Norderney, Juist, Borkum). Herrlich unaufgeregt geht es auf Langeoog zu; fernab der gewohnten Alltagshektik steht die Zeit für Urlauber im positiven Sinn still. Für welche der Inseln man sich letztendlich entscheidet, ist kein Zufall, wenn man dem ehemaligen Bürgermeister und passionierten Gästeführer *Uwe Garrels* glauben mag: „Die Menschen finden zu der Insel, die zu ihrer Seele passt. Darum kommen sie immer wieder ‚nach Hause', wenn sie zu uns kommen. Dagegen haben wir keine Chance." Auch die Schriftstellerin *Regula Venske* schwärmt in ihrem Buch „Mein Langeoog" (→ Anhang/Literaturtipps, S. 314): „Schnell hat man alles wiedergesehen und die tiefe Entspannung setzt ein. Wer am Langeooger Strand entlangläuft, verpasst anderswo – rein gar nichts. Du bist am richtigen Ort."

Sturmflutsicher?

Manch Gast mag sich angesichts des **Klimawandels** fragen, ob die vielzitierte Lagestabilität der Insel Bestand hat – Langeoog ist die einzige Ostfriesische Insel, die seeseitig keine massiven Küstenschutzanlagen aus Beton oder Stein errichten musste. Insgesamt schützen rund 20 Kilometer Dünen, beginnend im Südwesten am Flinthörn bis zum Osterhook im Osten sowie eine rund sechs Kilometer lange Deichstrecke an der Wattseite Inselort und Inselnatur vor den nahenden Fluten. Regelmäßig kontrolliert der **Küstenschutz,** für den das Land Niedersachsen zuständig ist, im Herbst vor der nahenden **Sturmflutsaison** (die von Oktober bis April dauert) und am Ende des Winters den Zustand von Dünen und Deichen und gibt Entwarnung: Akut in Gefahr ist Langeoog nicht. Dennoch legen die Experten stets ein besonderes Augenmerk auf die Dünen des Pirolatals nordöstlich des Ortes, liegt hier schließlich die Süßwasserlinse, die die komplette Insel mit Wasser versorgt. Ein Eindringen von Meerwasser durch einen Dünendurchbruch würde diese für lange Zeit unbrauchbar machen.

Der Bereich steht bereits seit den 1960er-Jahren im Fokus der Dünenschützer, da hier das Strandniveau wegen der starken Strömung von West nach Ost kontinuierlich sinkt. Ursprünglich verlief die **Dünenkette** an dieser Stelle über 100 Meter, also mehrere Dünenketten umfassend weiter nördlich, die heutigen Dünen vor dem Pirolatal sind auf einer Länge von zwei Kilometern allesamt künstlich angelegt. Wie stark sich der Dünenverlauf im Wechsel aus Küstenschutzmaßnahmen und Dünenabbrüchen

Rohrleitung der Strandaufspülung kurz vor dem Abtransport im Oktober 2020

lan_265sk

an dieser Stelle verändert hat, wird mitunter nach heftigen Stürmen deutlich, wenn das Sandniveau sehr niedrig ist. Dann werden Mauerreste am Strand sichtbar, bei denen es sich um letzte Überreste von Bunkern bzw. Flakstellungen aus der Zeit des Zweiten Weltkriegs handelt, die damals mitten im Pirolatal lagen (sie wurden zunächst von den Besatzungsmächten gesprengt, ihre Reste später weitestgehend von der Bundeswehr abtransportiert). Auch Rückstände von schwarzen Gummischläuchen – eine Maßnahme aus den 1970er-Jahren – sind dann mitunter zu sehen. Auf die zahlreichen starken **Dünenabbrüche** – je nach Sturmflut in manchen Jahren mitunter bis zu 14 Meter binnen weniger Stunden – wurde unter anderem mit Hinterfüllungen reagiert; es wurden also natürliche Dünenketten rückseitig durch künstlich aufgeschüttete Dünen verstärkt. Da so über die Jahre die Dünenkette den Trinkwasserbrunnen immer näher rückte, wurde ab 2010 die Strategie geändert. Seitdem wird alle zwei bis drei Jahre mit **Strandaufspülungen** auf das niedrige Strandniveau vor den Dünen reagiert – so lange dauert es meist, bis das aufgespülte Sanddepot – 2020 immerhin 700.000 Kubikmeter Sand, 2022 rund 450.000 Kubikmeter – aufgebraucht ist, also vom Meer wieder abgetragen wurde. Die im Laufe des Sommers mehr oder weniger steile Abbruchkante, die sich bildet, bricht dabei die Energie nahender Wellen und schützt so den Dünenfuß.

Entnommen wird der benötigte Sand dafür per Saugbagger im zwischen Langeoog und Baltrum verlaufenden **Seegatt Accumer Ee.** Das zugrundeliegende Prinzip nennt sich „Building with nature“ („Gestalten mit der Natur“) und wird als pragmatisch und nachhaltig bewertet – etwa im Vergleich zu steinernen Befestigungen. 2010, 2013 und 2020 wurde dafür jeweils eine zum Teil vergrabene Rohrleitung quer über den Badestrand bis zum Oststrand verlegt. 2017 und 2022 wurde der Sand per Spezialschiff direkt vor den Strand transportiert und über eine Rohrleitung im Meer direkt vor das Pirolatal gespült, wo Planierraupen ihn dann verteilten. Grundsätzlich sind Aufspülungen nur während der Sommermonate möglich, da Wind und Wellen im Herbst und Winter den Einsatz von Saugbaggern und die Einrichtung des Aufspülfeldes gefährden würden.

Die Aufspülungen sind jeweils flankiert von **Sandfangmaßnahmen** am Dünenfuß, also Buschzäunen, die zusätzlich Flugsand einfangen und halten sollen und der Anpflanzung von Strandhafer. Die viele Millionen Euro teuren Maßnahmen wer-

lan_76sk

den aus Mitteln der Bund-Länder-Gemeinschaftsaufgabe zur Verbesserung des Küstenschutzes übernommen, da die Inseln als natürliche Wellenbrecher auch die Festlandsküste sichern helfen.

Wohnungsmarkt unter Druck

Ein weiteres drängendes Thema aus Sicht der Insulaner ist, bezahlbaren und arbeitgeberunabhängigen **Wohnraum** zu finden. Eine hohe **Nachfrage nach Immobilien** steht dabei einem relativ begrenzten Angebot gegenüber. Aufgrund der hohen Preise ist der Kauf von Eigentum für viele Langeooger unerschwinglich. Ein freistehendes Einfamilienhaus dürfte nicht unter einer Million Euro zu finden sein. Bezahlbare Mietwohnungen gibt es auf der Insel jedoch auch nicht, da es für Vermieter lukrativer ist, an Feriengäste zu vermieten.

Das Niveau der Mieten ist vergleichbar mit Top-Lagen in deutschen Großstädten. Vor allem **Familien** haben aufgrund des Platzbedarfs Schwierigkeiten, ein passendes Heim zu finden. Saisonale Arbeitskräfte und Mitarbeiter geben sich mit winzigen möblierten Zimmern oder der Unterbringung in Wohngemeinschaften zufrieden – oder eben nicht, was den Personalmangel verstärkt. Um ihren Mitarbeitern eine Perspektive zu bieten und ihr Personal zu halten, haben deshalb einige Arbeitgeber der Insel eigene **Personalwohnungen** gebaut.

Immobilien sind sehr begehrt auf den Ostfriesischen Inseln, insbesondere typische Häuser in Bäderarchitektur wie Haus Taletta in der Mittelstraße 17

Generell sind immer weniger Häuser in der Hand der Insulaner. Geisterstraßen mit Wohnungen, die fast das ganze Jahr leer stehen, da ihre Eigentümer auf dem Festland wohnen, fallen vor allem in den dunklen Jahreszeiten auf. **Bruchteilseigentum** heißt der zwar legale, aber nicht folgenlose juristische Kniff, mit dem sich beim Kauf einer Immobilie umgehen lässt, dass Menschen vom Festland per Gesetz eigentlich kein Eigentum auf den Inseln erwerben dürfen. Auf einem Grundstück, auf dem zuvor ein einziges älteres Wohnhaus stand, werden mehrere Wohnungen in einem größeren Ensemble gebaut, die dann verschiedenen Eigentümern gehören.

Eine zumindest leichte Entspannung verspricht die **Gründung der Wohngenossenschaft „Uns Oog"** (Unsere Insel) im März 2018. Auf einer rund 4000 Quadratmeter großen Fläche auf dem Gelände des ehemaligen Internats an der Kirchstraße sind seit Frühjahr 2019 sechs Mehrfamilienhäuser mit 34 Wohnungen unterschiedlicher Größe entstanden. Mitglieder kaufen Anteile und können so dauerhaft und zum Teil auch öffentlich gefördert auf Langeoog leben (Kaltmiete mit Wohnberechtigungsschein bei 7,50–8,50 € pro m^2, frei finanzierte Wohnungen bei 11,50 €). Im Frühjahr 2021 konnten die ersten Mieter einzie-

Neuer Wohnraum auf der Insel:
Die Häuser der Wohngenossenschaft „Uns Oog"

lan_266sk

hen, eine Nutzung als Ferienwohnung ist ausgeschlossen. Auf der benachbarten Fläche sollen ab Ende 2024 45 öffentlich geförderte Wohnungen, u.a. für Personal der Gemeinde, entstehen (Bezug ab 2026).

Schuldenabbau und Nutzungskonzepte

Seit November 2019 ist *Heike Horn* (parteilos) Bürgermeisterin der Insel. Unter dem harten **Sparkurs** ihres ebenfalls parteilosen Vorgängers *Uwe Garrels* konnte die einst mit 16 Millionen Euro verschuldete Inselgemeinde 2017 einen ausgeglichenen Haushalt vorweisen. Erreicht wurde dies in erheblichem Maß durch den (geplanten) **Verkauf nicht benötigter Liegenschaften.** So wurde 2016 das Kinderspielhaus *Spöölhus* abgerissen und das Areal schräg gegenüber der *Spöölstuv* für 3,5 Millionen Euro an einen Investor verkauft, der hier das Strandhotel *Die Sandburg* eröffnet hat. Der Anwendungsbereich des Kur- und Wellness-Centers (KWC) wird – voraussichtlich 2024 – in den neu geschaffenen Anbau am Erlebnisbad umziehen, um auch das alte KWC veräußern zu können.

Aufgrund ihres Alters und ihrer Ausstattung (Heizung, Brandschutz, Elektrik) sind die in die Jahre gekommenen Gebäude von KWC und Haus der Insel für die Inselgemeinde nicht kostendeckend zu betreiben. Um **zukunftsträchtige Nutzungskonzepte** für beide Objekte wird seit Jahren und bislang ohne endgültiges Ergebnis gerungen. Uneinigkeit herrscht bei der Frage, ob die Inselgemeinde beide Gebäude an Investoren verkaufen sollte (die hier dann zusätzliche Eigentumswohnungen bauen und verkaufen könnten – was der Inselgemeinde nicht erlaubt ist) und wie stark dann die Mitsprachemöglichkeiten für die Belange des Veranstaltungshauses eingeschränkt wären. Auch bei

lan_197vjs

der Einschätzung, ob sich von der Gemeinde ein energetisch saniertes und modernisiertes Haus der Insel ohne Verluste betreiben ließe, gibt es kontroverse Diskussionen. Der Landkreis Wittmund drängt derweil auf ein schlüssiges Konzept für ein wirtschaftlich nachhaltiges Führen des Tourismus-Service Langeoog.

Tourismus mit Zukunft

Die Langeoogerinnen und Langeooger sind gerne **Gastgeber,** fast alle Insulaner leben direkt oder indirekt von Feriengästen. Die Frage, wann im Tourismus ein „zu viel" erreicht ist, stellt sich vielen vor allem angesichts der über die Jahre stetig gestiegenen Zahl von Tagestouristen und der Frage nach weiteren Hotelbetten. Die weitere Entwicklung der Insel bewegt sich dabei in dem Spannungsfeld, solide und zukunftsorientiert wirtschaften zu können, attraktiv sowohl für langjährige als auch neue Gäste zu sein und gleichzeitig für Insulaner ein lebenswertes Umfeld zu bieten und rücksichtsvoll mit der Inselnatur umzugehen. Die wichtigsten Säulen ihres Tourismuskonzeptes sehen die Langeoogerinnen und Langeooger dabei nach wie vor in den Themen „Sport und Aktivität", „Natur und Nachhaltigkeit" sowie „Miteinander und Unterhaltung". Das Augenmerk liegt darauf, die Nebensaison zu stärken sowie **hochwertige touristische Angebote** und den Tagungs- und Gesundheitstourismus weiter zu fördern, um die Insel als **Arbeitsplatz und Lebensort** noch attraktiver zu machen.

Damals wie heute ist der Strand auf Langeoog Anziehungspunkt für Besucher jeden Alters

lan_152sk

5 Nordsee und Inselnatur

» Die Gezeiten mit Ebbe und Flut faszinieren Inselbesucher ebenso wie der Anblick imposanter Zugvogelschwärme, das Leben in Salzwiesen und Watt und der Aufbau von Dünen, die der Insel das Leben auf der Insel überhaupt erst ermöglichen.

< Inselherbstfarben

Land und Meer

Entstehung der Nordsee

Als Randmeer des Atlantischen Ozeans ist die Nordsee erdgeschichtlich gesehen vergleichsweise jung. Auf dem Höhepunkt der letzten Eiszeit vor rund 21.000 Jahren lag der Meeresspiegel 120 Meter tiefer als heute. Große Mengen Wasser waren in kilometerdicken Gletschern gebunden, sodass sich die Küstenlinie einige Hundert Kilometer weiter nördlich befand. Die Gebiete des heutigen Großbritannien und Skandinavien waren durch das sogenannte **Doggerland** verbunden, eine spärlich mit niedrigen Sträuchern und Heiden bewachsene Steppe, die von größeren Flüssen durchzogen und von Jägern und Sammlern bewohnt war. Knochenfunde weisen zudem nach, dass hier einst Mammuts und wollhaarige Nashörner, Wildpferde und Rentiere lebten. Gegen Ende der Eiszeit vor 10.000 bis 12.000 Jahren stieg der Meeresspiegel zunächst sehr rasch, später langsamer, bis vor rund 7.000 Jahren die Landbrücke zwischen Großbritannien und dem Kontinent verschwunden und das Gebiet der heutigen Nordsee überflutet war.

Mächtige Sandbänke

Im südlichen Küstenbereich ging der tiefere Meeresboden in flache Wattzonen über und beständig lagerten sich hier Sand und Sedimente ab. Im ersten Jahrtausend v. Chr. bildeten sich mächtige Sandbänke und auf diesen erste Dünenketten als Vorläufer der heutigen Ostfriesischen Inseln. Diese **Entstehungsgeschichte** unterscheidet die Ostfriesischen Inseln von ihren nordfriesischen Schwestern Sylt, Föhr und Amrum, die allesamt Geestkerne – also feste, durch Sturmfluten abgetrennte Landmassen aus Lehm- und Kiesablagerungen – enthalten, was sie für Verlagerungen weniger anfällig macht. Die Ostfriesischen Inseln hingegen veränderten sowohl ihre Form als auch ihre Lage und Zahl über die Jahrhunderte. Dauerhaft besiedelt sind die Ostfriesischen Inseln ungefähr **seit dem 13. Jahrhundert,** als die Dünenzüge ausreichend mächtig und geschlossen waren und den Menschen somit Schutz boten.

[>] Im Grunde sind die Ostfriesischen Inseln riesige Sandbänke: Blick von Langeoog Richtung Baltrum

Die Ostfriesen und der Deichbau

Zu dieser Zeit war das ostfriesische Festland bereits seit Längerem bewohnt. Das zusehends mildere Klima hatte dazu beigetragen, dass sich Menschen hier dauerhaft niederließen. Erste Hofstellen auf höhergelegenen Geestgebieten werden für das 3000 v. Chr. angenommen, um 500 v. Chr. gab es erste Siedlungen. Der Meeresspiegel war um Christi Geburt erneut gesunken, sodass das Meer seinen Schrecken verloren hatte und Häuser auch in niedrigeren Marschgebieten gebaut wurden. Doch im Laufe der Jahrhunderte kehrte das Wasser zurück und sicher war nur, wer sein Heim auf kleinen Hügeln, den sogenannten Wurten oder Warften errichtete, die auch bei Sturmfluten Schutz boten. Als auch das nicht mehr ausreichte, verließen die Menschen die Küstengegend und kehrten erst im frühen Mittelalter um 700 n. Chr. zurück. Ab dem 11. Jahrhundert begannen sie mit dem **Bau von Deichen,** eine harte Arbeit, bei der sie zunächst den schweren Marschboden in flachen ringförmigen Dämmen um ihre Wiesen und Äcker anhäuften und dann mit Grassoden bedeckten.

lan_154sk

Bernstein: Auf der Suche nach dem Gold des Meeres

Seine Farbe reicht von hellem, milchigem Gelb über klare Honigtöne und schimmerndes Orange bis zu warmem Braun: Die Rede ist von Bernstein, dem viele **Millionen Jahre alten fossilen Harz,** das auch als „Gold des Meeres" bezeichnet wird. Naturbelassene Stücke können auch am Langeooger Strand gefunden werden. Poliert und in Form gebracht, ziert er so manchen Ring oder Anhänger in den Geschäften vor Ort.

Das Harz stammt dabei von einer mittlerweile ausgestorbenen Kiefernart sowie Nadelbäumen, die vor rund 35 bis 55 Millionen Jahren auf dem Gebiet des heutigen Skandinaviens und Baltikums wuchsen. Unter dem Druck von Eis, Meerwasser, Sand und Gesteinsschichten verhärtete das Baumharz im Laufe von Millionen Jahren und sammelte sich u.a. in den Senken, in denen sich heute Nord- und Ostsee befinden. Der hier gefundene Bernstein wird auch „Baltischer Bernstein" genannt; er macht rund 90 % des weltweiten Bernsteinvorkommens aus (weitere fossile Harze sind von Sizilien, aus Spanien, Portugal, Kanada, China, Mexiko und New Jersey bekannt).

Fertiges Werkstück am Lederband

lan_155sk

Der **Name** Bernstein geht darauf zurück, dass der Stein sich leicht entzünden lässt und lange brennt (vom mittelniederdeutschen Wort „börnen/bernen" für „brennen", ursprünglich also Brennstein), weshalb er in den waldarmen Küstenregionen sehr geschätzt wurde. Besonders faszinierend sind **Inklusen** (Einschlüsse), die rund jeder 10.000 Stein besitzt – vom Harz eingeschlossene Fliegen, Ameisen, Käfer, Spinnen, Libellen und Tausendfüßler, aber auch Blüten, Blätter, Grashalme, Moose und Vogelfedern, die so bis ins kleinste Detail erhalten geblieben sind. Bereits seit 3000 Jahren ist das leicht zu bearbeitende Material als **Handelsobjekt und Schmuckstück** beliebt. Kleine Figuren, Amulette, Kugeln und Perlen hat man als Grabbeigaben entdeckt, auch Waffen römischer Gladiatoren trugen Bernsteinverzierungen.

Die **Blütezeit des Handels** liegt dabei im Mittelalter. Deutsche Ordensritter kontrollierten damals die baltischen Völker an der Ostseeküste. Wichtige Zentren für Bernsteine waren Brügge, Danzig und Königsberg (Kaliningrad). Gefertigt wurden neben Rosenkränzen auch Gebrauchsgegenstände. Im 17. und 18. Jahrhundert begann die kunstvolle Bearbeitung an den Fürstenhöfen, etwa in Braunschweig, Dresden, Berlin, Wien oder Kopenhagen. Neben Glanz und Schmuck für das eigene Haus dienten die Werke auch als Geschenke an andere Höfe. Sagenumwoben ist bis heute das sogenannte Bernsteinzimmer. Die kunstvoll verzierten Wandelemente – ein Geschenk vom preußischen König *Friedrich Wilhelm I.* an den russischen Zaren *Peter I.* – waren ab 1755 im Katharinenpalast vor den Toren St. Petersburgs eingebaut (heute Teil der Stadt; im Schloss wird seit Mai 2003 eine Nach-

lan_82 sk

bildung gezeigt). Im Herbst 1941 erbeutete die deutsche Wehrmacht das auch als „Achtes Weltwunder" bezeichnete Prunkkabinett und brachte es in das Schloss von Königsberg/Kaliningrad, wo es zuletzt gesehen und 1944 wegen des Vormarsches der Roten Armee verpackt und in die als sicher geltenden Kellergewölbe gebracht wurde. Nachdem das Königsberger Schloss im Anschluss an britische Luftangriffe im August 1944 niederbrannte, begann die **Legendenbildung.** Zahlreiche Forscher haben die Spuren mit viel Aufwand (und viel Geld) verfolgt. Je nach Überzeugung vermutet man die wertvolle Vertäfelung nach wie vor in den Bunkersystemen Kaliningrads, bereits zerstört, in einem Stollen im Erzgebirge, in den Dünen der Kurischen Nehrung oder an Bord eines Schiffswracks auf dem Grund der Ostsee.

Neben der Bedeutung als Schmuckstein wird Bernstein seit vielen Jahrhunderten auch als **Heilstein** geschätzt. In Pulverform verabreicht, ging man von einer beruhigenden und schmerzstillenden Wirkung aus, die nicht nur Pest, Typhus und Gicht heilen, sondern auch Hexen und Dämonen vertreiben sollte.

Wer sein Glück auf Langeoog versuchen möchte: Am besten findet sich Bernstein von Anfang November bis Mitte März, wenn der Meeresboden vom Wellengang eines Sturms aufgewirbelt wurde. Kenner suchen im sogenannten Flutsaum, dort, wo sich kleine schwarze Holzstückchen sammeln, denn diese haben ungefähr das gleiche Gewicht wie Bernstein. Auch die regelmäßigen Strandaufspülungen, bei denen Sand vom Meeresboden aus der Accumer Ee abgesaugt wird, machen Funde möglich. Meist sind es kleinere Stückchen von der Größe eines Stecknadelkopfes bis hin zu kleinen

Konzentriert bei der Sache: Bernsteinschleifen macht Spaß

Kieselsteinen, größere Entdeckungen sind sehr selten. In der 18 **Inselgoldschmiede & Schmuggelkiste** am Wasserturm (Karte S. 76) lassen sich in einer Vitrine beeindruckende (unverkäufliche) Bernsteinfunde von der Insel bestaunen (→ Kap. 2/Einkaufen, S. 82).

Ob es sich bei einem Fund tatsächlich um einen echten Bernstein handelt, erkennt man zum Beispiel an der Tatsache, dass der Stein in stark salzhaltigem Wasser schwimmt (dazu rund einen Esslöffel Kochsalz auf 150 ml Wasser geben). Auch ist Bernstein **brennbar** und verströmt bei einer hellen, stark rußenden Flamme einen angenehmen Harzgeruch. Letzterer ist auch wahrnehmbar, wenn man den Stein mit einer heißen Messerspitze berührt. Bei einem weiteren Test prüft man die Eigenschaft, dass sich Bernstein elektrisch auflädt. Reibt man ein Stück an Wolle oder Stoff, zieht er im Anschluss kleine Papierschnipsel an.

5 *Susanne* und *Peer Agena* bieten ihr beliebtes **Bernsteinschleifen** in ihren **Bunten Buden am Hauptbad** an (Karte S. 76). An gemütlichen, aus alten Strandplanken gezimmerten Tischen wird gemeinsam geschliffen und poliert bis aus einem matten Bernstein-Rohling ein glänzendes Schmuckstück wird, das an einem Lederband um den Hals getragen werden kann. Die Kurse (für Erwachsene und Kinder ab ca. 6 Jahren) finden von April bis Oktober sowie zum Jahreswechsel immer mittwochs von 15.30 bis 17 Uhr statt, während der Schulferien und an Feiertagen zusätzliche Termine (25 € pro Person inkl. Bernstein und Lederband, Kavalierpad 12/Am Hauptbad, Anmeldung und Information in der Tourist-Info und in der Inselvermietung/Bunte Buden).

Bis im 13. Jahrhundert erstmals eine **geschlossene Deichlinie** die Küste sicherte, war es ein langer, anstrengender Weg. Mit dem Deichbau eng verbunden ist eine lateinische Redewendung, die die gemeinsame Leistung der Küstenbewohner und ihren Stolz verdeutlicht: „Deus mare, friso litora fecit“ (Gott schuf das Meer, der Friese die Küste).

Wandernde Inseln

Die Inseln bleiben trotz Besiedlung **in Bewegung.** Da die Flut aus dem Westen über den Ärmelkanal zurückkehrt, sind es folglich die Westseiten der Ostfriesischen Inseln, die nahenden und nagenden (Sturmflut-)Wellen besonders ausgesetzt sind. Dort tragen Meer und Wind kontinuierlich Sand ab, der dann mit der Strömung wandert und sich an den Ostenden der Inseln anlagert. Die mit Ebbe und Flut hin- und herströmenden Wassermassen zwischen den Inseln verhindern dabei ein Zusammenwachsen. Jahrhundertelang haben die Inselbewohner keine Wahl und müssen ihre Siedlungen aufgeben und weiter in den Osten

[>] Sandfangzaun zum Schutz der Dünen

ziehen. Langeoogs Lage bleibt dabei im Verlauf der Jahrhunderte relativ stabil, wahrscheinlich weil sich im Südwesten der Insel die von der Nachbarinsel Baltrum wandernden Sandbänke anschließen und so die Insel schützen. Zum Vergleich: Baltrum hat in der Zeit von 1650 bis 1890 4.274 Meter Land im Westen verloren und dafür 1.700 Meter im Osten gewonnen. Dort, wo heute Norderneys Inselosten liegt, war vor vier Jahrhunderten also noch die Westseite Baltrums zu finden. Langeoog ist im selben Zeitraum **nur um 500 Meter nach Osten gerückt.**

Erst die **Küstenschutzmaßnahmen** des 20. Jahrhunderts – ins Meer hineinragende Buhnen, Deckwerke aus Stein oder Beton sowie Verstärkungen durch künstliche Sandaufspülungen – bremsen die Inselbewegungen deutlich. So liegen die sieben Ostfriesischen Inseln Borkum, Juist, Norderney, Baltrum, Langeoog, Spiekeroog und Wangerooge heute von West nach Ost wie an einer Kette aufgereiht.

Die Nordsee in Fakten

Die heutige Nordsee hat eine Fläche von **rund 575.000 Quadratkilometern** und ist ein so genanntes Schelfmeer (Flachmeer). Die durchschnittliche Wassertiefe liegt bei 94 Metern. Ihr südlicher Teil ist dabei mit 20 bis 30 Metern Tiefe vergleichsweise flach. Erst jenseits der Doggerbank (einer riesigen, unterseeischen Sandbank mit Wassertiefen von lediglich 15 bis 20 Metern auf der Höhe des britischen Newcastle) fällt der Meeresboden auf bis zu 200 Meter ab (die Doggerbank markiert das nördliche Ende des früheren Doggerlandes, also des Festlandes während der letzten Eiszeit). Hier beginnt die Zentralnordsee.

Vor der norwegischen Küste verläuft die Norwegische Rinne, ein bis zu 180 Kilometer breiter und durchschnittlich 250 bis 300 Meter tiefer Graben, dessen südlichster Teil im Skagerrak bis zu 725 Meter Tiefe misst und damit den tiefsten Punkt bildet.

Die Nordsee hat ein Wasservolumen von rund **54.000 Kubikkilometern** (das sich übrigens innerhalb von ein bis zwei Jahren aufgrund der Gezeiten komplett austauscht). Ihr Salzgehalt beträgt 3,5 %, also 35 Gramm – oder drei Esslöffel – pro Liter Meerwasser (zum Vergleich: Süßwasser enthält 1,3 Gramm, die Ostsee 8 Gramm, das Tote Meer 280 Gramm). Das Salz der Nordsee stammt dabei aus Gestein an Land, das über Regenwasser ausgespült wurde und dann über Flüsse ins Meer gelangt ist.

Ebbe und Flut

Der Tidenhub

Der beständige Rhythmus von Ebbe und Flut, von ab- und auflaufendem Wasser, bestimmt das **Leben im Wattenmeer.** Einen Wechsel von steigendem und fallendem Meeresspiegel gibt es dabei auf allen Weltmeeren – im Atlantik und Pazifik fällt er am stärksten aus. Der Tidenhub auf Langeoog, also der Höhenunterschied zwischen dem durchschnittlichen Wasserstand bei Hoch- und Niedrigwasser beträgt 2,80 Meter (zum Vergleich: in

lan_270sk

der Bay of Fundy an der Ostküste Kanadas ist mit 13 Metern der welthöchste Tidenhub, in St. Malo an der französischen Atlantikküste beträgt er immerhin 11 Meter, in der Ostsee lediglich 30 Zentimeter).

Anziehungskräfte des Mondes

Die Gezeiten, auch **Tide** genannt (von niederdeutsch Tied = Zeit), entstehen durch die Anziehungskraft zwischen Erde und Mond. An der Stelle, an der der Mond der Erde am nächsten ist, wirkt diese Kraft am stärksten, sodass sich die Wassermassen der Meere zu einem Flutberg zusammenziehen. Aufgrund der Rotationskräfte entsteht auf der entgegengesetzten Erdhälfte ein zweiter Flutberg und dazwischen jeweils Ebbetäler. Die Flutberge folgen nun der **Bewegung des Mondes** und die Erde dreht sich quasi unter diesen Wasserbergen hindurch, sodass jeder Ort zwei Mal Ebbe und Flut durchwandert. Bis die Erde dem Mond am gleichen Punkt wieder gegenübersteht, dauert es – da auch der Mond innerhalb eines Tages auf seiner Umlaufbahn weiterzieht – 24 Stunden und gut 50 Minuten. Eine Tide, also die Zeit zwischen zwei Hoch- oder Niedrigwassern, dauert exakt 12 Stunden, 25 Minuten und 14 Sekunden, was die täglichen zeitlichen Verschiebungen erklärt (die Gezeiten werden weit im Voraus vom Bundesamt für Seeschifffahrt und Hydrographie berechnet. Ein **Tidekalender** findet sich in der Langeoog App oder im Flyer „Zeiten & Gezeiten" der Tourist-Information → Kap. 2/Information, S. 111). Ist der höchste beziehungsweise niedrigste Wasserstand erreicht, steht das Wasser für 30 Minuten still, bis die Strömung sich umkehrt, die Tide also kippt.

Springtide und Nipptide

Neben dem Mond wirkt – in geringerem Maße – auch die **Anziehungskraft der Sonne** auf die Gezeiten. Auch sie zieht am Meer. Stehen Sonne und Mond hintereinander, was zwei Mal im Monat, bei Neumond und Vollmond, der Fall ist, gibt es eine so genannte Springtide – die Flut fällt höher aus, weil sich die Kräfte verstärken. Ihr Gegenteil ist die Nipptide, wenn Sonne und Mond (bei Halbmond) in unterschiedliche Richtungen wirken und die Flutberge nicht so hoch wie durchschnittlich ausfallen.

Sturmflut und Sturmebbe

Als dritter Faktor neben Sonne und Mond hat der **Wind** seinen Anteil am Wasserstand. Vereinen sich die Kraft einer Flutwelle

☒ Stimmungsvoller Tagesausklang am Strand

und starker Seewind, werden Pegelstände weit über dem mittleren Tidehochwasser erreicht und eine **Sturmflut** brandet an die Küste (→ Wind und Wetter). Das für die Insel ungefährlichere Gegenteil nennt sich **Sturmebbe.** Sie bildet sich, wenn starker Ostwind das Wasser aufs Meer drückt, so dass der Wasserstand bei Ebbe wesentlich niedriger ausfällt als gewohnt, dann liegen sogar die großen Inselfähren im Langeooger Hafen so gut wie auf dem Trockenen beziehungsweise im Schlick (was allerdings äußerst selten passiert).

Wind und Wetter

Mittlere Temperaturen und schnelle Wechsel

Auf den Ostfriesischen Inseln herrscht ein **relativ ausgeglichenes Klima.** Weder ist es im Sommer besonders heiß noch im Winter sehr kalt. Gleichzeitig scheint die Sonne häufiger als auf dem Festland. Ein stetiger Begleiter ist der Wind, der für **schnelle Wetterwechsel** sorgt und außerdem viel feuchte Luft vom Atlantik mit sich führt, was häufigeren Niederschlag (vor allem von November bis Januar) nach sich zieht – das für die Region bekannte „Schietwetter".

Es weht aus westlicher Richtung

Langeoog liegt in der so genannten **Westwindzone:** Um den unterschiedlichen Luftdruck zwischen den Tiefdruckgebieten im Norden und den Hochdruckgebieten im Süden des Nordatlantiks auszugleichen, bildet sich Wind. Dieser weht dann aufgrund der Erddrehung nach Osten auf der Höhe von Mitteleuropa und Nordsee aus westlicher Richtung. Und da es auf dem Meer keine bremsenden Hindernisse gibt, stärker als an Land. Windstill ist es an der Nordsee deshalb selten. Durchschnittlich herrscht hier eine Windstärke von 4 auf der so genannten Beaufort-Skala, die die Windstärken in 13 verschiedenen Abstufungen von 0 (Windstille) bis 12 (Orkan mit Windgeschwindigkeiten von mehr als 118 km/h) beschreibt. Bei Windstärke 4 ist die See leicht bewegt, die Windgeschwindigkeit liegt zwischen 20 und 28 km/h und die Wellen der Nordsee bilden relativ regelmäßig Schaumköpfe.

Der Golfstrom und das Seeklima

Für milde Temperaturen auf den Ostfriesischen Inseln sorgt zusätzlich der Golfstrom, der aus dem Atlantik Wasser, das sich zuvor im Golf von Mexiko, in der Karibik aber auch westlich von Afrika erwärmt hat, nach Mitteleuropa transportiert. Unter dem

Sturm und Wellen

Im Folgenden werden die Windstärken nach der **Beaufort-Skala** (1–12) mit den jeweils charakteristischen Bewegungen der See aufgelistet.

Bft	km/h	Wind	Zustand der See
0	< 1	Windstille	Spiegelglatt
1	1–5	Leichter Zug	Leichte Kräuselwellen
2	6–11	Leichte Brise	Kleine, kurze Wellen mit glasigen Kämmen
3	12–19	Schwache Brise	Kämme beginnen zu brechen; mitunter treten kleine, weiße Schaumköpfe auf
4	20–28	Mäßige Brise	Wellen werden länger und Schaumköpfe häufiger
5	29–38	Frische Brise	Wellen mäßiger Höhe, aber schon von ausgeprägter langer Form; überall weiße Schaumköpfe; vereinzelt etwas Gischt
6	39–49	Starker Wind	Wellen bauen sich auf; Kämme brechen und hinterlassen größere weiße Schaumflächen; etwas Gischt.
7	50–61	Steifer Wind	Die See beginnt sich zu türmen; der weiße Schaum der Brecher legt sich in Streifen zur Windrichtung
8	62–74	Stürmischer Wind	Mäßig hohe Wellenberge mit langen Kämmen; Gischt beginnt abzuwehen und die Luft zu füllen; ausgeprägte Schaumstreifen in Windrichtung
9	75–88	Sturm	Hohe, „rollende" Wellenberge mit dichten Schaumstreifen in Windrichtung; beginnende Sichtbeeinträchtigung durch Gischt
10	89–102	Schwerer Stum	Sehr hohe Wellenberge mit langen, überbrechenden Kämmen; schweres, stoßartiges Rollen der See; Sichtbeeinträchtigung durch Gischt
11	103–117	Orkanartiger Sturm	Außergewöhnlich hohe Wellenberge, Wasser wird waagerecht weggeweht; durch Gischt herabgesetzte Sicht
12	118–133	Orkan	Luft mit Schaum und Gischt angefüllt; See völlig weiß; jede Fernsicht hört auf

Klima

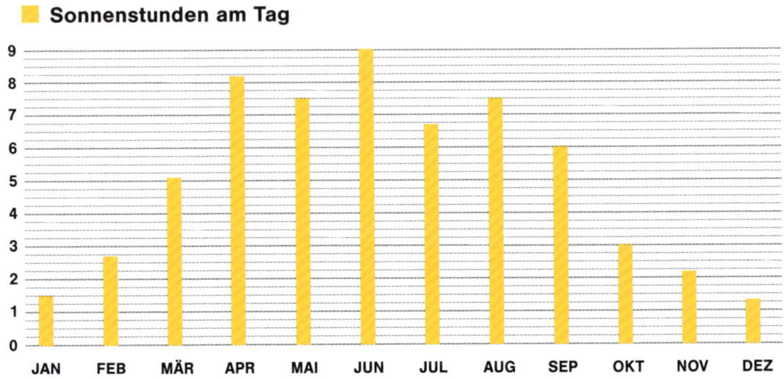
Sonnenstunden am Tag
9
8
7
6
5
4
3
2
1
0
JAN FEB MÄR APR MAI JUN JUL AUG SEP OKT NOV DEZ

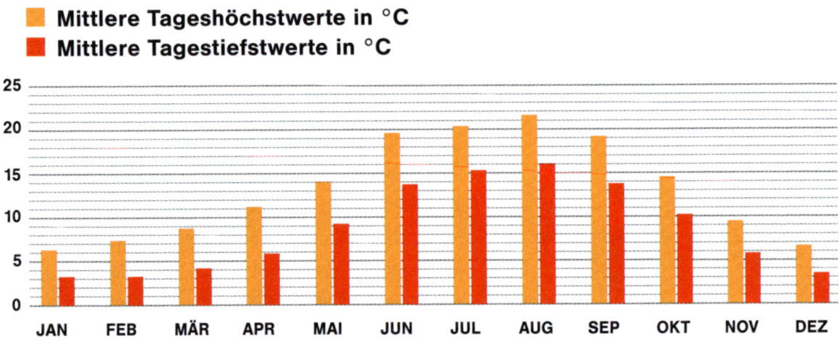
Mittlere Tageshöchstwerte in °C
Mittlere Tagestiefstwerte in °C
25
20
15
10
5
0
JAN FEB MÄR APR MAI JUN JUL AUG SEP OKT NOV DEZ

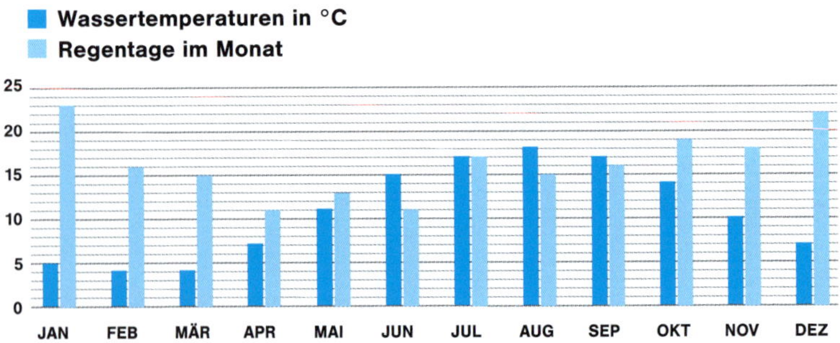
Wassertemperaturen in °C
Regentage im Monat
25
20
15
10
5
0
JAN FEB MÄR APR MAI JUN JUL AUG SEP OKT NOV DEZ

Begriff **Seeklima** versteht man, dass die Temperaturunterschiede im Jahresverlauf und zwischen Tag und Nacht am Meer geringer als an Land ausfallen (→ Tabelle links und Kap. 2/Klima und Reisezeit, S. 116). Das ist darauf zurückzuführen, dass das Meerwasser seine Wärmeenergie an die Luft abgibt oder Wärme aus der Luft aufnimmt, sich die Temperaturen des Meerwassers aber nicht sprunghaft ändern. Am wärmsten ist die Nordsee im August mit durchschnittlich 18 Grad, sie bleibt also - mit Ausnahme von sehr lang anhaltenden Hitzeperioden - erfrischend kühl, wenn man sich vergegenwärtigt, dass Menschen Badetemperaturen von 25 Grad als „angenehm warm" empfinden.

Sturmflutzeit

Tage mit Schneefall und einer geschlossenen Schneedecke gibt es nur wenige im Jahr. Ebenso sind längere Eiswinter mit Temperaturen unter Null Grad selten. Ausgeprägte Nordatlantiktiefs tragen im Winter jedoch zu Orkanen (mit Windstärke 12) und Sturmfluten bei. **Nordseesturmfluten** werden in Deutschland in drei Kategorien unterteilt, abhängig davon um wie viel Meter die Flut höher als durchschnittlich steigt: bei mehr als 1,5 Meter über mittlerem Hochwasserstand spricht man von einer Sturmflut, eine schwere Sturmflut erreicht mehr als 2,5 Meter, eine sehr schwere Sturmflut mehr als 3,5 Meter. Die sturmreichste Zeit ist grundsätzlich von Oktober bis April, die höchsten Windgeschwindigkeiten werden von Dezember bis Februar gemessen. Weil sie vergleichsweise flach ist, gehört die Deutsche Bucht der Nordsee zu den **am stärksten von Sturmfluten bedrohten Gebieten der Welt,** da sich die Wassermassen, die der Wind in die Bucht und die Elbmündung drückt, schnell aufstauen. In jünge-

Wolkendramatik am Langeooger Strand

lan_149sk

rer Zeit ist die Allerheiligenflut von 2006 zu nennen, bei der rund 13 Meter der Randdünen vor dem Pirolatal abrissen. Eine Messlatte am Naturpfad Flinthörn verdeutlicht die Pegel: Im November 2006 stand hier das Wasser 4,06 Meter über Normalnull (NN), noch übertroffen vom Stand im Februar 1962 mit 4,24 Metern.

Klimawandel

Der Klimawandel ist auch im Nordseeraum spürbar. Seit 1990 waren die Temperaturen – lediglich mit Ausnahme von 1996 und 2010 – jedes Jahr höher als der langjährige, vom Deutschen Wetterdienst ermittelte Durchschnitt. Zugvogelarten wie etwa die Graugänse, die früher nur auf der Durchreise in den Süden auf Langeoog Station machen, überwintern mittlerweile hier. Auch dass sich das Wasser der Nordsee seit 1962 **um 1,7 Grad erwärmt** hat – vor allem im flachen, südlichen Teil steigt die Temperatur schneller als im globalen Mittel der Weltozeane – hat Auswirkungen. Fischarten, die kältere Temperaturen bevorzugen wie Makrele, Hering und Kabeljau wandern nach Norden, während sich Sardinen und Sardellen hier zunehmend wohlfühlen. Auch die aus dem Nordpazifik eingewanderte Pazifische Auster hat sich in der Nordsee so gut verbreiten können, weil das

Blick auf den Strand bei Ebbe

lan_272sk

Wasser im Sommer in flachen Bereichen jene 22 Grad erreicht, die notwendig sind, damit sie ihre Eier ausbilden kann.

Der **Meeresspiegel** in der Deutschen Bucht ist in den vergangenen hundert Jahren **um rund 20 Zentimeter gestiegen.** Je nachdem, wie sich weitere Klimaschutzbemühungen auswirken, rechnen Experten mit einem weiteren Anstieg von bis zu einem Meter bis 2100, weshalb etwa die Schutzdeiche an der niedersächsischen Küste kontinuierlich erhöht werden.

Meer und Ökologie

Wasserqualität

Einen „guten ökologischen Zustand" kann das Umweltbundesamt den Küstengewässern der Nordsee aktuell nicht bescheinigen, was vor allem auf den **hohen Nährstoffeintrag aus der Landwirtschaft** zurückzuführen ist, der über Elbe und Ems in die Nordsee gelangt. In Anbetracht der großen Bedeutung, der dem Zustand der Meere für die Entwicklung des Klimas zugeschrieben wird, besteht also Handlungsbedarf. Dabei ist in den vergangenen Jahrzehnten schon einiges passiert. Die Wasserqualität der Nordsee hat sich in Bezug auf die **Schadstoffbelastung** seit Anfang der 1980er-Jahre dank nationaler und internationaler Abkommen bereits deutlich verbessert (ein Bad in der Nordsee ist grundsätzlich unbedenklich → Gütesiegel „Blaue Flagge" S. 147). Zum einen, weil verschiedene hochgiftige Stoffe generell verboten wurden – darunter PCB (Polychlorierte Biphenyle) und TBT (zinnorganische Verbindungen, die früher bei Schiffsanstrichen benutzt wurden, um zu verhindern, dass sich Organismen am Rumpf festsetzen). Zum anderen auch, weil das tonnenweise Verklappen von verdünnter Schwefelsäure durch Tankschiffe seit 1989 nicht mehr erlaubt ist.

Zahlreiche Nutzungsarten

Zugleich bündelt sich auf vergleichsweise kleinem Raum eine Fülle an unterschiedlichen Nutzungsarten, die nicht ohne Folgen für das ökologische Gleichgewicht der Nordsee sind. So ist die Nordsee **eine der am dichtesten befahrenen Schiffsregionen** weltweit. Allein die Deutsche Bucht passieren jährlich rund 120.000 Schiffe (von Langeoog aus sieht man bei gutem Wetter in nördlicher Richtung die 30 Kilometer entfernt liegende Tief-

Die Nordsee in Kürze

Ihr Name lässt sich zurückzuführen auf den großen Einfluss der Seekarten der Hansekaufleute, für die das Meer im Norden lag und die es deshalb als Nordsee bezeichneten. Der zunächst geläufige Begriff Westsee (im Gegensatz zur Ostsee) setzte sich deshalb weder im Deutschen noch in anderen Sprachen dauerhaft durch: North Sea (Englisch), Mer du Nord (Französisch), Noordzee (Niederländisch).Nur im Dänischen existiert heute neben dem Begriff Nordsøen parallel die Bezeichnung Vesterhavet, also Westmeer – auch, da es für die Dänen ausschließlich westlich ihres Landes liegt.

Meerestyp: Schelfmeer (Flachmeer)
Angeschlossene Meere: Atlantischer Ozean, Ostsee (via Kattegat)
Größe: 575.000 Quadratkilometer
Wasservolumen: 54.000 Kubikkilometer
Wassertiefe: 94 Meter (Durchschnitt)
Maximale Tiefe: 725 Meter (Skagerrak/ Norwegische Rinne)
Salzgehalt: 3,5 %
Tidenhub: Bis zu 3,6 Meter (Langeoog: 2,8 Meter)
Zahl der angrenzenden Staaten: 8 (Großbritannien, Frankreich, Belgien, Niederlande, Deutschland, Dänemark, Schweden und Norwegen)
Wichtige Inselgruppen und Inseln: Westfriesische Inseln (Niederlande), Ost- und Nordfriesische Inseln (Deutschland), Helgoland, Rømø und Fanø (Dänemark), Orkney- und Shetlandinseln (Großbritannien)
Besonderheiten: UNESCO-Weltnaturerbe (mit 11.500 Quadratkilometern größtes zusammenhängendes Wattgebiet der Erde: 10 % der weltweiten Wattfläche), am dichtesten befahrene Schiffsregion der Welt (südliche Nordsee)

Nordsee
©Reise Know-How
Lange04 9/24
Bergen
Oslo
NORWEGEN
Norwegische Rinne
Skagerrak
SCHWEDEN
NORDSEE
DÄNEMARK
Erdgasfeld A6/B4
Deutsche AWZ (ausschließliche Wirtschaftszone)
NORDFRIESISCHE INSELN
Doggerbank
Zwölf-Meilen-Zone
Deutsche Bucht
Tiefwasserreede
Kiel
Ölplattform Mittelplate
OSTFRIESISCHE INSELN
Cuxhaven
Hamburg
Bremerhaven
Elbe
Nationalparks Niedersächsisches Wattenmeer
Emden
Bremen
Ems
Weser
NIEDERLANDE
DEUTSCHLAND
Amsterdam
Rotterdam
Rhein
Dover
Calais
BELGIEN
Brüssel
FRANKREICH
Seetiefe
600 m
400 m
200 m
100 m
50 m
25 m
Offshore-Windparks (Auswahl) in der Nähe der Ostfriesischen Inseln
0
100 km

(Kein) Müll im Meer – Umweltschutz auf Langeoog

Es war ein farbenfrohes Schauspiel, das Langeoog Anfang Januar 2017 weltweit in die Schlagzeilen brachte: **Sturmtief „Axel"** hatte mehrere Container von Bord eines dänischen Frachtschiffes geweht. **Hunderttausende gelbe, blaue, lila- und orangefarbene Überraschungseier** überschwemmten hernach den Inselstrand. Im Januar 2019 verlor der **Containerriese „MSC Zoe"** auf dem Weg von Portugal nach Bremerhaven rund 340 Container vor den westfriesischen Inseln und Borkum. Einige Tage später landeten auch am Langeooger Strand Plastikblumen, Autoteile und Fahrradschutzbleche aus dieser Ladung.

Auch wenn derart auffällige Spuren stets schnell von Gemeindemitarbeitern, Insulanern, Gästen und – wie im Falle der Überraschungseier – Schulklassen eingesammelt werden, sind das Thema „Müll im Meer" und die **Sorge um das sensible Ökosystem** im Weltnaturerbe dauerhaft.

Von Hunderttausenden Teilen **Plastikmüll** pro Quadratkilometer Ozean gehen die Umweltschützer des WWF heute aus und berichten von riesigen Müllstrudeln im Meer. Mit weitreichenden Folgen für Natur und Tierwelt. So verwechseln auch in der Nordsee Seevögel, Meeressäuger und Fische Plastikteile mit Nahrung, was zu tödlichen Verstopfungen führt oder die Tiere bei vollem Magen verhungern lässt. Fische und andere Meeresbewohner sterben zudem in sogenannten Geisternetzen, herrenlosen Fischernetzen, die zu Tausenden im Meer treiben. Angeschlossen an das Schiffahrtsmuseum gibt es im Haus der Insel eine kleine Ausstellung zu den Auswirkungen von Müll auf den Lebensraum Meer.

Regelmäßig finden auch Müllsammelaktionen statt, bei denen Urlaubsgäste, Insulaner, Schüler und Vereine mitmachen.

Strandwanderer können zudem die sogenannten **Strand-Müll-Boxen** nutzen, die sich

lan_037 ts

an den wichtigsten Strandaufgängen befinden, und regelmäßig von den Mitarbeitern der Gemeinde geleert werden. Eine spielerische Herausforderung ist das **„Strand-Bingo"**. Die Karten mit den Bildern von neun möglichen Strandfundsachen sind an vielen Stellen auf der Insel erhältlich. Wer eine Reihe mit Strandmüll vollständig ankreuzen kann (weil er ihn aufgesammelt hat), erhält im Sportzentrum als Dank einen kleinen Bastelbogen.

Das Bewusstsein für die hochsensible und einmalige Natur auf der Insel ist hoch. Gemeinsam mit den anderen Ostfriesischen Inseln, dem NABU und dem WWF machen sich die Insulaner für ein **Verbot von Schweröl** als billigen, aber hochgiftigen Treibstoff für Schiffe stark. Ende Oktober 2017 hielt z.B. der 225 m lange Schüttgutfrachter „Glory Amsterdam" die Langeooger in Atem. Dieser hatte sich während eines Orkans von seinem Ankerplatz westlich von Helgoland losgerissen und war dann trotz mehrfacher Bergungsversuche bis vor den Strand von Langeoog getrieben. Mit 1800 Tonnen Schweröl an Bord lag er mehrere Tage auf einer Sandbank vor der Insel, bis er erfolgreich freigeschleppt werden konnte (der abschließende Untersuchungsbericht der Bundesstelle für Seeunfalluntersuchung kommt zu dem Schluss, dass u.a. die fremdsprachlichen Defizite des Kapitäns und fehlende seemännische Kenntnisse bei der Herstellung einer Schleppverbindung durch die Decksbesatzung mit zum Unglück führten).

Ein weiteres zentrales Thema für die Nordseeinseln ist die **Stromtrassenführung** bei der Einrichtung weiterer Wind- und Solarparks auf See. „Natürlich stehen wir hundertprozentig zur Energiewende", so die Langeooger Grünen, mahnen aber an, dass der Trassenverlauf umweltverträglich verläuft und die Süßwasserlinse und damit die Wasserversorgung der Insel nicht schädigt.

Überregional für Aufsehen sorgte das Engagement der Langeooger Familie *Recktenwald*, die auf der Insel die *Bio-Genussmanufaktur Seekrug* führt: Gemeinsam mit neun weiteren Familien aus aller Welt verklagten sie im Mai 2018 die Europäische Union auf mangelnden Klimaschutz. *Maike* und *Michael Recktenwald* erhielten dafür 2019 den ZEIT-WISSEN-Preis „Mut zur Nachhaltigkeit" in der Kategorie „Handeln" (die EU-Klimaklage wurde schließlich im März 2021 vom Europäischen Gerichtshof endgültig abgelehnt).

Erfolg hatte jedoch die Verfassungsbeschwerde, die ihr Sohn *Lüke Recktenwald* gemeinsam mit acht weiteren Jugendlichen und mehreren **Umweltorganisationen gegen die Klimaschutzpolitik der Bundesregierung** einreichte: Im März 2021 entschied das Bundesverfassungsgericht in einem wegweisenden Urteil, dass Teile des deutschen Klimaschutzgesetzes verschärft werden müssen, damit die Gefahren des Klimawandels nicht unverhältnismäßig auf die jüngeren Generationen verschoben werden.

< Tausende Überraschungseier am Strand

wasserreede vor der Helgoländer Bucht – hier ankern zum Beispiel große Containerschiffe, die auf eine Einfahrt in die drei größten deutschen Seehäfen Hamburg, Bremerhaven oder Wilhelmshaven warten). In der Nordsee werden Gas und Öl gefördert und am Meeresboden zum Festland transportiert, Sand und Klei gewonnen, Offshore-Windparks gebaut, Gas-, Strom-, Wasser- und Telefonkabel verlegt; sie ist zudem nicht nur Lebensraum zahlreicher Tiere und Pflanzen, sondern auch Fischereigrund und Erholungsort für Freizeitkapitäne und Urlauber.

Grenzen auf dem Meer

Grundsätzlich hat an jedem Quadratkilometer der Nordsee einer der acht angrenzenden Staaten (Großbritannien, Frankreich, Belgien, die Niederlande, Deutschland, Dänemark, Schweden und Norwegen) ein besonderes (ökonomisches) Interesse. Als vergleichsweise kleines Meer besitzt die Nordsee nämlich keinen Bereich der „Hohen See“, der laut UN-Seerechtskonvention der Menschheit allgemein, also allen, gehören würde. Vielmehr ist das **gesamte Gebiet unter den Anrainerstaaten aufgeteilt.** Die ersten 37 Kilometer Meeresstreifen ab der jeweiligen Küstenlinie, die sogenannte Zwölf-Meilen-Zone, zählt dabei zum jeweiligen Staatsgebiet, in dem nationales Recht gilt. Schiffen aller Staaten ist es in diesem als Küstenmeer bezeichneten Bereich erlaubt, friedlich zu passieren. Bis 370 Kilometer ins Meer (200-Meilen-Zone) reicht die **Ausschließliche Wirtschaftszone** (AWZ) des jeweiligen Staates, in der er z.B. das Recht hat, Fischfangquoten abzusprechen, Rohstoffe wie Öl und Gas zu fördern und Windenergieanlagen zu errichten. Ist der Wasserkorridor zwischen sich gegenüberliegenden Ländern schmal, befindet sich die Grenze auf der Mittellinie zwischen diesen Staaten. Die Form der deutschen AWZ, die 28.500 Quadratkilometer umfasst, wird wegen ihres ungewöhnlich spitzen Zulaufens gerne als „Entenschnabel“ bezeichnet. Sie ist das Ergebnis von intensiven Verhandlungen mit den Niederlanden und Dänemark, die den Deutschen mehr Fläche zubilligten, als ihnen aufgrund der geografischen Lage eigentlich zugestanden hätte.

Handel und internationale Schifffahrt

Die internationale Schifffahrt trägt zur **Belastung der Nordsee** erheblich bei. Sie ist zum einen neben Fischerei und Tourismus der Hauptverursacher für den Eintrag von Müll, etwa weil Container über Bord gehen, Bojen sich losreißen oder Abfall direkt vom Schiff ins Meer gekippt wird – zu 75 % handelt es sich dabei um Plastikmüll, dessen Zersetzung mehrere Hundert Jahre dauern kann.

Zum anderen fahren die meisten Schiffe nach wie vor mit **Schweröl**, also Rückstandsölen aus Raffinerien, mit einem entsprechend hohen Feinstaubausstoß. Auch sind illegale Tankwaschungen außerhalb der 12-Meilen-Zonen ein Problem. Besonders brenzlig wird es für Natur und Umwelt immer dann, wenn ein Frachter havariert und das Schweröl direkt ins Meer zu gelangen droht. Ohne Zwischenfall verlief glücklicherweise die Bergung des Frachters *MS Glory Amsterdam,* der im Oktober 2017 nur 1,6 Seemeilen (knapp drei Kilometer) nördlich von Langeoog auf Grund lief. Die Strandung der Pallas im Oktober 1998 löste hingegen das mit rund 16.000 toten Eider- und Trauerenten größte Seevogelsterben in der Geschichte des Wattenmeeres aus. Der brennende Holzfrachter verlor durch einen Riss im Tank südwestlich vor Amrum rund 244 Tonnen Öl, die dann als mehrere Hundert Meter breiter und fast 30 Kilometer langer Ölteppich unter anderem die Strände von Amrum, Föhr und Sylt verschmutzte. Die sich wegen unklarer Zuständigkeiten in die Länge ziehende Bergung des Havaristen führte zur Gründung des **Havariekommandos,** das seit 2003 alle für einen Einsatz notwendigen Rettungs- und Hilfseinheiten, die bei schweren Unglücken auf Nord- und Ostsee zusammenarbeiten müssen, koordiniert.

Windenergie, Gas und Öl

Als nachhaltiger Energieträger rückt die **Offshore-Windenergie** immer stärker in den Fokus. Zahlreiche weitere Anlagen, von denen sich die deutsche Politik einen großen Beitrag zum Einhalten der Klimaziele verspricht, sind in der deutschen AWZ geplant. Dabei erzeugen Anlagen auf See deutlich mehr Megawatt Strom als die an Land, denn nirgends sonst – von einigen Berggipfeln abgesehen – weht der Wind so kontinuierlich und kräftig. Deutschlands erster Windenergiepark ging 1987 an der schleswig-holsteinischen Küste ans Netz, 2010 folgte der erste Offshore-Windpark rund 45 Kilometer nördlich von Borkum. Von Langeoog aus kann man bei klarer Sicht nordöstlich der Insel und rund 40 Kilometer vom niedersächsischen Festland entfernt die kreisenden Rotorblätter der Anlagen Gode Wind I und Gode Wind II erkennen. Nicht zu sehen sind hingegen die beiden Gaspipelines Europipe I und II, die seit 1994 bzw. 1999 unter dem Wattboden durch die Accumer Ee an Langeoogs Westen vorbeigeführt werden. Sie verbinden die norwegische Erdgasgewinnung mit dem niedersächsischen Dornum.

Viele Jahrzehnte war die **Offshore-Erdöl- und Erdgasförderung** in der Nordsee sehr erfolgreich (die ersten Gasfelder wurden in den 1930er-Jahren entdeckt, Ölfelder in den 1960ern). Insgesamt liegen über **470 Bohrinseln** in der Nordsee, mehr als die Hälfte davon wird von Großbritannien betrieben. Im deutschen Teil der Nordsee gibt es bislang nur zwei Plattformen: Erdgas wird seit 2000 am nördlichen Ende des „Entenschnabels" rund 300 Kilometer vor der deutschen Küste gefördert und dann ins niederländische Den Helder geleitet (Erdgasfeld A6/B4). Die Ölplattform Mittelplate ist seit 1987 vor der schleswig-holsteinischen Küste in Betrieb. Die Diskussion um das 2017 vor Borkum gefundene Erdgasfeld ruft Umweltaktivisten auf den Plan, da über dessen mögliche Erschließung noch keine Einigkeit herrscht: Sie stehen einer Förderung skeptisch gegenüber und fürchten ähnliche Auswirkungen wie in den Niederlanden, wo die Erdgasförderung mittlerweile eingestellt wurde, da die Bohrungen dort kleinere Erdbeben ausgelöst hatten. Generell gehen die Fördermengen sowohl für Erdgas als auch Erdöl seit der Jahrtausendwende deutlich zurück. Das **Stilllegen von Bohrinseln** und eine die Umwelt nicht belastende Versiegelung der Bohrlöcher stellt eine große Herausforderung dar.

Die Weltkriege und ihr gefährliches Erbe

Neben den modernen Förderanlagen sind zeitgleich am Grund der Nordsee die **Spuren vergangener Zeiten** allgegenwärtig. Der Bereich vor den Ostfriesischen Inseln wird mitunter als „größter Schiffsfriedhof der Nordsee" bezeichnet, denn über Jahrhunderte war er ein Ort schwerer Schiffsunglücke (→ Kap. 4/Schiffsunglücke, Strandgut und Bergelohn, S. 212). Da sich der Sand auf dem Meeresboden – vor allem während einer Sturmflut – stark bewegt, werden die Zeugnisse früherer Zeit wahlweise bedeckt oder wieder freigespült, manche sind dann von den Inseln aus zu sehen. Bis es endgültig zerbrach, lag bis 2016 beispielsweise das Wrack eines niederländischen Segelschiffes aus der Zeit der Kontinentalsperre durch *Napoleon* vor dem Langeooger Pirolatal (die Überreste des Schiffes waren immer mal wieder unter den Strandaufspülungen verschwunden).

Um Seeschifffahrt und Fischerei nicht zu gefährden, werden Schiffswracks sowie alle weiteren sicherheitsrelevanten Hindernisse auf dem Meeresboden (neben Munitionsresten sind dies auch verlorene Container oder große Steine) in den vom Bundesamt für Seeschifffahrt und Hydrographie bereitgestellten Seekarten veröffentlicht.

Zunehmend drängend wird die Frage, welche Lösung für das unheilvolle Erbe der beiden Weltkriege auf dem Grund der Nordsee gefunden wird. Experten schätzen, dass rund 680

Wracks (davon rund 120 in den deutschen Gewässern) **gesunkener Kriegsschiffe aus dem Ersten und Zweiten Weltkrieg** auf dem Meeresboden liegen, viele von ihnen mit Munition an Bord. Hinzu kommen rund 1,3 Millionen Tonnen Bomben, Granaten, Minen und Waffen im Bereich der deutschen Nordsee. Dabei handelt es sich zum einen um Sprengkörper, die ihre Ziele verfehlten und die vor allem vor Wangerooge, um Helgoland sowie in den Mündungsbereichen von Elbe, Weser und Jade zu finden sind. Zum anderen wurde – als vermeintlich schnellste und einfachste Art der Entsorgung – in den letzten Kriegstagen von den Deutschen und im Anschluss auch im Auftrag der Alliierten tonnenweise Wehrmachtsmunition im Meer versenkt. Von der Politik wurde das Thema jahrzehntelang ignoriert, nun drängt die Zeit umso mehr, denn die Umhüllungen rosten durch und setzen explosive und giftige Stoffe frei. Das 2018 gestartete europäische **Forschungsprojekt „North Sea Wrecks"** ist eines von mehreren Projekten, das sich auch mit den bislang noch wenig bekannten Auswirkungen auf Mensch und Umwelt befasst. Von den Experten vom Kampfmittelräumdienst und Spezialfirmen systematisch geräumt wird der Meeresboden bislang nur dort, wo Windkraftanlagen und Plattformen im Meer errichtet, Pipelines verlegt oder Hafenbereiche erweitert werden. Die vorbereitende und quadratmetergenaue Suche dauert dabei oft mehrere Monate. Das Bundesumweltministerium plant u.a., ab 2025 eine **schwimmende Entsorgungsplattform** auf Ost- und Nordsee einzusetzen, auf der gefundene Munition bereits auf dem Meer unschädlich gemacht werden soll.

Nationalpark Niedersächsisches Wattenmeer

Um den Schutz von Natur und Umwelt an der Nordsee zu stärken, wurde 1986 der Nationalpark Niedersächsisches Wattenmeer eingerichtet. **„Natur Natur sein lassen"** lautet seitdem eine der Prämissen für das 3450 Quadratkilometer umfassende Areal zwischen dem Dollart an der niederländischen Grenze und der Elbmündung bei Cuxhaven. Das Wattenmeer mit seinen Meeres- und Wattgebieten, den Salzwiesen und Inseln bietet dabei nicht nur Seehunden und Kegelrobben einen äußerst wichtigen Lebensraum, es ist auch Rast- und Brutgebiet für Millionen von Zugvögeln, Kinderstube der Nordseefische und ein Ort mit einer faszinierenden Dynamik.

Über die Hälfte des Nationalparkgebietes (knapp 55 %) sind dabei ständig von Wasser bedeckt. Bei weiteren 40 % handelt es sich um trockenfallende Landflächen, bei gut 5 % um Land. Dabei hat sich die anfängliche Befürchtung, Besucher würden we-

gen möglicher Beschränkungen und Verbote im Nationalpark ausbleiben, nicht bewahrheitet. Ganz im Gegenteil haben die Nordseeinseln von der Entscheidung sehr profitiert, denn die **geschützte und intakte Natur** ist für viele Touristen eines der Hauptargumente für ihren Aufenthalt. Maßgeblich zum Erfolg beigetragen haben die Öffentlichkeitsarbeit und die Angebote der zahlreichen zertifizierten Watt- und Gästeführer sowie der Nationalparkpartner.

Mögliche Nutzungskonflikte sind durch das Ausweisen von drei verschiedenen Zonen mit unterschiedlich geltenden Regeln entschärft: Fast 70 % des Nationalparkgebiets gehören zur so genannten **Ruhezone** (in der Karte oben beigefarben) mit den strengsten Vorgaben, knapp 30 % bilden die **Zwischenzone** (hellbraun) und 0,5 % der Fläche sind als **Erholungszone** bestimmt (grün). Die Dünen der Inseln sind grundsätzlich in jeder Zone besonders geschützt und dürfen jenseits der gekennzeich-

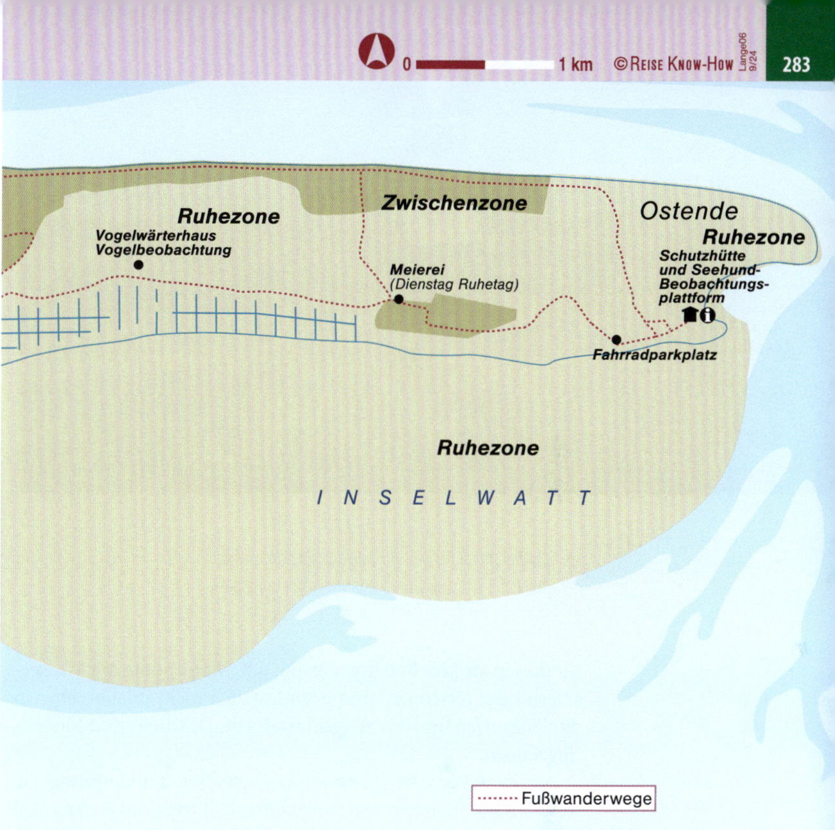

neten Übergänge und markierten Wege nicht betreten werden. Hunde sind überall an der Leine zu führen. Das Pflücken von Pflanzen ist ebenfalls generell nicht erlaubt.

In der Ruhezone (Schutzzone 1) sind die Vorgaben am strengsten. Auf Langeoog gehören das **Flinthörn** im Südwesten sowie der **Inselsüden** ab Höhe des Schloppsees bis hin zum Ostende mit den Dünenzügen, Salzwiesen und Inselwatt dazu. Um diese empfindlichsten Lebensräume des Nationalparks zu schützen, dürfen Besucherinnen und Besucher **weder zu laut sein noch die markierten Wege verlassen.** Wassersportler können die Ruhezone außerhalb der Fahrwasser nur drei Stunden vor und nach Hochwasser befahren, ein Trockenfallen ist nicht gestattet (die Geschwindigkeit ist auf 12 Knoten innerhalb der Fahrwasser bzw. 8 Knoten außerhalb bezeichneter Fahrwasser begrenzt). Darüber hinaus sind in den amtlichen Seekarten **zeitlich begrenzte Robben- und Vogelschutzgebiete** verzeichnet,

lan_271sk

Schilder mit einer weißen Eule auf blauem Grund markieren die wichtigsten Übergänge im Nationalpark

für die ein striktes Befahrensverbot gilt. Motorboote mit Wasserskiern oder Jetscooter sind grundsätzlich nicht erlaubt, ebenso das Kitesurfen und das Steigenlassen von Drachen- und Modellflugzeugen.

Zur Zwischenzone (Schutzzone 2) gehören auf Langeoog alle weiteren Inselbereiche mit Ausnahme des Ortes, des Hafens und der Strandbereiche der Erholungszone. Hier gelten die gleichen Regeln wie für die Ruhezone, allerdings kann man sich im Gebiet – mit Rücksichtnahme auf Tiere und Pflanzen – freier bewegen (Ausnahme sind die Brutgebiete in den Salzwiesen von April bis Juli). Sport- und Freizeitfischer sind hier zugelassen, auch dürfen Boote trockenfallen (als Geschwindigkeitsgrenzen gelten 16 bzw. 12 Knoten), wobei **Seegraswiesen und Muschelbänke zu meiden** sind. Zur Erholungszone (Schutzzone 3) zählen die Badestrände und direkt angrenzende Dünengürtel vom Inselwesten bis östlich des Großen Schlopps. Hier sind auch **Bereiche für das Kitesurfen und Drachensteigen** ausgewiesen.

UNESCO-Weltnaturerbe

Eine ganz besondere Auszeichnung wurde dem niedersächsischen Wattenmeer zuteil, als es 2009 gemeinsam mit dem Wattenmeer in Schleswig-Holstein und den Niederlanden in die Liste des UNESCO-Weltnaturerbes aufgenommen wurde (2011 und 2014 noch erweitert um die entsprechenden Gebiete in Hamburg und Dänemark). Diese oft als „Nobelpreis für Natur“

Sanddorn – die Zitrone des Nordens

An Nord- und Ostseeküste ist der Strauch mit den **leuchtend orangefarbenen Beeren,** der zu den Ölweidengewächsen zählt, eine typische Erscheinung. Ursprünglich stammt die **Dünenpflanze** mit ihren mattsilbrig grünen Blättern dabei aus Nepal. Besonders bekannt ist Sanddorn *(Hippophae Rhamnoides)* für seinen hohen **Vitamin-C-Gehalt,** der auch den Beinamen „Zitrone des Nordens" erklärt. Mit – je nach Sorte – bis zu 900 mg pro 100 g Fruchtfleisch liegt der Vitamin-C-Gehalt sogar deutlich höher als der von Zitronen und Orangen (50 mg). Besonders im Herbst und Winter also eine hervorragende Unterstützung für das Immunsystem. Außerdem enthält Sanddorn neben mehrfach ungesättigten Fettsäuren, Mineralien und Spurenelementen viel Vitamin B12.

Die aufgrund der spitzen Dornen des Strauches mühsame **Erntezeit** reicht von September bis Dezember. Die Langeooger haben die Erlaubnis, Früchte für den Eigenbedarf zu pflücken, der Verkauf von Sanddornprodukten erfordert hingegen eine Genehmigung der Nationalparkverwaltung. Der gepresste Saft der Beeren ist Rohstoff für eine ganze Reihe von Produkten wie Saft, Gelee, Marmelade und Likör, aber auch in Tee, Senf, Saucen, Kuchen und Torten findet Sanddorn Verwendung. Für Hautpflegeprodukte wie Cremes, Massage- und Badeöle, Seifen und Haarshampoos wird das rotgoldene Öl aus den Kernen genutzt.

Auf Langeoog findet man Sanddorn entlang der **Höhenpromenade** und an zahlreichen **Dünenübergängen.** Ab August fallen die leuchtend orangefarbenen Farbtupfer besonders auf und sind auch bei **Staren** beliebt, die sich in großen Schwärmen auf den Sträuchern niederlassen. Sanddornpflanzen brauchen viel Sonne, sind windbeständig und mögen sandreiche Böden. Mit ihrer kräftigen Verwurzelung (bis zu drei Meter in die Tiefe und 12 Meter in die Breite) tragen sie zur **Dünensicherung** bei. Als Souvenir ist die Powerbeere auf der Insel in zahlreichen Varianten zu finden. Wer eine Beere am Wegesrand probieren möchte: Roh schmecken sie **sehr sauer** und auch der pure Saft wird von den meisten gerne mit Apfelsaft oder Honig gesüßt. Sehr erfrischend schmecken Sanddorn-Kombinationen mit Joghurt, Kefir oder Dickmilch.

lan_274sk

bezeichnete Wertschätzung ist die **höchste internationale Auszeichnung,** die ein Naturgebiet erhalten kann. Sie hob die Wattenmeer-Region auf eine Stufe mit Naturwundern wie den Rocky Mountains in den USA, dem australischen Great Barrier Reef oder der ostafrikanischen Serengeti-Savanne. Das fast 11.500 Quadratkilometer umfassende Gebiet reicht von der niederländischen Insel Texel bis zur dänischen Insel Fanø und ist das größte zusammenhängende Wattgebiet der Erde. Für die Aufnahme in die Welterbeliste musste mindestens eines von zehn Kriterien erfüllt sein, das eine **weltweite Einzigartigkeit** bezeugt. Das Wattenmeer der Nordsee erfüllte gleich drei: Neben der **besonderen geologischen Dynamik** waren dies die **bedeutsame Ursprünglichkeit** und die **herausragende Artenvielfalt** mit ihren rund 10.000 Tier- und Pflanzenarten, darunter Algen, Pilze, Moose, Gräser, Sträucher, Würmer, Muscheln, Fische, Vögel und Säugetiere. Da das Gebiet bereits durch Nationalpark-Regeln streng geschützt ist, hatte die Aufnahme in die Welterbeliste keine weiteren Auflagen zur Folge.

lan_273sk

Dünen

Dynamische Werke

Ihr Anblick verheißt ein Gefühl von Sommerurlaub schlechthin. Bereits der Weg durch ihre Täler über die sonnengewärmten Holzbohlenwege, die Vorfreude, das Meer bereits zu hören und zu riechen: Dünen gehören zum Inselurlaub wie Wellen, Wind und Strand. Gleichzeitig sind sie beeindruckende, sehr dynamische und zugleich empfindliche Werke aus Tausenden Tonnen Sand, die als **natürlicher Küstenschutz** die Sicherheit der Inselorte garantieren. Dünen entstehen aus einem Zusammenspiel von Meereswellen, Sand, Wind und verschiedenen Pflanzen. Während sie sich bilden, findet ein **ständiger Auf-, Ab- und Umbau** statt. Wie schnell der Wind Sand innerhalb weniger Stunden zu einer kleinen Erhebung zusammenbläst, ist beispielsweise im Winter sehr gut zu beobachten, wenn sich in den Strandaufgängen kleine Gebirge auftürmen, wo tags zuvor noch müheloses Durchkommen war. Es gibt **vier verschiedene Entwicklungsstufen der Dünenbildung,** die sich auch auf Langeoog gut beobachten lassen.

Primärdünen

Der Beginn ist zunächst ganz unscheinbar: eine kleine Sandfahne, vielleicht im Windschatten einer Muschel, einer abgestorbenen Pflanze, eines Treibholzes an einem Strandbereich, der nicht vom Hochwasser erfasst wird. Weht der Wind nun weiter Sand heran, wird die Erhebung höher und höher. Da Sand sehr salzreich ist, ansonsten aber nur wenige Nährstoffe enthält und sich im Sommer außerdem schnell aufheizt, mögen nur Pflanzen diesen Standort, die zäh und genügsam sind und auch das beständige Schmirgeln durch umherwehenden Sand aushalten. Die **Pionierpflanzen** dieser Zone sind deshalb Gräser wie die Strandquecke (auch Strandweizen genannt) und der Strandroggen. Auch größere Flecken der Salzmiere, deren kleine, dickfleischige Blätter dicht beieinander wachsen und die Ende Mai kleine weiße Blüten trägt, und der ebenfalls dickblättrige Meersenf fühlen sich hier wohl und sorgen mit ihren Wurzeln dafür, dass sich der Untergrund stabilisiert. Gleichzeitig sammelt sich an den Halmen und Blättern der Pioniere weiterer Sand an.

[<] Weißdüne auf Langeoog

Sekundär- und Weißdünen

Wachsen die Primärdünen weiter in die Höhe, sinkt der Salzgehalt des Bodens, weil der Regen das Salz nach und nach auswäscht. Im nun folgenden Übergang zur Sekundär- oder auch Weißdüne können sich deshalb auch salzscheuere Pflanzen ansiedeln, allen voran der Strandhafer, der sich äußerst schnell ausbreitet und als „Baumeister der Dünen" gilt. Kräftiger als die Strandquecke bildet er im bewegten Sand bis zu zehn Meter lange Wurzeln, die sowohl in die Tiefe als auch zu allen Seiten wachsen. Seine bis zu einem Meter hohen Halme ertragen sowohl Hitze als auch Trockenheit und stören sich auch nicht daran, von weiterem Sand zugeweht zu werden (empfindlich reagieren sie jedoch, wenn man auf sie tritt, denn dann brechen sie ab). So gewinnen die Dünen schnell und sicher an Höhe und formieren sich zu **stabilen Dünenketten,** die bis zu zwanzig Meter erreichen. Dass zwischen den Halmen nach wie vor Sandareale zu sehen sind, erklärt den Namen Weißdüne. Neben dem Strandhafer fühlen sich weitere robuste Gräser wie Sandsegge und Silbergras in dieser Wachstumsphase wohl. Weht beständig neuer Sand nach, entstehen so mit der Zeit parallel zum Strand mehrere, durch Dünentäler getrennte Weißdünenzüge hintereinander.

Tertiär- und Graudünen

Auf der nicht mehr von der See mit frischem Sand versorgten Seite wandelt sich die Düne allmählich zur Tertiär- oder Graudüne, denn in diesem, vom Wind abgewandten Bereich kann

Mit Moosen und Kräutern bewachsene Graudüne

lan_275sk

lan_276sk

Rosa rugosa: die Kartoffelrose

Ihr Anblick ist für die Nordseeküste so typisch wie der Sanddorn: Die Kartoffelrose, *Rosa rugosa*, gerne auch als Dünenrose oder Sylter Rose bezeichnet. Auf Langeoog wächst sie zum Beispiel an der **Höhenpromenade.**

Die bis zu 1,50 Meter hohen Rosensträucher breiten sich schnell aus und sind gegen Wind und Salzluft unempfindlich. Von Juni bis September blüht die Kartoffelrose leicht duftend in Weiß, hellem Rosa oder dunklem Pink. Ursprünglich stammt sie aus Ostasien und gilt als **invasive Art,** die sowohl die heimische Dünenrose (*Rosa spinosissima*), die etwas kleiner ist und weiß bis hellgelb blüht, als auch andere typische Dünenpflanzen verdrängt. Die im Herbst in tiefem Rot leuchtenden **Hagebutten** der Kartoffelrose können zu Marmelade, Gelee und Tee verarbeitet werden.

sich eine **feine, graue Humusschicht** aus abgestorbenen Halmen, Blüten und Blättern verschiedener Gräser und Dünenpflanzen bilden. Der Boden ist dabei relativ nährstoffarm und sauer, weshalb sich hier vor allem Flechten, Moose und Heidekräuter wohlfühlen. Der Strandhafer verkümmert nun. Sandsegge und Silbergras sind jedoch weiterhin anzutreffen und außerdem auch Sträucher von Sanddorn, Kartoffel- und Dünenrose sowie Holunder. Die Düne selbst ist jetzt **dicht bewachsen** und **sehr lagestabil.**

Braundünen

Die verschiedenen Pflanzen der Graudüne reichern den Boden mit weiterem Humus an und sorgen so dafür, dass er feuchter wird. Dies zieht weitere Pflanzen an und läutet die vierte und letzte Phase der Dünenbildung ein, die der Braundüne, die geschützt im Inselinneren liegt. Aus diesem Grund dient sie nicht mehr direkt dem Küstenschutz, bietet aber einen besonderen Lebensraum. Typisch ist eine **geschlossene Heidedecke.** Unter anderem wachsen hier Krähenbeeren, Tüpfelfarn und Silbergras.

Dünenschutz

Langeoogs Dünenkette ist seit Beginn des 20. Jahrhunderts komplett geschlossen, die wenigen zugelassenen Übergänge sind weithin sichtbar mit Balkenkreuzen gekennzeichnet. Die ältesten Dünenzüge sind dabei die Kaap- und Heerenhusdünen im Inselwesten, die Melkhörndüne sowie der Bereich Dreebargen. Alles in allem bilden sie einen **20 Kilometer langen, durchgehenden Schutzgürtel** an der Nord- und Westseite der Insel, der die Insel, den Ort und die Wasserversorgung der Langeooger sichert. Die Dünen vor dem Pirolatal sind dabei vollständig menschengemacht, da dieser Bereich von ständigen Abbrüchen betroffen ist und durch **regelmäßige Sandaufspülungen** verstärkt werden muss (→ S. 253). Dem namensgebenden Heidekrautgewächs Pirola (Wintergrün) ist es hier übrigens mittlerweile zu trocken geworden. Da es feuchte Dünentäler mag, ist es zwar noch auf der Insel, aber nicht mehr im Pirolatal zu finden.

Am Flinthörn und am Ostende lassen sich die Anfangsphasen der Dünenbildung ohne Eingriffe des Menschen besonders gut beobachten. Auf Höhe des Inselortes wird die natürliche Dünenentwicklung hingegen durch verschiedene Maßnahmen unterstützt. So schützt man den jeweiligen Dünenfuß durch **Sandfangzäune.** Dazu werden im Frühjahr parallel zur Düne in einem Graben Reisigbündel so gesetzt, dass sich in den Zwischenkammern Sand sammeln kann. Im Herbst sind sie deshalb meist komplett unter Sand verschwunden. Wo Strandhafer sehr dicht steht, wird er von Hand gestochen und an noch weniger bewachsenen oder ausgewehten Stellen eingesetzt. Dort sorgt er dafür, dass der Sand weniger in Bewegung ist – eine Technik, die bereits die holländischen Dünenmeyer ab dem 17. Jahrhundert nutzten.

lan_195sk

Salzwiesen

Besonderer Lebensraum

Ein weiterer besonderer Lebensraum der Nordsee sind die Salzwiesen, die auf Langeoog an der Südseite der Insel sowie am Flinthörn zu finden sind. Sie bilden sich am Übergang vom Wattenmeer zum Land, da durch den Wechsel von Ebbe und Flut kontinuierlich Sedimente angespült werden und Küstenbereich und Meeresboden gleichzeitig so flach und strömungsarm sind, dass diese sich ablagern können. Alle Bereiche auf Langeoog gehören dabei zur Ruhezone (Schutzzone 1) des Nationalparks. Auf den ersten Blick wirkt das von schmalen Gräben durchzogene Gebiet wie eine grüne Wiese, vor allem im Winter. Vom späten Frühjahr bis in den Sommer begeistern jedoch Blüten in Rosa, Gelb, Blau und Lila, die im Herbst von tiefen Pink-, Rot- und Brauntönen abgelöst werden.

Die Salzwiesen sind nicht nur **wichtige Nahrungs- und Rastgebiete** für zahlreiche Vogelarten, sondern auch Brutplatz, etwa für Austernfischer, Rotschenkel, Möwen und Seeschwalben. Jungfische profitieren vom Schutz in den Prielen, wo sie sich unter anderem von Flohkrebsen ernähren. Außerdem sind die Salzwiesen Heimat einer Vielzahl an Käfern, Spinnen, Faltern, Ameisen, Mücken, Läusen und Fliegen – rund 2000 Insektenarten, von denen viele auf der Roten Liste der gefährdeten Arten stehen. 400 von ihnen sind nur in Salzwiesen anzutreffen, denn sie haben sich auf Pflanzen spezialisiert, die es ebenfalls ausschließlich hier gibt. Die Salzwiesen gliedern sich in **drei Zonen,** jeweils benannt nach einer dort typischen Pflanzenart: Quellerzone, Andelzone und Rotschwingelzone.

Die drei Zonen der Salzwiesen

Die **Quellerzone** (oder auch Pionierzone) liegt rund 40 Zentimeter unterhalb der mittleren Hochwasserlinie im Übergang vom Wattenmeer zur Salzwiese. Bis zu 700 Mal im Jahr wird dieser Bereich im Rhythmus der Gezeiten überflutet und steht dann mehrere Stunden am Tag unter Wasser, bei Sturm mitunter auch mehrere Tage. Wie der Name vermuten lässt, ist der **Queller** hier die erste und wichtigste Pflanze – bis zu 100 der sukkulenten Salzgewächse sind auf einem Quadratmeter Schlickboden zu finden. Um Wasser aus dem Boden aufnehmen zu können, muss

☒ Salzwiesen mit lila blühendem Strandflieder

die 10 bis 30 Zentimeter hohe, einjährige Pflanze viel Salz aus dem Boden ziehen (in der Gastronomie wird Queller deshalb gerne auch als „Salzstange des Meeres“ bezeichnet). Sie reguliert die Salzkonzentration, indem sie zusätzliches Wasser einlagert, was ihre dickfleischigen, blattlosen Stängel im Laufe des Sommers aufquellen lässt. Im Herbst ist der Salzgehalt dann so hoch, dass die Pflanze eine tiefe, rot-braune Färbung annimmt und abstirbt. Neben dem Queller ist in dieser Zone auch das **Salz-Schlickgras** zuhause, dessen breite Blätter 30 bis 80 Zentimeter in die Höhe wachsen.

Die **Andelzone** befindet sich am Übergang von Meer und Land. Sie liegt eigentlich oberhalb der Verlandungszone, wird jedoch rund 100- bis 200 Mal im Jahr überflutet – bei jeder Springtide und weiteren, leicht erhöhten Wasserständen. Sie entsteht, wenn sich zwischen den Stängeln von Queller und Salz-Schlickgras weitere Sedimente sammeln. Hier ist das Andelgras zu finden, ein Süßgras, das einen dichten Rasen bildet (und gerne von Gänsen gefressen wird). Der Salzgehalt im Boden nimmt nun – von Regenwasser verdünnt – ab. Weitere typische und salztolerante Arten in diesem Bereich sind der Strandflieder, der 15 bis 50 Zentimeter groß wird, und im Juli und August mit seinen blauvioletten Blütenbüscheln begeistert (er kann Salz über spezielle Drüsen an der Unterseite seiner Blätter ausscheiden, das man in Form von feinen Kristallen erkennt) und die Strandaster, die bis in den September lilafarben oder gelb blüht. Sie wird bis zu 1,50 Meter hoch und ist Futterpflanze für mehr als

lan_277sk

20 verschiedene Insektenarten. Strandastern lagern das viele Salz in ihren unteren Blättern ein, die sie abwerfen können. Ebenfalls hier zuhause ist die Strandsode mit ihren nadelförmigen, dickfleischigen Blättern, die sich im Herbst orangerot verfärben – Zeichen dafür, dass auch sie wie der Queller an Übersalzung stirbt.

Die **Rotschwingelzone** wird nur bei sehr hohen Wasserständen vom Meerwasser erreicht, durchschnittlich 25 bis 50 Mal im Jahr. Hier wachsen neben dem namensgebenden **Rotschwingel,** einem Süßgras, das im Sommer kleine, schwingende, rot-braune Blüten besitzt und bis zu 40 Zentimeter hohe, hellgrüne Polster bildet, auch Strandwegerich und Strandwermut – ein sehr aromatisch duftender Halbstrauch, dessen Stängel silbrig schimmern und der im August kleine gelbe Blüten bildet.

Watt

Faszinierende Weite

Fast 11.500 Quadratkilometern umfasst das Wattenmeer der Nordsee, **das größte zusammenhängende Wattgebiet der Welt.** Die Bezeichnung stammt dabei vom altfriesischen Begriff „wad" ab, was so viel wie „seicht", „untief" bedeutet – also ein flaches Seegebiet meint, durch das man „waten" kann. Für die Entstehung von Wattflächen gilt dasselbe wie bei den Salzwiesen: Es benötigt den Wechsel der Gezeiten und setzt voraus, dass sich die angeschwemmten Sedimente absetzen können, sodass der Boden allmählich in die Höhe wachsen kann. Besucher beeindruckt – etwa im Rahmen einer Wattwanderung – die besondere Atmosphäre. Nicht nur die unglaubliche Weite fasziniert, das sich verändernde Licht und die Wettereinflüsse, die Rippelmarken im Sand, das leise Knistern im Meeresboden, sondern auch die ungeheure Veränderlichkeit: Hier ist weder Land noch Meer, geradezu stündlich wandelt sich der Anblick. Auf einer Länge von 500 Kilometern fallen von Den Helder in den Niederlanden bis nach Esbjerg in Dänemark zweimal täglich rund 4700 Quadratkilometer, also gut **40 % der gesamten Fläche,** trocken. Lediglich durchzogen von kleineren und größeren Prielen, die auch bei Ebbe noch Wasser führen (und damit Zufluchtsort sind

[<] Queller im Herbst

für die Tiere, die Trockenheit nicht vertragen). Auf einem Quadratmeter Wattboden leben durchschnittlich 120.000 Wattschnecken und 40.000 Schlickkrebse, 300 Herz- und 150 Sandklaffmuscheln sowie 50 Wattwürmer. In einen Fingerhut Nordseeschlick passen bis zu 40.000 einzellige Algen, die sogenannten Kieselalgen, die als Nahrung für viele kleine Bodentiere dienen.

Im nahen Küstenbereich befindet sich **Schlickwatt,** das aus sehr feinem Sand, feinen Tonpartikeln und organischem Material besteht. Die glatte, häufig dunkle und konturlose Oberfläche wirkt leicht schmierig und verbreitet wegen der Bakterien, die Pflanzen- und Tierreste zersetzen, einen Geruch nach Schwefel. Da der Wassergehalt mit bis zu 70 % sehr hoch ist, sinken Wattwanderer hier knöcheltief ein. Im Gegensatz dazu bietet das **Sandwatt,** das aus relativ grobkörnigem Sand besteht, einen festen Untergrund. Der Übergang zwischen beiden Bodenarten wird als **Mischwatt** bezeichnet.

Muscheln im Wattboden

Um im Watt zu überleben, müssen Tiere nicht nur mit dem hohen Salzgehalt des Meeres zurechtkommen, sondern auch mit schwankenden Temperatur- und Wasserständen, starker Sonneneinstrahlung und möglichen Fressfeinden. Eine Reihe von Tieren lebt deshalb verborgen im Sand und Schlick des Wattbodens. Mit Ausnahme von Miesmuschel und Pazifischer Auster

Sammlerspaß: Am Strand angespülte Muschelschalen

(→ Leben auf dem Wattboden, S. 296) gilt dies zum Beispiel für alle Muschelarten. Dabei erhalten sie Sauerstoff und Nahrung über ihren Sipho, eine schnorchelähnliche Atemröhre, die sie in Richtung Wattoberfläche ausstrecken. Die häufigste Muschel des Wattenmeeres, deren markant geriffelte Schalen zumeist weiß, hellgelb, leicht bläulich oder grau nach einem Urlaub in keiner Muschelsammlung fehlen darf, ist die **Herzmuschel.** Betrachtet man ein geschlossenes Exemplar von der Seite, erklärt sich ihre Namensgebung. Die Herzmuschel kann bis zu sechs Zentimeter groß und acht Jahre alt werden. Da die meisten jedoch bereits in ihrem ersten Lebensjahr gefressen werden, sind die Schalenfunde am Strand meist relativ klein. Herzmuscheln sitzen sehr dicht unter der Wattoberfläche und wechseln mit ihrem beweglichen Fuß häufiger ihren Standort. Durch den Sipho können sie ein bis drei Liter Nordseewasser pro Stunde filtern.

Deutlich tiefer – nämlich zwischen 30 und 40 Zentimeter – im Wattboden lebt die **Sandklaffmuschel,** die – einmal eingegraben – an Ort und Stelle bleibt. Ihre Schalen sind deutlich dünner als die der Herzmuschel, was sie näher an der Oberfläche zu einer sehr leichten Beute machen würde. Die Sandklaffmuschel kann bis zu 15 Zentimeter lang werden, damit zählt sie zu den größten einheimischen Muschelarten. Ihren Namen hat sie dem Umstand zu verdanken, dass ihre Schalenhälften stets leicht geöffnet sind, also auseinanderklaffen. Obwohl sie heute eine der bekanntesten Muscheln der Nordsee ist, war sie in diesem Gebiet nach der letzten Eiszeit zunächst ausgestorben. Erst die Wikinger brachten sie – als lebender Proviant, denn Sandklaffmuscheln bleiben, wenn sie trockenfallen und sich schließen, für einige Zeit genießbar – im 14. Jahrhundert von der Ostküste Amerikas zurück in die Nordsee.

Ebenfalls aus Amerika – allerdings im Ballastwasser von Schiffen Mitte der 1970er-Jahre – zog die **Amerikanische Schwertmuschel** nach Europa. Die schmale, bogenförmige Muschel kann bis zu 15 Zentimeter lang werden und schwimmen. Wittert sie Gefahr, nutzt sie ihren Grabefuß, um sehr schnell senkrecht im Boden zu verschwinden.

Von Wurm, Krebs und Schnecke

Drei weitere Tierarten, die den Schutz des Wattbodens schätzen, sind **Wattwurm,** Schlickkrebs und Wattschnecke. Zu Gesicht bekommt man einen Wattwurm nur, wenn man ihm mit einer Schaufel zu Leibe rückt, seine Spuren sind aber allgegenwärtig: wie kleine gerollte Spaghettihäufchen aus Sand liegen seine Ausscheidungen auf dem Wattboden. Die rotbraunen Würmer werden bis zu 25 Zentimeter lang und leben in einem u-förmig angelegten Gang in 30 Zentimeter Tiefe. Hier saugen sie den mit organischen Resten vermischten Sand von der Oberfläche (zu erkennen an einem kleinen Trichter), den sie dann zum Großteil auf der anderen Seite ihrer Röhre wieder ausscheiden.

Ebenfalls kaum zu sehen, dafür aber zu hören, ist der **Schlickkrebs.** Er ist nur 15 Millimeter groß, wobei die Hälfte seiner Länge auf ein Fühlerpaar entfällt. Er wohnt in einer Röhre, die er bei Ebbe mit Sand verschließt, nur wenige Zentimeter unterhalb der Oberfläche. Spreizt er sein Fühlerpaar auseinander, entsteht – wenn das Wasserhäutchen dazwischen platzt – das typische Wattknistern (der Schriftsteller Theodor Storm nannte es in seinem Gedicht „Meeresstrand" „des gärenden Schlammes, geheimnisvoller Ton"). Ihre ungeheure Zahl im Wattenmeer ist ein Grund für den Nahrungsreichtum dieses Naturraumes. Gleiches gilt für die **Wattschnecke,** die zu den häufigsten Tieren des Wattenmeeres gehört. Mit drei bis sechs Millimetern Länge so groß wie ein Reiskorn, sucht sie auf dem Wattboden Algen und Bakterien, wobei sie sich nur recht langsam fortbewegen kann. Bei Ebbe gräbt sie sich einige Millimeter in den Boden ein. Kehrt das Wasser zurück, heftet sie sich mithilfe eines selbstgesponnenen Bandes von unten an dessen Oberfläche und lässt sich mit der Flut treiben.

Leben auf dem Wattboden

Nicht im, sondern auf dem Wattboden lebt hingegen der **Seestern.** Mit seinen fünf Armen – von denen er bei Gefahr einzelne abwerfen kann, da sie nachwachsen – gehört er zu den bekanntesten Meeresbewohnern. Seesterne bewegen sich mithilfe der Saugfüßen an ihrer Unterseite und ernähren sich von Miesmuscheln, die sie in einem längeren Kampf zermürben: Anfangs gelingt es der Miesmuschel noch, ihre beiden Schalenhälften dank ihres starken Schließmuskels zusammenzuhalten, wenn ein Seestern sich festgesaugt hat und beständig zieht. Nach rund einer Stunde geht ihr jedoch die Kraft aus und der Seestern stülpt die auf seiner Unterseite liegende Mundöffnung in die Muschel und frisst sie.

Sehr typisch, aber für Urlauberaugen ebenfalls kaum zu entdecken, ist die **Nordseegarnele,** ein Zehnfußkrebs, der an der Küste fälschlicherweise unter dem Namen „Krabbe" bekannt ist.

▷ Seestern und Sandklaffmuschel am Strand

Adobe_Stock©Carl&Karl

Die fünf bis acht Zentimeter lange Garnele, die zwischen Wattflächen und Priel auf der Suche nach Nahrung hin und herjagt, ist sowohl bei Fischen, Vögeln als auch jungen Seehunden als Nahrung äußerst beliebt. Sie kann sich blitzschnell im Sand eingraben, ist jedoch auch vorher kaum zu erkennen, denn durch Pigmentzellen kann sich das fast durchsichtige Tier farblich an den Untergrund anpassen. Ihre rosafarbene Färbung, die sie als Delikatesse auf dem Krabbenbrötchen zeigt, erhält sie erst durchs Kochen.

Auch die **Strandkrabbe** kann sich bei Gefahr blitzschnell im Meeresboden eingraben. Der kleine Krebs, der in der Nordsee die häufigste Krabbenart stellt, wird auf Plattdeutsch „Dwarslooper" genannt, da er sich nicht vor-, sondern seitwärts fortbewegt. Strandkrabben fressen in erster Linie Muscheln und Schnecken, die sie mit ihren beiden kräftigen Scheren aufknacken.

Die beiden Muschelarten der Nordsee, die nicht im Wattboden leben, sind **Miesmuschel** und Pazifische Auster. Die im Wattenmeer äußerst zahlreich vertretenen Miesmuscheln bilden so genannte Muschelbänke, sie siedeln – mit festen Eiweißfäden aneinandergeklebt – in großen Gruppen an Steinen oder Holzpfählen im Wasser. Bis zu 2000 Tiere können so unter günstigen Bedingungen auf einem Quadratmeter in mehreren Schichten zusammenfinden. Die bis zu zehn Zentimeter großen Muscheln mit ihrer leicht gebogenen, meist dunkelbraun bis blauschwarzen Schale, ernähren sich von Plankton. Innerhalb einer Stunde kann ein Tier bis zu drei Liter Meerwasser filtern. Fallen Muschelbänke trocken, schließen die Tiere ihre Schalen und fahren ihren Stoffwechsel herunter. Sie können so viele Tage – etwa auch im Winter von Eis eingeschlossen – überleben. Werden sie hingegen von einer Sandbank bedeckt, ersticken sie. Miesmuscheln können bis zu 15 Jahre alt werden, nur die jüngeren können sich mithilfe eines Fußes noch eigenständig fortbewegen.

Ein – wenn auch mittlerweile etablierter – Neuankömmling in der Nordsee ist die **Pazifische Auster,** die bis zu 30 Zentimeter groß werden kann und seit 2000 überall im Wattenmeer zu finden ist. Sie ist deutlich robuster als ihre Verwandte, die Europäische Auster, die mittlerweile nahezu ausgestorben ist, und für die Züchter ab Mitte der 1960er-Jahre in den Niederlanden einen Ersatz suchten. Ursprünglich stammt die Pazifische Auster – wie ihr Name vermuten lässt – aus dem Pazifik, wo sie nördlich von Japan beheimatet war. Die Pazifische Auster profitiert vom Temperaturanstieg der Nordsee und siedelt gerne auf Miesmuschelbänken. Verdrängt hat sie diese jedoch – wie anfangs befürchtet – nicht.

Fische im Wattenmeer

Ein weiteres Augenmerk im Wattenmeer gilt dem Leben in den Prielen. Hier ist bei Ebbe der Rückzugsort für alle Tiere, die ein längeres Trockenfallen nicht überleben würden, etwa für junge Fische. Das Wattenmeer gilt als „Kinderstube" nicht nur für Seehunde, Muscheln und Krebse, sondern auch für zahlreiche Nordseefischarten wie Scholle, Sprotte, Seezunge und Hering. Zwar legen diese ihre Eier in der offenen Nordsee ab, der frisch geschlüpfte Nachwuchs hält sich aber wegen des großen Nahrungsangebotes und der angenehmen Wassertemperaturen zunächst in Küstennähe auf. Nachdem es rund 90 Jahre aus dem Wattenmeer so gut wie verschwunden war, ist auch das **Seepferdchen** – das zu den Knochenfischen gehört – zurück. Die bis zu 15 Zentimeter langen Tiere leben bevorzugt in Seegraswiesen ab fünf Metern Meerestiefe und werden seit einiger Zeit wieder gesichtet.

Säugetiere

Die drei großen Meeressäuger der Nordsee

Neben den vielen winzig kleinen Tieren im Wattenmeer sind hier auch drei große Meeressäuger zuhause. Alle drei sind regelmäßig auf oder rund um Langeoog zu sehen. Seehunde und Kegelrobben fühlen sich bei ablaufendem Wasser auf den Sandbänken im Baltrumer Watt und am Ostende wohl. Hier kann man sie entweder bei einer der **Ausflugsfahren** der Inselschiffahrt (→ S.150) oder von der **Seehundbeobachtungsplattform** (→ S. 43) beobachten. Hin und wieder sind sie auch direkt am Strand oder bei der Einfahrt in den Langeooger Hafen zu erspähen (→ Kap. 2, Verhaltenstipps, S. 178). Die Begegnung mit einem Schweinswal, der sich vor allem von März bis Mai an der niedersächsischen Küste aufhält, ist am ehesten vom Fähr- oder Ausflugsschiff möglich.

Seehunde

Bis zu 1,80 Meter lang und 100 Kilogramm schwer werden die männlichen Tiere des beliebten Meeressäugers, die Weibchen sind etwas zierlicher: 8912 Seehunde wurden im Sommer 2023 bei den jährlichen Zählflügen auf den Sandbänken im niedersächsischen Wattenmeer beobachtet. Damit bleibt der **Bestand auf hohem Niveau stabil** und die Lebensbedingungen scheinen nach wie vor gut. Der absolute Rekord und höchste Wert seit 1958, als mit der systematischen Erfassung der Bestände begonnen wurde, wurde im Sommer 2020 mit 10.382 Tieren gezählt (zum Vergleich: 1989, nachdem die Seehundstaupe die Population deutlich reduziert hatte, waren es gerade einmal 1401 Tiere). Jungtiere gab es im Sommer 2023 2195, eine ebenfalls solide Zahl (Höchstwert 2019: 2711 Tiere).

Die etwa sechswöchige Wurfzeit der Seehunde beginnt Ende Mai. Seehunde können nur auf dem Trockenen geboren werden. Innerhalb weniger Minuten bringen die Weibchen ihre Jungen deshalb auf abgelegenen Sandbänken zur Welt. Schon beim nächsten Hochwasser folgen die Tiere ihrer Mutter, von der sie die ersten vier bis sechs Lebenswochen gesäugt werden bis sie das bis zu dreifache ihres Geburtsgewichts erreichen, ins Meer. Das Jagen von Fischen und Nordseegarnelen müssen sie dort allein lernen. Im Sommer ruhen Seehunde sich gerne in größeren Gruppen auf Sandbänken aus. Wirken sie an Land eher schwer-

[<] Auch auf den Langeooger Sandbänken kann man mit etwas Glück Seehunde erspähen

fällig, sind sie im Wasser äußerst wendig und jagen pfeilschnell mit bis zu 35 Kilometern pro Stunde nach Fischen, von denen sie bis zu 30 Stück am Tag fressen können.

Kegelrobben

Auch der Bestand an Kegelrobben im niedersächsischen Wattenmeer nimmt seit ihrem Auftauchen Mitte der 1980er-Jahren beständig weiter zu. Kegelrobben waren seit dem Mittelalter **jahrhundertelang aus der Nordsee verschwunden.** Dass sie wieder so zahlreich hier leben, wird auch als ein Erfolg der **Schutzbemühungen** des Nationalparks gewertet. Im Frühjahr 2023 wurden an der niedersächsischen Küste einschließlich Hamburg 1190 erwachsene Tiere gesichtet. Der Kegelrobbennachwuchs wird zwischen Ende November und Ende Januar geboren. Die Jungtiere wagen sich dabei erst nach einigen Wochen in die Nordsee, zuvor bleiben sie am Strand oder in den Dünen liegen, wobei sie ihr dickes, weißes Winterfell vor Kälte schützt. Hier werden sie von ihren Müttern gesäugt und steigern dabei ihr Geburtsgewicht von rund acht Kilogramm jeden Tag um ein bis zwei weitere Kilogramm. Ein ausgewachsenes Kegelrobbenmännchen wiegt bis zu 330 Kilogramm und kann bis zu 2,30 Meter lang werden. Damit ist es deutlich größer als das Weibchen (bis 150 kg bei 1,90 Meter Länge), zudem hat es dunkleres Fell. Von Seehunden unterscheiden sich diese zu den größten freilebenden Raubtieren Mitteleuropas zählenden Tiere durch ihre langgezogene Schnauze. Ihr Name nimmt jedoch auf ihre kegelförmigen Zähne Bezug. Kegelrobben ernähren sich u.a. von Hering und Dorsch und können bis zu 20 Minuten tauchen.

Schweinswale

Zunehmend geringer wird hingegen der **Bestand** an Schweinswalen in der Nordsee und das, obwohl Europas kleinster Wal flachere Küstengewässer als Lebensraum bevorzugt. Der lediglich bis zu 1,80 Meter große Meeressäuger – die Weibchen sind etwas größer als die Männchen – ist die einzige im Wattenmeer lebende Walart. Ihre Oberseite und ihre Rückenfinne sowie die Brustflossen sind dunkelgrau, ihre Unterseite ist hingegen hell. Grundsätzlich lassen sich ihre Bestände nicht so leicht erfassen, da sie nur sehr kurz zum Atemholen an die Wasseroberfläche kommen – dies allerdings spätestens alle sieben Minuten (zum Vergleich: Seehunde können 40 Minuten tauchen). Die kleine Rückenfinne der Schweinswale ist nur bei sehr ruhiger See zu sehen. Schweinswale wiegen zwischen 50 und 70 Kilogramm, Jungtiere sind bei der Geburt etwa fünf bis sieben Kilogramm schwer und bis zu 75 Zentimeter groß. Sie werden bis zu zehn

Monate gesäugt. Schweinswale jagen kleinere Fische und Garnelen, indem sie diese per Schallwellen orten. Diese Schallortung ist es allerdings auch, die die Tiere besonders unter dem Lärm in der Nordsee leiden lässt (verursacht durch rotierende Schiffsschrauben oder bei der Installation von Windkraftanlagen und Bohrinseln). Die starken Druckwellen einer Unterwassersprengung – etwa wenn Weltkriegsmunition explodiert – sind für Schweinswale lebensgefährlich.

Vogelwelt

Nahrungsreicher Rückzugsraum

Zehn bis zwölf Millionen Zugvögel kommen jedes Jahr ins Wattenmeer, um Energie für den Weiterflug zu tanken, ihre Eier auszubrüten oder den Winter hier zu verbringen. Gute Gründe, warum das Wattenmeer gerne auch als **„Drehscheibe des weltweiten Vogelzugs"** bezeichnet wird. Das Einzugsgebiet reicht dabei von Sibirien, Grönland, Skandinavien und Kanada bis nach Südafrika und in die Antarktis. In der Brutsaison von Mitte April bis Ende Juni sind dabei auch Arten anzutreffen, die auf den Ostfriesischen Inseln ihren deutschlandweit letzten Rückzugsraum gefunden haben. Internationale Bedeutung für den Fortbestand der Arten hat das Wattenmeer für Alpenstrandläufer, Pfuhlschnepfen, Knutts und Kiebitzregenpfeifer. Die Inseln sind ein besonderer Schonraum, weil sie als Teil des Nationalparks Ruhezonen bereitstellen und so ungestörte Flächen am Strand, in den Dünen, Salzwiesen und Binnenweiden vorhalten. Das ist vor allem für die Bodenbrüter von Bedeutung, die am Festland Nesträuber wie Füchse und Marder fürchten müssen.

Ein weiterer Grund für die große Anziehungskraft des Wattenmeeres für Zugvögel ist der schier **unendliche Nahrungsreichtum,** denn mit den unzähligen Muscheln, Wattschnecken, Wattwürmern und Schlickkrebsen im Wattboden, den Fischen und Algen sowie den Pflanzen der Salzwiesen können die Vögel Fettreserven für den Weiterflug aufbauen und ihren Nachwuchs aufziehen.

Hauptzeiten des Vogelzugs

Über das Jahr verteilt herrscht ein munteres Kommen und Gehen. Die Hauptzugzeiten, bei denen sich auch auf Langeoog mitunter riesige Vogelscharen beobachten lassen, liegen im **Frühjahr und Herbst**. Die Zugvögel mit den längsten Wegen sind dabei die Küstenseeschwalben. Eben noch im Winterquartier vor den Küsten Chiles oder Südafrikas zu finden, zieht es sie nach ihrem Stopp im Frühjahr im Wattenmeer weiter nach Sibirien, Grönland oder Kanada – so legen sie im Jahr 70.000 bis 80.000 Kilometer zurück, fliegen also zwei Mal um die Erde. Am längsten ohne Pause, Futter und Schlaf halten es auf ihren Reisen die Pfuhlschnepfen aus. Wenn sie im Wattenmeer eintreffen, haben sie – wie so manch andere Vogelart auch – die Hälfte ihres Körpergewichts verloren. Mindestens drei Wochen benötigen sie, um sich dieses wieder anzufressen, vorausgesetzt, sie können sich ungestört ausruhen.

Brut und Aufzucht der Vogeljungen

Bis Ende April haben die Möwen ihre zum Teil Tausende Paare umfassenden Brutkolonien bezogen. Dabei befindet sich auf Langeoog **eine der größten Kolonien der Nordsee,** die sich sowohl von der Melkhörndüne als auch vom Vogelwärterhaus aus beobachten lässt. Ab Mai werden die Nester in den Salzwiesen und am Strand bebrütet und im Juni flitzen die ersten Küken umher. Besonders bei den Nestflüchtern kann man die Kleinen dann bei der Futtersuche mit dem Fernglas beobachten – etwa verschiedene Enten- und Gänsearten, aber auch Uferschnepfe und Kiebitz in den Wiesen am Großen Schlopp oder am Flinthörn.

Silbermöwe bei der Fütterung ihrer Jungen

Nationalparkbesucher können viel dafür tun, dass die Brut und Aufzucht gelingt, indem sie **mit besonderer Vorsicht auch auf den ausgewiesenen Wegen unterwegs** sind. Sobald Vogeleltern sich auffällig benehmen, gilt es, sich umsichtig zu entfernen. Regenpfeifer spielen beispielsweise, verletzt zu sein und versuchen so, dramatisch humpelnd, die Eindringlinge von ihrem Nest wegzulocken. Andere Arten wie die Seeschwalben fliegen laut kreischend Attacken. Lassen Vogeleltern ihre Nester zu lange unbeaufsichtigt, droht der Nachwuchs zu unterkühlen. Jedes Aufscheuchen von Tieren, sei es durch zu wenig Abstand oder nicht angeleinte Hunde, führt zudem zu einem unnötigen Energieverlust.

Vögel beobachten

Im Herbst ist dann erneut viel los, wenn die Zugvögel aus den nordischen Brutgebieten zurückkehren. **139 Vogelarten** sind im Oktober 2023 im Rahmen der Zugvogeltage auf der Insel gezählt worden, darunter verschiedenste Möwen-, Gänse-, Enten- und Singvogelarten, außerdem Greifvögel und Eulen wie Kornweihe, Wanderfalke und Schleiereule, Watvögel wie Rotschenkel, Knutt, Alpenstrandläufer und Austernfischer und auch Löffler, Basstölpel und Fischadler. Ein Fernglas sollte also zur Ausstattung gehören und auch ein Blick in den Gezeitenkalender kann nicht schaden, denn die meisten Vögel lassen sich kurz vor Hochwasser am besten beobachten, da sie sich dann nicht mehr weitläufig im Wattenmeer verteilen können, sondern sich am Flinthörn, am Hafen, am Seedeich, am Großen Schlopp, am Strand, in den Salzwiesen und am Ostende sammeln.

Silbermöwen

Die Silbermöwe ist ein **Charaktervogel der Nordsee** und von den Langeoogern 2008 anlässlich der 9. UN-Artenschutzkonferenz als Symbolart gewählt worden. Als solche ist sie auch auf dem Inselwappen im eleganten Segelflug zu sehen. Mit einer Flügelspannweite von bis zu 150 Zentimeter ist sie eine der größten europäischen Möwen und gehört neben Lach-, Schwarzkopf-, Sturm-, Herings- und Mantelmöwe zu den sechs Arten, die auch auf Langeoog regelmäßig brüten. Ihr Gefieder ist weiß mit einem silbergrauen Rücken, ihr kräftiger gelber Schnabel hat einen auffälligen roten Punkt. Die Silbermöwe ist ein Allesfresser (wie manch Inselbesucher, der sein Eis oder seine Pommes an sie verlor, leidvoll bestätigen kann). Um an Muscheln oder Würmer im Watt zu gelangen, trampelt sie so lange im seichten Wasser auf einer Stelle, bis eine Kuhle entsteht, die sogenannte Trampelwanne, in der Herzmuscheln oder auch Wattwürmer an

dobe_Stock©KKern

die Oberfläche geschwemmt werden. Muscheln verschluckt sie dann im Ganzen und zerreibt die Schalen mit ihrem muskulösen Magen, wobei sie die unverdaulichen Schalensplitter wieder ausspuckt. Bei Miesmuscheln setzen Silbermöwen auf eine andere Strategie: Sie lassen sie aus der Luft aus ihrem Schnabel auf einen harten Untergrund fallen, sodass die Schale aufbricht und das Muschelfleisch freigibt. Junge Silbermöwen sehen ihren Eltern lange nicht sonderlich ähnlich: Ihr Federkleid ist zunächst braun gemustert und wird erst im Laufe von vier Jahren komplett weiß. Möweneltern erkennen den eigenen Nachwuchs an den spezifischen Flecken des Daunenkleides ohne Zweifel – sie würden keinen fremden Jungvogel füttern. Dieses wird im Übrigen durch ein Picken des Nachwuchses gegen den roten Schnabelfleck ihrer Eltern ausgelöst. In den 1930er-Jahren lebte auf fünf Kilometern Länge und mit bis zu 25000 Brutpaaren die größte Silbermöwenkolonie Deutschlands auf Langeoog. Heute sind es lediglich 1000 bis 2000 Brutpaare. Die „freien" Plätze wurden von anderen Möwenarten eingenommen. Mit dabei die Heringsmöwen, die den Silbermöwen optisch sehr gleichen, allerdings gelbe statt rosafarbene Beine besitzen und eine dunklere Flügeldecke. Heringsmöwen stellen mittlerweile den häufigsten Brutvogel im Wattenmeer. Als sehr gute Flieger halten sie bei kilometerlangen Suchflügen auf offener See Ausschau nach Fischen, die sie dann mittels Stoßtauchens erbeuten. Auch Beifang von Fischkuttern – etwa Krabben – ist ihnen als Nahrung willkommen.

Austernfischer

Der Austernfischer ist mit seinem schwarz-weißen Gefieder, den roten Augen, seinen hellroten Beinen und dem langen, orangefarbenen Schnabel **einer der auffälligsten Vögel im Wattenmeer** und ganzjährig auf Langeoog anzutreffen. Hier brütet das überhaupt nicht scheue Tier sowohl in einfachen Nestmulden in Dünen und Salzwiesen als auch am Strand oder sogar auf Flachdächern im Dorf. Gleichzeitig ist der auch als Ostfriesen- oder Wattstorch bekannte Vogel mit seinen schrillen Rufen „Kliep, kliep" und wahren Trillerorgien einer der lautesten Artgenossen und führt, wenn er seinen Nachwuchs bedroht sieht, wahre Schauspiele auf (das sogenannte „verleiten). Austernfischer sind bis zu 45 Zentimeter lang und können 40 Jahre alt werden. Ihren abgestumpften Schnabel nutzen sie, um Muschelschalen aufzuhämmern (wobei er Austern trotz seines Namens verschmäht). Zu seinem Glück wächst sein Schnabel pro Tag um einen halben Millimeter nach.

Alpenstrandläufer

Mit bis zu 21 Zentimeter Länge deutlich kleiner ist der Alpenstrandläufer, dessen Name auf den schwedischen Naturforscher *Carl von Linné* zurückgeht, da die Art in Skandinavien gerne in den Bergen brütet. Am Strand beeindrucken sie hingegen als **gewaltiger Schwarm,** der aus mehreren Tausend Tieren bestehen kann. Ändern sie ihre Richtung wechselt die Farbe der Vogelwolke von schwarz auf weiß, wenn sie ihr Winterkleid mit schwarzem Rücken und weißem Bauch tragen. Während ihrer Rast im Wattenmeer picken die amselgroßen Vögel mit ihrem schwarzen, leicht gebogenen Schnabel unablässig nach Schnecken, Würmern, Schlickkrebsen und Muscheln.

Ringelgans und Brandgans

Sie ist als **kleinste Meeresgans** etwa so groß wie eine Stockente und überwintert im Wattenmeer: Die Ringelgans lebt von Gras und den Pflanzen der Salzwiese, weshalb sie dort auch im Frühjahr rastet, bevor es nach Sibirien geht, wo die Vögel ihren Nachwuchs bekommen. Ihr Gefieder ist grau-schwarz und sie ist an den weißen Ringeln am Hals zu erkennen. Im Gegensatz zum schwarzen Schnabel der Ringelgans fällt die Brandgans mit ihrem leuchtend roten Schnabel auf. Auch die Beine der Brandgans, die von der Gestalt eher einer Ente ähnelt, sind rot. Ihr Federkleid ist sowohl bei Männchen als auch Weibchen gleich und

[<] Ein Austernfischer mit Jungtier

auffällig: Flügel und Körper sind schwarz-weiß, ihr Kopf ist schwarz-grünlich gefärbt und sie tragen ein braunes Brustband. Die Brandgans ernährt sich, indem sie – ähnlich wie die Silbermöwe – in ihren Trampelwannen freigespülte Schnecken, Muscheln und Würmer frisst. Sie brütet – wie die Graugans – unter anderem in Braun- und Graudünen auf den Inseln. Im Juli und August bieten ihr die **Sandbänke des Wattenmeeres** besonderen Schutz. Dann nämlich, wenn sie in der Mauser ihre Schwungfeder an den Flügeln auf einen Schlag verliert und **über einige Tage nicht fliegen kann.**

Rotschenkel

Auch der Rotschenkel ist ein **Charaktervogel des Wattenmeeres.** Wie sein Name andeutet, fallen besonders seine langen, roten Beine auf – ebenso sein langer, roter Schnabel der zur Spitze hin dunkelbraun bis schwarz zuläuft. Sein laut geflötetes „Tjuu" ist gut zu hören. Bei der Futtersuche stochert er im Wattboden nach Nahrung. Der Rotschenkel, der etwas kleiner ist als eine Taube, gehört zu den **häufigen Brutvögeln des Wattenmeeres,** wo er im hohen Gras der Salzwiesen sein Nest baut. Auf dem Festland ist er hingegen selten geworden, denn als Wiesenbrüter findet er dort wegen der frühen und häufigen Mahd in der Landwirtschaft wenig geeignete Flächen.

Großer Brachvogel

Der Große Brachvogel ist **am Festland ebenfalls selten geworden.** Sein braun gemustertes Federkleid, das auf der Unterseite weiß ist, und seine dunkelgrauen Beine sind eher unscheinbar. Sehr auffällig ist bei diesem größten europäischen Watvogel (vom Waten im Schlamm) der bis zu 18 Zentimeter lange und

Adobe_Stock©Rolf Müller

lan_284sk

gebogene Schnabel, mit dem er im Watt deutlich tiefer graben kann als manch anderer Vogel und so auch die Wattwürmer sehr gut erreicht. Im Herbst sammeln sich hier Tausende Vögel vor dem Weiterflug, wobei sie zum Teil auch vor Ort überwintern.

Löffler

Sehr gut von anderen Vogelarten zu unterschieden ist der Löffler, der im Frühsommer unter anderem am Schloppsee auf Langeoog Halt macht und vom Körperbau **an einen Storch erinnert.** Mit dem langen, schwarzgelben Löffelschnabel seiht der schlanke, weiße Vogel mit den schwarzen Beinen im flachen Wasser Fische, Krebse und Nordseegarnelen aus. Auffällig ist der **kleine Federbusch am Hinterkopf,** der in der Brutzeit für die Balz genutzt wird. Die ursprünglich aus den Niederlanden stammenden Löffler brüten seit Mitte der 1990er-Jahre auch im Wattenmeer (auf Langeoog seit 2008) und überwintern im Süden Europas und in Westafrika. Anders als die Wiesenbrüter bauen sie bis zu 50 Zentimeter kleine Nestplattformen aus Zweigen, Schilf und Holzstückchen in den Salzwiesen, was Eier und Jungvögel vor Überflutungen besser schützt.

Verschiedene Vogelfedern in der Ausstellung des Vogelwärterhauses

Der Löffler kann am Langeooger Schloppsee beobachtet werden

Inseltierwelt

Abgeschiedene Lage

So faszinierend und vielfältig das Leben im Wattenmeer, in den Salzwiesen und in der Luft über Langeoog auch ist – interessant ist auch, dass es **einige Tierarten aufgrund der Insellage nicht gibt.** So hält man zum Beispiel nach Füchsen, Eichhörnchen und Maulwürfen vergeblich Ausschau. Anders sieht es bei den Igeln aus, die eigentlich auch keine natürlichen Bewohner Langeoogs sind, jedoch von Menschen hierhergebracht wurden. Da sie als Nesträuber dem Bruterfolg der Wiesenbrüter gefährlich werden, bringen Naturschützer sie konsequent zurück ans Festland. Bienenzüchter schätzen die Insel, weil Bienen nur ungern längere Strecken über Wasser fliegen. Vom Festland hierher verschickte Bienenköniginnen können deshalb gezielt auf die von Imkern ausgesetzten Drohnenvölker treffen (→ Kap. 1/Aussichtsdünen, Tjard sin Utkiek, S. 26).

Inselwild

Wildkaninchen, erstmals 1717 erwähnt, sind zur Freude der Dünenschützer seit 1874 erfolgreich ausgerottet, schädigten ihre Höhlen mit den zahlreichen unterirdischen Verbindungsgängen

lan_267sk

und Ein- und Ausgängen doch die Festigkeit der Dünen. Für die Jagd wurden in der Folge ab 1880 Feldhasen ausgesetzt. Rehe sind seit 1958 auf der Insel heimisch. Die zahlreichen Nachkommen von anfänglich einem Rehbock und zwei Ricken sind heute im Pirolatal, aber auch im Inselwald zu beobachten – genau wie Fasane, die häufig in aller Seelenruhe über die Wege stolzieren. Um den **Bestand an Hasen und Rehen zu regulieren** – beide Tierarten haben auf der Insel keine natürlichen Feinde – veranstaltet die Langeooger Jagdgesellschaft mehrmals im Jahr Treibjagden. Das auf der Insel geschossene Wild wird – genauso wie das Fleisch der Hochlandrinder (s.u.) – von *Familie Recktenwald* in der Küche ihrer **27 Bio-Genussmanufaktur Seekrug** verarbeitet (→ Kap. 2/Einkaufen, S. 75).

Schottische Hochlandrinder

Auf den Weiden der Insel stechen neben Ponys, Pferden und einer kleinen Alpaka-Herde, die von Frühjahr bis Herbst auf der Insel lebt, auch die schottischen Hochlandrinder (*Highland Cattle*) ins Auge. Die Rasse, die 1884 erstmals auf den kargen Hochebenen Schottlands gezüchtet wurde, gilt als besonders wetterfest, robust und gutmütig. Ihre Hörner erreichen eine Spannbreite von bis zu 1,40 Metern. Das rotbraune, dichte Fell, das ihnen mitunter zottelig über die Augen fällt, schützt die friedfertigen Zeitgenossen auch bei Wind, Regen und Minusgraden im Winter, weshalb sie das ganze Jahr über an der frischen Luft sind. Kälber kommen im März und April auf die Welt. 2001 startete der Langeooger *Heiko „Rumbi" Arends* seine Zucht mit acht Rindern. Heute ist die Herde auf **rund 100 Tiere** angewachsen und auf den Weiden und Salzwiesen auf dem Weg vom Inselort ans Ostende anzutreffen. Hier wirken sie als **„natürliche Landschaftspfleger im Nationalpark"**, denn sie sorgen dafür, dass feuchte Wiesen nicht verbuschen, was den wiesenbrütenden Vogelarten zugutekommt.

⊠ Nicht nur in Schottland, sondern auch auf Langeoog fühlen sich die schottischen Hochlandrinder wohl.

lan_80sk

6 Anhang

Blick aufs Meer

Literaturtipps

Wissenswertes zur Insel und ihrer Geschichte

■ *Hildegard Schepker* (Text) und *Martin Stromann* (Fotos): **Langeoog. Eine Insel fürs Leben,** Ostfriesland Verlag 2023. Schöner Fotoband mit vielen Bildern aus der Luft und informativen Texten.

■ *Cosima Bellersen Quirini:* **100 besondere Orte auf Langeoog,** Schadinsky Verlag 2016. Verborgene Winkel, Ungewöhnliches und Bekanntes in kurzweiligen Artikeln.

■ *Peter Hoffrogge:* **Verwehte Spuren. Strandungen auf Langeoog mit dit und dat,** C. L. Mettcker & Söhne 1989. Zwar nur noch antiquarisch erhältlicher, aber dennoch interessanter Band für alle, die sich besonders für die Seefahrt und die Geschichte Langeoogs interessieren.

■ *Jörn Echternkamp:* **Langeoog – Biographie einer deutschen Insel.** Erscheint ab 2024 im Verlag De Gruyter. In seinem auf vier Bände angelegten wissenschaftlichen Werk gibt der Professor für Neuere und Neuste Geschichte an der Martin-Luther-Universität Halle-Wittenberg einen umfassenden Einblick in Langeoogs Geschichte. Ein besonderes Interesse Echternkamps gilt der Militärgeschichte.

Inselnatur, Nordsee und Wattenmeer

■ *Jan Wittenbrink*: **Das Nordseebuch,** Marmota Maps 2022. In mehr als 1000 Infografiken bleibt in diesem wunderbar illustrierten Buch keine Frage zur Nordsee – von den Niederlanden bis Norwegen, von Sylt bis zu den Shetlandinseln – offen. Egal ob zu den Themen Geografie, Klima, Umwelt, Kultur, Seefahrt oder Flora & Fauna. Jeder Aspekt ist unterhaltsam und kurzweilig aufbereitet und auch die Ostfriesischen Inseln kommen in diesem Überblick nicht zu kurz.

■ *Martin Stock* und *Tim Schröder*: **Wunderwelt Wattenmeer,** Delius Klasing Verlag 2020. Faszinierende, stimmungsvolle Bilder und fundierte, aktuelle Texte zeichnen dieses Buch über das Weltnaturerbe Wattenmeer aus.

■ *Jan* und *Birte Weinbecker:* **Von Weltreisenden, Flugkünstlern und Rolling Stones – Langeooger Vögel im Porträt,** Verlag Enno Söker Esens (ESE) 2015. Kenntnisreicher und unterhaltsamer Überblick über Langeoogs Vogelwelt mit beeindruckenden Fotos. Erhältlich beim Verlag.

Spannung & Unterhaltung

■ *Klaus-Peter Wolf:* **Ostfriesenzorn,** Fischer Taschenbuch Verlag 2021. Der 15. Fall für die eigenwillige Kult-Ermittlerin *Ann Kathrin Klaasen* und ihr Team von der Kripo Aurich beginnt mit einem Mord auf Langeoog. Weitere Ostfrieslandkrimis der überaus erfolgreichen Serie, die ebenfalls zum Teil auf Langeoog spielen, sind die Bände **Ostfriesentod** (11. Fall, 2017), **Ostfriesennacht** (13. Fall, 2019) und **Ostfriesenhölle** (14. Fall 2020). Auch im zweiten Teil von *Wolfs* Trilogie um *Dr. Bernhard Sommerfeldt* („Totentanz am Strand: Sommerfeldt kehrt zurück", Fischer Taschenbuch 2018) wird auf der Insel ermittelt. *Klaus-Peter Wolf* ist bekannt dafür,

reale Orte und Personen für seine erfundenen Handlungen zu nutzen. So kommt manch Langeooger im Roman ebenso vor wie das Flinthörn, das Ostende, die Barkhausenstraße und *Wolfs* Lieblingsrestaurant: „Ich begehe ja Morde nur an wunderschönen Orten, und dies ist einer der schönsten Plätze der Welt", erklärt der Bestsellerautor dazu. Seit 2017 werden die Ostfrieslandkrimis vom ZDF verfilmt. Auf *Christiane Paul* in der Rolle der *Ann Kathrin Klaasen* folgten bislang ihre Kolleginnen *Julia Jentsch* und *Picco von Grote.*
Mehrmals im Jahr liest der Autor im Haus der Insel aus seinen Büchern – häufig musikalisch begleitet von seiner Frau, der Liedermacherin *Bettina Göschl,* mit der zusammen er auch ein Kinderbuch über die Insel geschrieben hat (s.u.).

- *Peter Gerdes:* **Langeooger Dampfer,** Gmeiner-Verlag 2020. Insgesamt sieben Langeoog-Krimis hat *Peter Gerdes* bereits veröffentlicht. In seinem jüngsten Roman klären Hauptkommissar *Stahnke* und Journalist *Marian Godehau* den Mord an einem Umweltaktivisten auf … Die weiteren Titel heißen Langeooger Lügen, Sand und Asche, Solo für Sopran, Wut und Wellen, Der Fluch der goldenen Möwe sowie Langeooger Serientester – sie sind ursprünglich im Leda-Verlag erschienen, der mittlerweile vom Gmeiner-Verlag übernommen wurde.
- *Wolf S. Dietrich:* **Friesisches Gift,** Bastei Lübbe 2019. Die sympathische Kommissarin *Rieke Bernstein* und viel Inselwissen machen diesen Inselkrimi ebenfalls zu einer prima Urlaubslektüre.
- *Stefan Kruecken* und *Jochen Pioch:* **Mayday – Seenotretter über ihre dramatischsten Einsätze,** Ankerherz Verlag 2017. Sie fahren in den Sturm, wenn alle anderen im sicheren Hafen sind: 25 Seenotretter, unter ihnen Langeoogs ehemaliger Vormann *Gerrit Leiß,* berichten von ihrem Alltag, mutigen Einsätzen und dem Respekt vor der See. Mit eindrucksvollen Fotos.
- *Dörthe Hansen:* **Zur See,** Penguin 2022. „Dieser Roman enthält die komplette DNA einer Nordseeinsel", urteilte Literaturkritiker *Denis Scheck* über *Dörthe Hansens* Werk, das auf einer fiktiven Insel die mehrere Generationen umfassende Geschichte der *Familie Sander* erzählt. Fesselnd beschreibt die Autorin die Willensstärke der Inselbewohner, die grandiose Natur, den Niedergang der Seefahrt und den Wandel der Inselkultur durch Feriengäste.
- *Stine Volkmann:* **Das Schweigen meiner Schwestern,** Fischer Krüger 2023. 20 Jahre sind die Schwestern *Jenni*, *Mona*, *Sonja* und *Kaja* nicht auf Langeoog gewesen. Jetzt kehren sie für die Beerdigung ihrer Mutter auf die Ferieninsel ihrer Kindheit zurück. *Stine Volkmann*, 1991 in Detmold geboren, lässt in ihrem Roman den Inselalltag und die Strandtage des Sommers 1998 lebendig werden und hält bis zuletzt die Spannung um ein dunkles Familiengeheimnis.

Speziell für Kinder

- *Bettina Göschl* und *Klaus-Peter Wolf:* **Die Nordseedetektive. Fahrraddieben auf der Spur,** Jumbo Neue Medien Verlag 2016. Bei ihrem vierten Fall jagen die Geschwister *Emma* und *Lukas,* besser bekannt als die Nordseedetektive, Fahrraddiebe auf Langeoog. Charmant-spannende Geschichte – sowohl als Buch als auch als Hörbuch (im gleichen Verlag). Ab 6 Jahren.

- *Luisa Hartmann:* **Ziemlich beste Ferien 2 – Abenteuer auf Langeoog,** Biber & Butzemann 2020. Die Freunde *Lukas* und *Onno* sind einer Entführung auf der Spur. Vergnügliche und zugleich spannende Ferienlektüre für Kinder ab 9 Jahren mit einem stimmigen Inselurlaubsgefühl und netten Illustrationen.
- *Carmen Hochmann:* **Das große Langeoog-Wimmelbuch,** tpk-Verlag 2016. Liebevoll und detailliert gezeichneter Wimmelspaß mit allen sehenswerten Orten der Insel.

Persönliche Betrachtungen

- *Mayk D. Opiolla:* **Momentaufnahmen 8: Vom Ruhen und Rasen,** Books on Demand 2022. *Opiollas* 28 neue Prosatexte sind eine Liebeserklärung an Langeoog, seit 2014 Wahlheimat des Autors. Sinnlich-melancholisch berichtet der Ich-Erzähler von der Schönheit der Natur, vom ruhigen Winter, Frühlingserwachen und dem Alltag auf der Insel. Auch die sieben Vorgängerbände sind eine Leseempfehlung, ebenso der Blog des Autors unter www.gefluegelmitworten.wordpress.com.
- *Regula Venske:* **Mein Langeoog,** mare 2021. Die 1955 in Minden geborene Schriftstellerin verknüpft die Erinnerungen an die Familienurlaube ihrer Kindheit mit Wissenswertem zur Geschichte der Insel und weckt zugleich die Sehnsucht nach einer Reise ans Meer.

Kochen & Backen

- *Silke Hars:* **Rezepte aus der Inselküche,** Cobra Verlag 2015. Mit Langeooger Impressionen bebildertes Büchlein, in dem von A wie Anistaler bis Z wie Zitronencreme mehr als 55 Rezepte zu finden sind – neben Keksen, Kuchen und Süßspeisen vor allem Fischgerichte. Das Heft ist z.B. über die Buchhandlung Krebs am Wasserturm zu bekommen.

Snack op Platt

- *Hermann* und *Hans-Jürgen Fründt:* **Plattdüütsch, das echte Norddeutsch,** Reise Know-How Verlag, Bd. Nr. 120. Unterhaltsamer und lehrreicher Sprachführer aus der Kauderwelsch-Reihe. Über 1000 Wörter und Redewendungen. Wer mag, kann sich per Smartphone/PC Aussprachebeispiele anhören.

Langeoog im TV

Langeoog in der NDR-Mediathek

Regelmäßig berichtet der **NDR** von der Insel – egal, ob kurze Nachrichtenbeiträge zur Saisoneröffnung oder längere Reportagen: In der Mediathek (www.ardmediathek.de/ndr/suche/Langeoog/) findet man viele neue und ältere Beiträge (ein Klassiker – der kurze Beitrag „Der ewige Weihnachtsbaum“ mit Insel-Original *Els Sanders* von 1998).

Im Sommer 2019 war Langeoog bei TV-Teams besonders beliebt: Zum einen ließ sich Tagesschau-Sprecherin und Moderatorin *Judith Rakers* von Krimiautor *Klaus-Peter Wolf* die Schauplätze seiner Verbrechen zeigen und begleitete Moderator *Ingolf Lück* beim Kite-Surfen („Langeoog mit … Judith Rakers“, Erstausstrahlung im Mai und Juni 2020, NDR). Zum anderen filmte ein Team der NDR-Nordstory verschiedene Langeooger in ihrem Alltag – etwa auf einer geführten Radtour, auf ihrem Reiterhof oder in ihrem Fischgeschäft („Aus Liebe zu Langeoog“, Erstausstrahlung im Juni 2020 sowie „Kleine Insel, pures Glück“, Februar 2021). Diese Beiträge werden regelmäßig wieder im Programm gezeigt und sind dann mehrere Monate in der ARD-Mediathek zu finden. Auch die Reiseredaktion von „NDR Landpartie“ besuchte die Insel bereits mehrmals. Der letzte Dreh fand im Sommer 2023 statt.

Kommissare auf der Insel

2019 verbrachten auch zwei TV-Ermittler, die sonst an der Ostsee ermitteln, einen Urlaub auf Langeoog: Für die ZDF-Vorabendserie **SOKO Wismar** entstand das 90-minütige Langeoog-Special **„Nach der Ebbe kommt der Tod“** in dem Hauptkommissar *Jan Reuter* und Rechtsmedizinerin *Dr. Helene Sturbeck* eigentlich ruhige Tage an der Nordsee verbringen möchten, nach einem Mord jedoch die Inselpolizistin bei ihren Ermittlungen unterstützen. Nicht nur die spannende Geschichte, sondern auch die stimmungsvollen Naturaufnahmen – zum Teil aus der Luft – und zahlreiche bekannte Orte ließen bei der Erstausstrahlung im April 2020 die Herzen von Langeoog-Fans höherschlagen. 2024 finden auch erstmals Dreharbeiten des ZDF für eine Folge der Ostfrieslandkrimis auf der Insel statt. *Klaus-Peter Wolfs* Kommissarin *Ann Kathrin Klaasen* ermittelt dann für die Verfilmung des 14. Romans „Ostfriesenhölle“. In Bezug auf authentische Langeooger Schauplätze nicht ganz so überzeugend ist die schon etwas ältere Tatort-Folge „Mord auf Langeoog“ mit *Wotan Wilke Möhring* als Kommissar *Falke* von 2013, die desöfteren wiederholt wird (und dann ebenfalls einige Monate in der NDR-Mediathek abrufbar ist).

ZDF: Herzkino und Mausbesuch

Für die ZDF-Reihe „Herzkino“ wurde im Mai 2022 auf der Insel gedreht. In **Ein Sommer auf Langeoog** (Erstausstrahlung Oktober 2022) reist *Antonia (Lara Joy Körner)* eigentlich nur für einen Notartermin mit ihrem Vater in ihre alte Heimat. Als dieser nicht auftaucht, kommt sie widerwillig mit ihrem Sohn auf dem Pferdehof von *Levke (Helene Grass)* unter – der Frau, für die Antonias Vater einst die Familie verließ. Der sympathische Restaurantbesitzer *Tjärk (Jörn Knebel)* und die Arbeit mit dem traumatisierten Zuchthengst Paco verändern ihren Blick auf ihr Leben. Neben Aufnahmen am Wasserturm und im Hafen haben vor allem die Szenen mit Mitgliedern des Langeooger Shantychores „De Flinthörners“ in der *Kajüte* am Hafen Wiedererkennungswert.

Besonders nett für kleine Langeooggäste: Auch „Die Maus“ bzw. Moderatorin *Siham El-Maimouni* besuchte die Insel bereits und ließ sich dabei anschaulich erklären, wie die Langeooger Süßwasserlinse funktioniert.

Langeoog im Podcast hören

Der Langeoog Podcast

Seit März 2021 fahren die befreundeten Radiomoderatoren *Holger Winkelmann* und *Tim Donsbach* auf die Insel auf der Suche nach neuen Gesprächspartnern. Im lockeren Plauderton stellen sie jeden Monat eine weitere Persönlichkeit vor und bieten einen Einblick in das Inselleben – von der Eisdiele über die Inselarztpraxis, den Golfclub, die Inseltischlerei bis zum Hotel Sandburg.

Nordsee Podcast

„Mit Bärbel Fening Inseln, Watt und Meer entdecken“ lautet der Untertitel für die wöchentlichen Podcasts der TV-Journalistin *Bärbel Fening*. Regelmäßig interviewt sie einen Menschen, der

lan_201vjs

„zwischen Borkum und Sylt an der Nordsee zuhause ist“ über die Verbundenheit zum Meer und die Leidenschaft für das Leben an der Nordsee. Mehrmals hatte sie dabei bereits Langeooger zu Gast. Auf Inselmaler *Anselm Prester* (Folge 2) folgten bislang Langeoog News-Reporter *Klaus Kremer* (45), Meierei-Chefin *Dagmar Falke* (81), Fischrestaurantbesitzer und Rettungsbootvormann *Sven Klette* (102), Pferdecoachin *Urte Sjuts* (145), Inselbäcker *Jannes Remmers* (162), der Wattführer und ehemalige Bürgermeister *Uwe Garrels* (164) sowie Insel-Original *Els Sanders* (180) In Folge 173 sprach sie mit *Sabine* und *Sven Klette* über den Langeooger Verein „Letzte Reise“, der Familien bei Todesfällen unterstützt.

„Moin Langeoog“

Inselbürgermeisterin *Heike Horn* spricht in ihrem Podcast „Moin Langeoog“ regelmäßig zu „allen Verwaltungsangelegenheiten und Infos rund ums Rathaus“.

[<] Blick vom Wasserturm in den 1930er-Jahren …

[v] … und heute

lan_198sk

Register

lan_039 sk

Die Autorin

lan_268hk

Stefanie Kullmann, Jahrgang 1976, verbrachte die Sommerferien ihrer Kindheit stets an der Nordsee. Ihr Herz schlägt auch heute noch für das Meer und außerdem für Bücher, Zeitungen und das Recherchieren auf Reisen. In Bremen, Paris und Berlin studierte sie Kulturwissenschaft, Kunstgeschichte und Germanistik und absolvierte danach ein Tageszeitungsvolontariat in Essen. Nach Stationen als Redakteurin in Wetter/Ruhr und in Augsburg lebt sie heute mit ihrer Familie am Teutoburger Wald und arbeitet als Schlussredakteurin in einem Bielefelder Verlag.

Fotonachweis

S. Kullmann (sk); Tourismus-Service Langeoog (ts); Michael Wrana © Langeoog-Touristik; Hilke Gerdes (hg); Ebbe & Flut Langeoog (ef); Die Seenotretter – DGzRS/Martin Stöver (ms); H. Kullmann (hk); Adobe Stock (Autorennachweis jeweils am Bild); Die Seenotretter – DGzRS Archiv; Verlag Julius Simonsen, Oldenburg i. Holstein (vj), Hotel Bethanien (hb)

Kartenlegende

Essen und Trinken

1 Langeooger Teestube
2 Kajüte am Hafen
3 Meierei

Fußwanderwege
Naturpfad